光

鸣球传

学家学术成长资料采集工程

国 工 程 院 院 士 传 记 丛 书

胡晓菁　董佩茹◎著

1930 年	1956 年	1978 年	1984 年	1995 年	1999 年	2013 年
出生于江苏宜兴	毕业于浙江大学	任长春光机所第四研究室主任	任西安光机所所长	当选为中国工程院院士	任苏州大学现代光学技术研究所所长	逝世于苏州

老科学家学术成长资料采集工程

中国工程院院士传记

丛书

追光

薛鸣球传

胡晓菁 董佩茹 ◎ 著

中国科学技术出版社

上海交通大学出版社

图书在版编目（CIP）数据

追光：薛鸣球传／胡晓菁，董佩茹著 . —北京：中国
科学技术出版社，2020.7

（老科学家学术成长资料采集工程丛书 . 中国工程院
院士传记丛书）

ISBN 978-7-5046-8675-6

I. ①追… II. ①胡…②董… III. ①薛鸣球－传记
IV. ① K826.16

中国版本图书馆 CIP 数据核字（2020）第 083775 号

责任编辑	余　君	
责任校对	张晓莉	
责任印制	李晓霖	
版式设计	中文天地	

出　　版	中国科学技术出版社　　上海交通大学出版社	
发　　行	中国科学技术出版社有限公司发行部	
地　　址	北京市海淀区中关村南大街 16 号	
邮　　编	100081	
发行电话	010-62173865	
传　　真	010-62173081	
网　　址	http://www.cspbooks.com.cn	

开　　本	787mm×1092mm　　1/16
字　　数	280 千字
印　　张	19
彩　　插	2
版　　次	2020 年 7 月第 1 版
印　　次	2020 年 7 月第 1 次印刷
印　　刷	北京华联印刷有限公司
书　　号	ISBN 978-7-5046-8675-6 / K・278
定　　价	112.00 元

老科学家学术成长资料采集工程
领导小组专家委员会

主 任：韩启德

委 员：（以姓氏拼音为序）

陈佳洱　方 新　傅志寰　李静海　刘 旭

齐 让　王礼恒　徐延豪　赵沁平

老科学家学术成长资料采集工程
丛书组织机构

特邀顾问（以姓氏拼音为序）

樊洪业　方 新　谢克昌

编 委 会

主 编：老科学家学术成长资料采集工程领导小组办公室

编 委：（以姓氏拼音为序）

定宜庄　董庆九　郭 哲　胡宗刚　胡化凯

刘晓堪　吕瑞花　秦德继　任福君　王扬宗

熊卫民　姚 力　张大庆　张 藜　张 剑

周大亚　周德进

编委会办公室

主 任：孟令耘　杨志宏

副主任：许 慧　刘佩英

成 员：（以姓氏拼音为序）

冯 勤　高文静　韩 颖　李 梅　刘如溪

罗兴波　王传超　余 君　张佳静

老科学家学术成长资料采集工程简介

老科学家学术成长资料采集工程（以下简称"采集工程"）是根据国务院领导同志的指示精神，由国家科教领导小组于 2010 年正式启动，中国科协牵头，联合中组部、教育部、科技部、工信部、财政部、文化部、国资委、解放军总政治部、中国科学院、中国工程院、国家自然科学基金委员会等 11 部委共同实施的一项抢救性工程，旨在通过实物采集、口述访谈、录音录像等方法，把反映老科学家学术成长历程的关键事件、重要节点、师承关系等各方面的资料保存下来，为深入研究科技人才成长规律，宣传优秀科技人物提供第一手资料和原始素材。

采集工程是一项开创性工作。为确保采集工作规范科学，启动之初即成立了由中国科协主要领导任组长、12 个部委分管领导任成员的领导小组，负责采集工程的宏观指导和重要政策措施制定，同时成立领导小组专家委员会负责采集原则确定、采集名单审定和学术咨询，委托科学史学者承担学术指导与组织工作，建立专门的馆藏基地确保采集资料的永久性收藏和提供使用，并研究制定了《采集工作流程》《采集工作规范》等一系列基础文件，作为采集人员的工作指南。截至 2016 年 6 月，已启动 400 多位老科学家的学术成长资料采集工作，获得手稿、书信等实物原件资料 73968 件，数字化资料 178326 件，视频资料 4037 小时，音频资料 4963 小时，具有重要的史料价值。

采集工程的成果目前主要有三种体现形式，一是建设"中国科学家博物馆网络版"，提供学术研究和弘扬科学精神、宣传科学家之用；二是编辑制作科学家专题资料片系列，以视频形式播出；三是研究撰写客观反映老科学家学术成长经历的研究报告，以学术传记的形式，与中国科学院、中国工程院联合出版。随着采集工程的不断拓展和深入，将有更多形式的采集成果问世，为社会公众了解老科学家的感人事迹，探索科技人才成长规律，研究中国科技事业的发展历程提供客观翔实的史料支撑。

总序一

中国科学技术协会主席 韩启德

老科学家是共和国建设的重要参与者，也是新中国科技发展历史的亲历者和见证者，他们的学术成长历程生动反映了近现代中国科技事业与科技教育的进展，本身就是新中国科技发展历史的重要组成部分。针对近年来老科学家相继辞世、学术成长资料大量散失的突出问题，中国科协于2009年向国务院提出抢救老科学家学术成长资料的建议，受到国务院领导同志的高度重视和充分肯定，并明确责成中国科协牵头，联合相关部门共同组织实施。根据国务院批复的《老科学家学术成长资料采集工程实施方案》，中国科协联合中组部、教育部、科技部、工业和信息化部、财政部、文化部、国资委、解放军总政治部、中国科学院、中国工程院、国家自然科学基金委员会等11部委共同组成领导小组，从2010年开始组织实施老科学家学术成长资料采集工程。

老科学家学术成长资料采集是一项系统工程，通过文献与口述资料的搜集和整理、录音录像、实物采集等形式，把反映老科学家求学历程、师承关系、科研活动、学术成就等学术成长中关键节点和重要事件的口述资料、实物资料和音像资料完整系统地保存下来，对于充实新中国科技发展的历史文献，理清我国科技界学术传承脉络，探索我国科技发展规律和科技人才成长规律，弘扬我国科技工作者求真务实、无私奉献的精神，在全社会营造爱科学、学科学、用科学的良好氛围，是一件很有意义的事情。采集工程把重点放在年龄在 80 岁以上、学术成长经历丰富的两院院士，以及虽然不是两院院士、但在我国科技事业发展中作出突出贡献的老科技工作者，充分体现了党和国家对老科学家的关心和爱护。

自 2010 年启动实施以来，采集工程以对历史负责、对国家负责、对科技事业负责的精神，开展了一系列工作，获得大量反映老科学家学术成长历程的文字资料、实物资料和音视频资料，其中有一些资料具有很高的史料价值和学术价值，弥足珍贵。

以传记丛书的形式把采集工程的成果展现给社会公众，是采集工程的目标之一，也是社会各界的共同期待。在我看来，这些传记丛书大都是在充分挖掘档案和书信等各种文献资料、与口述访谈相互印证校核、严密考证的基础之上形成的，内中还有许多很有价值的照片、手稿影印件等珍贵图片，基本做到了图文并茂，语言生动，既体现了历史的鲜活，又立体化地刻画了人物，较好地实现了真实性、专业性、可读性的有机统一。通过这套传记丛书，学者能够获得更加丰富扎实的文献依据，公众能够更加系统深入地了解老一辈科学家的成就、贡献、经历和品格，青少年可以更真实地了解科学家、了解科技活动，进而充分激发对科学家职业的浓厚兴趣。

借此机会，向所有接受采集的老科学家及其亲属朋友，向参与采集工程的工作人员和单位，表示衷心感谢。真诚希望这套丛书能够得到学术界的认可和读者的喜爱，希望采集工程能够得到更广泛的关注和支持。我期待并相信，随着时间的流逝，采集工程的成果将以更加丰富多样的形式呈现给社会公众，采集工程的意义也将越来越彰显于天下。

是为序。

总序二

中国科学院院长 白春礼

　　由国家科教领导小组直接启动，中国科学技术协会和中国科学院等12个部门和单位共同组织实施的老科学家学术成长资料采集工程，是国务院交办的一项重要任务，也是中国科技界的一件大事。值此采集工程传记丛书出版之际，我向采集工程的顺利实施表示热烈祝贺，向参与采集工程的老科学家和工作人员表示衷心感谢！

　　按照国务院批准实施的《老科学家学术成长资料采集工程实施方案》，开展这一工作的主要目的就是要通过录音录像、实物采集等多种方式，把反映老科学家学术成长历史的重要资料保存下来，丰富新中国科技发展的历史资料，推动形成新中国的学术传统，激发科技工作者的创新热情和创造活力，在全社会营造爱科学、学科学、用科学的良好氛围。通过实施采集工程，系统搜集、整理反映这些老科学家学术成长历程的关键事件、重要节点、学术传承关系等的各类文献、实物和音视频资料，并结合不同时期的社会发展和国际相关学科领域的发展背景加以梳理和研究，不仅有利于深入了解新中国科学发展的进程特别是老科学家所在学科的发展脉络，而且有利于发现老科学家成长成才中的关键人物、关键事件、关键因素，探索和把握高层次人才培养规律和创新人才成长规律，更有利于理清我国科技界学术传承脉络，深入了解我国科学传统的形成过程，在全社会范围内宣传弘扬老科学家的科学思想、卓越贡献和高尚品质，推动社会主义科学文化和创新文化建设。从这个意义上说，采集工程不仅是一项文化工程，更是一项严肃认真的学术建设工作。

中国科学院是科技事业的国家队，也是凝聚和团结广大院士的大家庭。早在 1955 年，中国科学院选举产生了第一批学部委员，1993 年国务院决定中国科学院学部委员改称中国科学院院士。半个多世纪以来，从学部委员到院士，经历了一个艰难的制度化进程，在我国科学事业发展史上书写了浓墨重彩的一笔。在目前已接受采集的老科学家中，有很大一部分即是上个世纪 80、90 年代当选的中国科学院学部委员、院士，其中既有学科领域的奠基人和开拓者，也有作出过重大科学成就的著名科学家，更有毕生在专门学科领域默默耕耘的一流学者。作为声誉卓著的学术带头人，他们以发展科技、服务国家、造福人民为己任，求真务实、开拓创新，为我国经济建设、社会发展、科技进步和国家安全作出了重要贡献；作为杰出的科学教育家，他们着力培养、大力提携青年人才，在弘扬科学精神、倡树科学理念方面书写了可歌可泣的光辉篇章。他们的学术成就和成长经历既是新中国科技发展的一个缩影，也是国家和社会的宝贵财富。通过采集工程为老科学家树碑立传，不仅对老科学家们的成就和贡献是一份肯定和安慰，也使我们多年的夙愿得偿！

鲁迅说过，"跨过那站着的前人"。过去的辉煌历史是老一辈科学家铸就的，新的历史篇章需要我们来谱写。衷心希望广大科技工作者能够通过"采集工程"的这套老科学家传记丛书和院士丛书等类似著作，深入具体地了解和学习老一辈科学家学术成长历程中的感人事迹和优秀品质；继承和弘扬老一辈科学家求真务实、勇于创新的科学精神，不畏艰险、勇攀高峰的探索精神，团结协作、淡泊名利的团队精神，报效祖国、服务社会的奉献精神，在推动科技发展和创新型国家建设的广阔道路上取得更辉煌的成绩。

总序三

中国工程院院长 周 济

　　由中国科协联合相关部门共同组织实施的老科学家学术成长资料采集工程，是一项经国务院批准开展的弘扬老一辈科技专家崇高精神、加强科学道德建设的重要工作，也是我国科技界的共同责任。中国工程院作为采集工程领导小组的成员单位，能够直接参与此项工作，深感责任重大、意义非凡。

　　在新的历史时期，科学技术作为第一生产力，已经日益成为经济社会发展的主要驱动力。科技工作者作为先进生产力的开拓者和先进文化的传播者，在推动科学技术进步和科技事业发展方面发挥着关键的决定的作用。

　　新中国成立以来，特别是改革开放 30 多年来，我们国家的工程科技取得了伟大的历史性成就，为祖国的现代化事业作出了巨大的历史性贡献。两弹一星、三峡工程、高速铁路、载人航天、杂交水稻、载人深潜、超级计算机……一项项重大工程为社会主义事业的蓬勃发展和祖国富强书写了浓墨重彩的篇章。

　　这些伟大的重大工程成就，凝聚和倾注了以钱学森、朱光亚、周光召、侯祥麟、袁隆平等为代表的一代又一代科技专家们的心血和智慧。他们克服重重困难，攻克无数技术难关，潜心开展科技研究，致力推动创新发展，为实现我国工程科技水平大幅提升和国家综合实力显著增强作出了杰出贡献。他们热爱祖国，忠于人民，自觉把个人事业融入到国家建设大局之中，为实现国家富强而不断奋斗；他们求真务实，勇于创新，用科技为中华民族的伟大复兴铸就了辉煌；他们治学严谨，鞠躬尽瘁，具有崇高的科学精神和科学道德，是我们后代学习的楷模。科学家们的一生是一本珍贵的教科书，他们坚定的理想信念和淡泊名利的崇高品格是中华民族自强不息精神的宝贵财富，永远值得后人铭记和敬仰。

通过实施采集工程，把反映老科学家学术成长经历的重要文字资料、实物资料和音像资料保存下来，把他们卓越的技术成就和可贵的精神品质记录下来，并编辑出版他们的学术传记，对于进一步宣传他们为我国科技发展和民族进步作出的不朽功勋，引导青年科技工作者学习继承他们的可贵精神和优秀品质，不断攀登世界科技高峰，推动在全社会弘扬科学精神，营造爱科学、讲科学、学科学、用科学的良好氛围，无疑有着十分重要的意义。

中国工程院是我国工程科技界的最高荣誉性、咨询性学术机构，集中了一大批成就卓著、德高望重的老科技专家。以各种形式把他们的学术成长经历留存下来，为后人提供启迪，为社会提供借鉴，为共和国的科技发展留下一份珍贵资料。这是我们的愿望和责任，也是科技界和全社会的共同期待。

周济

薛鸣球

（1930—2013）

2018 年 1 月 4 日，胡晓菁在薛鸣球院士故居
访谈李品新（中）、薛凡（左）

2019 年 10 月 15 日，董佩茹向潘君骅院士（右）
征求传记修改意见

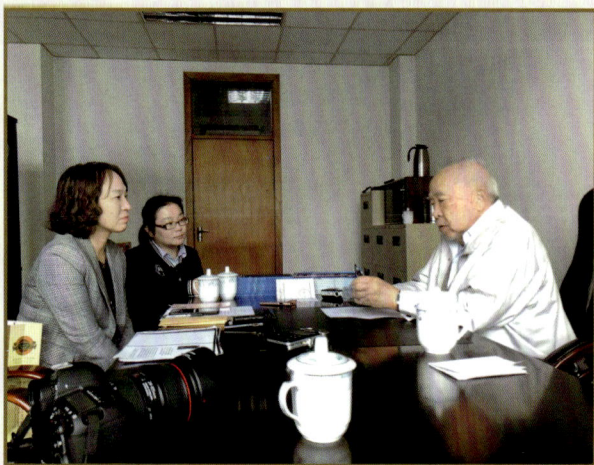

2019 年 11 月 7 日，王之江院士（右一）向胡晓菁（右二）和
董佩茹（右三）讲述仪器馆时代光学设计的发展

序 一

　　薛鸣球是我多年的同事。1956 年他从浙江大学毕业分配来中国科学院长春光学精密机械与物理研究所（原中国科学院仪器馆）工作。当时，我被派遣去苏联留学，我们失之交臂。他因为肺结核和转换专业（从机械专业转为光学仪器专业）的原因，大学读了八年，所以参加工作比同龄人晚，但他的专业基本功非常扎实。我 1960 年回国后，才和他相识，在工作中与他的接触渐渐多了起来。

　　薛鸣球来所以后一直做光学系统设计工作，参与了我国多项大型军工光学项目的研制，取得成果。1958 年他参与研制了我国第一台高精度经纬仪；1959 年研制了我国第一台大口径高倍率观察望远镜；在地对空的摄影光学系统中，设计了校正高级色差、减少中心遮拦和防止杂光的大口径光学系统；1967 年为我国第一代遥感卫星设计了高质量光学系统。在"文化大革命"的困难情况下，他还主持全国电影物镜与电视摄像镜头的设计会战工作，为我国摄影光学系统研究打下了坚实的基础。二十世纪八十年代，他调到中国科学院西安光学精密机械研究所工作，担任过副所长、所长职务。在西安光机所期间，他主要精力放在了空间光学研究上，在航天遥感的光学系统设计中做出了富有成效的工作，在神舟飞船的光学系统方案上，提出并坚持用"非球面"的方案，实践证明这是完全正确的。

1999 年薛鸣球受聘来到苏州大学现代光学技术研究所工作，并要我也到苏州大学来，共同为学校建设光学工程学科。薛鸣球在苏州大学期间，做了很多事情，如设立光学工程学科的博士点、建设国家重点实验室、促进学科产业化，他还培养了很多硕士生和博士生，指导科研人员，建起了人才队伍。

薛鸣球从长春光机所到西安光机所，再到苏州大学，一直在应用光学领域内探索研究。在《追光：薛鸣球传》出版之际，回忆起这位老友，他真是"焚膏油以继晷，恒兀兀以穷年"，没有停息过。

新中国走过了七十年的辉煌历程。我国光学事业也从无到有，日益兴旺发达，新技术日新月异、层出不穷，产品不断更新换代。希望祖国的下一代，牢记科学精神，不忘初心，为国家的富强繁荣持续奋斗，为民族的复兴，作出贡献！

中国工程院院士

潘君骅

2019 年 11 月 4 日

序 二

我于 1978 年到 1981 年，在薛鸣球院士指导下攻读硕士学位，他是我的引路老师。我在后来的学术道路上，又多次得到过薛老师的指导和帮助。

我硕士毕业后，又读了博士，拜王大珩院士为师。接着就是当教师、当校长（2006 年卸任）。回顾近三十年的工作实践，薛老师对我的教育和影响是潜移默化的，是长远的、长效的，令我终身受益。在科学研究上，薛老师是我的引路老师——从硕士选题开始参加第一个国家科研项目，到现在我已完成三十多项课题研究。在学术论文上，薛老师是我的启蒙老师——我的第一篇学术论文"衍生二级光谱分析"是经由薛老师推荐发表的，如今我已经发表三百多篇学术论文了。在研究生培养上，薛老师是我的榜样老师——从给学生选题到研究，一直到论文，我都借鉴了薛老师的思路与方法。在管理岗位上，薛老师是我的楷模老师——他为人正派、办事民主、清正廉洁、一心为公、严以律己、宽以待人的优秀品质，一直在鞭策我、激励我，教育我要做一名好教师、好校长。

薛老师在学术上耕耘，他在多个"中国第一"的项目中发挥了作用：中国第一台高精度经纬仪、中国第一台高倍率望远镜、中国第一台大型靶场测试设备、中国第一台侦察卫星相机、中国第一台长狭缝光栅单色计，等等。这些成果，受到党和国家领导人的高度评价。不仅是在科研项目攻关上取得成就，他还建立了多个光学理论，如仪器光学理论、变焦光学设计理论、电影电视光学设计理论、高级色差理论、变折射光学设计理论和摄影光学设计理论，等等。并在《物理学报》《光学学报》《科学通报》等重要刊物上发表学术论文八十多篇，出版学术专著三部，在国内外重要学术会议上做过多次报告，解决过国外光学工程的难题。他在世的时候，获得国家科技进步奖特等奖等十六项科技奖励，还获得"全国科学大会奖"，被授予"国家有突出贡献的中青年科技专家"。

薛老师曾先后担任过长春光机所四室主任、西安光机所所长、苏州大学现代光学技术研究所所长（创建者）。他不仅为这三个单位作出了开创性的贡献，而且为这三个单位营造了一种良好风气。特别是他"勤学好问、敏捷辩证"的思维，"严谨认真、实事求是"的态度，"引领创新、知难而上"的热情，"精益求精、执着进取"的精神深受大家尊敬和爱戴，至今仍被传为佳话。

记得在 2010 年，薛老师和潘君骅院士一起过生日，他们俩是同年生人，又是好友，聚在一起过了八十岁寿辰。在生日会上我代表长春理工大学给二老致辞，希望两位老师一生平安，健康长寿。两位老师都曾在长春理工大学任教，他们为学校授课、带学生，影响了数千名学子。薛老师在长春理工大学上的"仪器光学"课程，令当时在读的学生至今难忘，很多听过他的课的人都说，这门课对他们从事光学科研影响深远。薛老师乐育英才，他在科研工作之外，不仅给本科生、研究生上课，做学术讲座，还经常辅导青年人，他为国家培养了大批优秀光学人才，像被聂荣臻元帅称为"知识分子的优秀代表"的蒋筑英，也是由他培养出来的。还有许多著名的光学专家，如翁志成、史光辉、韩昌元、胡家升、王申格、余景池等，都曾受过他的教导。薛老师是一位优秀的导师！

《追光：薛鸣球传》如实记述了薛鸣球院士的学术成长经历。在传记出版之际，我想起了我的老师，他有四个特点：一是深厚的理论基础、纯熟的设计技术、丰富的工程经验；二是敏捷的思维、快速的反应、辩证的方法；三是严谨治学的态度、诲人不倦的精神、引领创新的热情、分析问题解决问题的能力；四是老一代科学家所共有的"自力更生、艰苦奋斗、敢于创新、无私奉献"的"两弹一星"精神和"载人航天"精神。所有这些，都是值得我们永远学习的。如今，斯人已逝，但他的精神仍激励着我们在科学的道路上持续前行。

中国工程院院士

姜会林

2019 年 11 月 8 日

目 录

图片目录

导　言

　　薛鸣球（1930—2013），江苏宜兴人，中国工程院院士，在我国仪器光学和光学设计领域内贡献突出。薛鸣球曾在中国科学院长春光学精密机械与物理研究所、中国科学院西安光学精密机械研究所、苏州大学工作。由他主持或参与的科研项目包括：1958 年中国第一台高精度经纬仪的研究；1959 年成功研制我国的第一台大倍率军用观察望远镜，以及地形一号光学经纬仪研制项目；他参与了原子弹研制中的高速摄影机改装任务及"150-1"大型电影经纬仪中的"折反射望远系统"研制工作；二十世纪六十年代，他参与了中国第一台长狭缝光栅单色光计，及"6711 工程"（中国的第一代遥感卫星）光学系统设计工作。在调入西安光机所以后，他领导组建了空间光学研究室，参与了我国载人航天相机研制工作，提出了可实现普查与详查两用的新型摄影光学系统的学术思想。1995 年当选为中国工程院院士，1999 年薛鸣球调到苏州大学工作，为苏州大学的光学学科建设花费了大量心血。2003 年，薛鸣球获得国防科学技术奖二等奖、获中国载人航天工程总指挥颁发的"中国首次载人航天飞行任务纪念证书"。

　　薛鸣球的一生，大致可分为四个阶段。1930 年至 1956 年，是他出生和接受教育的阶段。在常州中学打下了扎实的数理知识基础。在浙江大学，他从机械专业转到光学仪器专业，为他未来从事仪器设计事业奠定了综合学科优势。1956 年至 1981 年，长春光机所工作时期。他随研究所的发展而成长，在光机所从民用光学仪器转向军用光学，完成了事业的积累，在光学设计的实践和理论上取得了成就。1981 年至 1999 年，西安光机所期间。这也是他事业的升华期，从科研管理者再到科研工作者，二十世纪九十年代以来，他在国家大力发展高科技的潮流中，聚焦空间光学，取得了一系列成果。1999 年至 2013 年，在苏州大学工作阶段。他为学校的光学工程学科建立、发展贡献了自己全部的力量，在学校的学科建设、教学、产研结合上取得了突出成就。

薛鸣球在 1945 年考上了常州中学。这所学校有悠久历史，有知名校友，有名师任教，校风很好。薛鸣球这一届，是抗战胜利后的第一届学生，学校的投入很大，最后成才的人也有很多，许多人都考上了知名大学。这一届毕业生在后来的事业生涯中，有的成为工程师、科学家，有的成为我国知名的学者，获得了很高的科学成就。例如薛鸣球同级不同班的王之江，后来与薛鸣球是长春光机所的同事，也在光学设计上有专长，为我国红宝石激光器的发明者之一，于 1991 年当选为中国科学院院士。另一名同学侯云德，后来成为我国知名医学病毒学专家，中国工程院院士，获得 2017 年度国家最高科学技术奖。

薛鸣球在浙江大学的学习经历中，最重要的是他从机械专业转入仪器光学专业。浙大也是国内最早开设光学专业的一所学校。新专业成了他一生从事光学事业的方向，机械专业和仪器光学专业更是他后来学术研究的特色。浙江大学的"求是"传统令薛鸣球铭记一生。他科研工作中严格遵守的实事求是的作风便是从这里养成的。浙大注重对学生专业能力的培养，聘请有名望的教师前来授课。薛鸣球上过何增禄教授的物理光学和龙槐生教授的应用光学课程，还听过来校的苏联专家的课。除了对理论知识的培养，学校还重视培养学生的动手能力，要求毕业生在毕业之前必须完成一定课时的实习，实习主要是派学生去国内的仪器工厂参加实际工作，了解工厂的设计和生产过程，从而培养学生在毕业后能尽快适应仪器制造专业的工作。薛鸣球参加过两次工厂实习，第一次是在 1955 年 6 月至 7 月，在哈尔滨量具刃具厂参加工艺实习；第二次是在 1956 年 3 月至 5 月，前往上海仪器厂实习。通过这两次实习，他对仪器工厂的管理和仪器设计、制造的流程有了初步认识，他也厘清了自己未来的择业方向，即希望进入一家真正的科研单位，从事与科学仪器研究相关的工作。这也是他后来选择前往中国科学院仪器馆工作的原因之一。

中华人民共和国成立初期，我国在仪器制造方面基础十分薄弱，国内教学、科研、生产各领域极度缺乏基础性仪器，为了满足国家需求成立了仪器馆，成立的初衷是为研究制造各行各业所需精密仪器，最先研制了毛发湿度计、冲击检流计和沼气干涉仪等。经过数年的发展，仪器馆已经发展成为一个学科门类齐全的科研机构。二十世纪五十年代末，中科院仪器馆更名为"中国科学院精密机械仪器研究所"（简称"光机所"），也逐渐明确了以满足国家重大需求而研制各种光学仪器为主要研究方向。研究所的光学设计是特色学科，并在国内同行业中享有较高水平和地位。

作为国内首屈一指的光学基地，长春光机所给薛鸣球提供了一个好的平台，在这个平台上，薛鸣球扎实立足于光学设计，完成了他事业初期的积累。纵观这一时期长春光机所的重大成果，包括150-1大型经纬仪的研制、核爆高速摄影机改装、卫星相机的研制，和与之相关的一系列成果中，都有薛鸣球的身影。他的学术成长，和这个研究所投入"两弹一星"国防光学的历程紧密相关。他在长春从事科研工作二十多年，与同事们一起，刻苦奋斗，在从民用仪器的设计向军用光学进展上，攻克了一个又一个科研难关。

二十世纪五十年代，王之江、谭维翰、薛鸣球完成大量光学设计工作并参考国外光学设计理论和经验，在光学设计的理论和方法上逐渐形成了自己的体系。在此基础上，薛鸣球参与了《光学设计理论基础》和《光学设计论文集》等专著的部分编写工作。这两部专著为光学设计的原则和具体方法提出了理论依据和实施途径，对促进我国光学工业的发展起到了积极作用。这一经历中，薛鸣球完成了他早期的光学设计训练，为后来参与大型军用光学仪器奠定了基础。

二十世纪六十年代，薛鸣球参与了大型跟踪电影经纬仪、高速摄影机的光学系统设计等重大研究项目。薛鸣球参与的大型跟踪电影经纬仪

（"150-1"工程）的光学设计工作，通过精心设计获得高质量的大型折反射式光学系统，满足了"150-1"工程的技术要求。"150-1"工程以长焦距电影摄影系统跟踪拍摄飞行目标，同时具备经纬仪测量目标方位角和高低角的功能。1967年薛鸣球还参加"6711工程"（中国的第一代遥感卫星）光学系统研究工作。6711工程主要包括地物摄影机和恒星定向摄影机两种仪器。该系统在中国第一颗地面回收卫星相机中得到应用，所摄图形清晰，效果良好。[①]

二十世纪七十年代，薛鸣球主持了全国电影摄影物镜的设计工作，团队先后研制出二十倍电影摄影变焦距物镜、双管相位式十倍彩色电视长焦距物镜，形成变焦距系列。薛鸣球的工作，为我国摄影光学系统研究打下了坚实的基础。他在总结研究实践基础上撰写出版了《电影摄影物镜光学设计》专著，介绍探讨了光学设计中的初始结构选型、具体设计方法及像差分析、质量评价等技术问题。[②]

长春光机所的光学设计团队几乎参与了研究所承担的所有光学仪器的研究方案论证和光学设计、检验工作。他们创造性地取得了众多科研成果，为我国光学事业的发展作出了不可磨灭的贡献。这一时期的薛鸣球实践和理论并举，他不仅注重参加实际的科研项目，还发表文章，撰写专著。这一时期，薛鸣球在学术上取得了较高的成果，由于多年来从事军用光学的经验，令他能做到以国家所需为己任，急国家之所急，创国家之所需，并练就了敏感捕捉学术前沿信息的本领，这也是他前二十余年科研生涯的积累和收获。值得一提的是，二十世纪六十年代以来，他担任光学设计部门的负责人，进而成为所务委员会、学术委员会成员，参与到所务管理上来。他通过参与实际工作，在科研管理上也积累了一定的经验。

二十世纪八十年代，薛鸣球前往中国科学院西安光学精密机械研究所（简称"西安光机所"）就职，这对他来说是一段新的征程。薛鸣球在1984

---

① 中国科学院长春光学精密机械研究所编印:《科技成果汇编》（1952—1981）。内部资料，1982年，第27页。

② 宣明、孙成志、王永义、王彦祚编:《中国科学院长春光学精密机械与物理研究所所志》（1952—2002）。长春:吉林人民出版社，2002年，第31页。

年，接过老所长龚祖同的班，成为西安光机所建所以来的第二任所长。他担任研究所所长期间，正值我国改革开放初期，伴随着中科院的一系列体制改革的步伐，薛鸣球全身心投入所务管理上来，他带领全所职工响应国家关于科学研究面向国民经济主战场的号召，积极开展工作。这段时间的创业十分艰难，他千方百计从国家或企业取得科研经费以解决研究经费不足的问题，从激烈的市场竞争中争取项目，来解决所里的职工工资问题。薛鸣球充分发挥了自己的科研管理才能，兢兢业业，以研究所的未来发展为己任，奠定了西安光机所在改革开放中发展、创新的基础。

在1986年卸任领导职务以后，薛鸣球以一名科研工作者的身份投入新的研究任务中来。二十世纪九十年代，薛鸣球接受了加拿大同行委托的适应恶劣环境的 CID 相机光学系统研制任务。他用很短的时间，便解决了令国外同行困扰不已的问题。他的研究，为国家争取了大量外汇，也令国际光学界称奇并高度赞扬中国专家光学设计的水平。

1993年，薛鸣球干成的一件大事，便是在西安光机所领导建立了空间光学研究室。在这里，他领导团队在"中国载人航天研究中的遥感光学系统设计"项目中做出重要成果，完成了包括"863"详查普查两用相机研制项目在内的一系列空间光学的重要课题。时至今日，空间光学仍然是西安光机所的一大优势和特色学科。吃水不忘挖井人，西安光机所的老职工们都牢记着薛鸣球当年立下的汗马功劳！

1999年以后，年近七旬的薛鸣球调到苏州大学工作。但他并未把苏州大学看作是一个养老的地方，而是为苏州大学的发展殚精竭虑，全力以赴在工作岗位上发挥自己的作用，一直到生命的最后一刻。

苏州大学有悠久的历史。尽管在1999年之前，学校碍于师资限制，在光学工程学科发展上还未完全摸清方向，但学校领导高瞻远瞩，借助了国家科教兴国的东风，下了大力发展学校的决心。苏州大学重视薛鸣球和他的团队的到来，专门拨给了一栋楼作为他们开辟新事业的基础，苏州大学师生们如今亲切地称这栋楼为"院士楼"。薛鸣球带领着年轻人，从无到有，在这栋院士楼里一点一滴建设起了苏州大学现代光学技术研究所。

薛鸣球到苏州大学以后，着重关心的事有：建设重点实验室、设置博士学科点、学科产业化。他凭借多年来在光学领域内的经验和影响力，邀请来很多专家学者，在苏州大学举办学术报告以及开展研究合作，令苏州大学的光学研究与中科院系统的研究所，乃至全国光学界的联系紧密起来。他积极为学校争取国家、省部单位的研究课题，来校以后还主持了"863"项目。在他的指导下，研究所承担了许多国家级的大课题，如"高分辨率空间相机光学系统研制"中的光学系统设计项目和大口径光学非球面的加工与检测项目等，他带领的团队还取得了国家科技进步奖二等奖等一系列国家级和省部级奖项。苏州大学光学工程学科发展速度迅猛，令全国光学界瞩目。

薛鸣球实现了他来到苏州大学以后的目标和计划：2002 年，苏州大学光学工程学科成为江苏省重点学科，获准建设教育部现代光学技术重点实验室并获得了光学工程一级学科博士点的授权。2003 年年底，苏州大学与航天科技集团公司五院五〇八所联合建立了空间精密光学工程中心。2011年，在薛鸣球的支持和推动下，现代光学技术研究所建成了江苏省科技厅先进光学制造技术重点实验室，并顺利通过验收。不仅如此，在产学研方面，他促进推动了苏大明世光学股份有限公司的成立。

从长春光机所到西安光机所，再到苏州大学，薛鸣球的一生，"追光"的生涯精彩纷呈。2017 年 11 月，在薛鸣球院士学术思想研讨会上，由长春理工大学姜会林院士牵头，并同苏州大学、长春光机所、西安光机所，及浙江大学、中国光学学会有关代表商讨，各单位协调人员、组建团队，委托笔者作为课题负责人和传记作者，向中国科协申请"薛鸣球学术成长资料采集工程"项目，通过对薛鸣球院士学术成长资料的采集，撰写相关研究报告，追溯他丰富多彩的学术人生。2018 年"薛鸣球学术成长资料采集工程"正式立项。从那时起，笔者与团队调研了大量与薛院士相关的档案、手稿、信件、著作、照片等材料，并对与薛院士相关的人物进行了细致地采访，通过搜集、研究资料，对薛院士的学术成长过程和学术特色展开了研究。

在工作的第一阶段，团队看到了大量的档案材料，包括存于苏州大学的薛鸣球人事档案，调阅了薛院士在长春光机所期间从事工作的科研、文书档案，以及西安光机所二十世纪八十年代部分文书档案和科研档案。课题组主要调阅的是非保密类档案，这些材料是最珍贵的第一手资料，真实记录了薛鸣球从事科研、管理工作的情况。通过对这些材料的精心梳理，笔者心中已经初步勾勒出一条薛院士的事业轨迹，并对需要在未来工作中重点调研的问题有了大致的思路，这也是采集小组进一步开展工作的基础。

在文献调研阶段，笔者先是寻找到薛鸣球院士发表的文章、著作，了解他的学术领域和学术贡献，进而调研了公开出版的与薛院士相关的传记资料。最权威、对研究帮助最大的是《中国科学技术专家传略》中有关薛鸣球院士的条目，相关内容基本厘清了薛院士的学术思想和经历。但因篇幅有限，未能详尽叙述，许多细节未能展示。还有一些地方史资料里有一些关于薛院士生平的线索，如《无锡年鉴》《西安年鉴》，以及《宜兴籍两院院士专辑：宜兴文史资料（第27辑）》里，均有薛院士的条目。这些对我们了解薛院士的经历都有很大帮助。同时，2013年出版的一部访谈录《追光的人》是浙江大学出版的一部光学专业校友访谈录，记载了浙大光学专业校友的追光人生。其中有一篇关于薛鸣球院士的访谈，这是一篇很难得的访谈文章，以问答形式，较为客观地记录了薛鸣球在浙大期间的学习情况和他对教学、科研的一些看法。但总的来说，已有的公开发表的传记类资料篇幅短小，大部分专业性不强，且偏重于对科学家的宣传性。目前并没有一部记录薛院士学术成长历程的学术传记，完整展示薛院士的人生经历、事业发展历程，并将他与几个光学研究机构的互动联系在一起，因此完成一部真实、可靠，可供光学领域人士、科普读者以及光学史研究者参考的科学家传记，便成了采集小组工作的目标。要说的是，作为一部现代科学家的学术传记，涉及的内容是方方面面的，不仅包括人物的成长经历，还需把人物和机构、学科、科技政策等内容结合起来进行综合研究，难度是很大的。

为了写好这部传记，在案头工作之外，笔者还进行了实地考察，走访了薛鸣球院士的故乡和故地，并做了大量的口述访谈，采访了薛院士的家人（妻子、女儿）、朋友、同事、学生。每次采访前，根据被访人的情况做出相应的访谈提纲，访谈之后，根据访谈内容详细整理。通过访谈，采集到超过四十小时的有效音、视频资料。在长春光机所、西安光机所、苏州大学、浙江大学、五院，以及光学学会诸位同事们的帮助下，采集小组还采集到数百件实物、电子资料，包括各类手稿、书信、照片等。本书能顺利完成，也离不开诸多单位的鼎力合作，各单位都为采集小组大开方便之门，尽可能提供资料。目前，采集小组还在继续工作，搜集与薛院士相关的各类资料，并不断研究。

因实际工作需要，本课题在前期调研和采集工作的基础上，先完成了传记（研究报告）撰写。本传记以时间为轴线，兼顾事件发展，将传主的学术成长经历囊括于光学机构史中来研究，并提及我国的"两弹一星"与国防光学的关系。全书共分为九章，包括薛鸣球的家世和受教育经历（第一、第二章），在长春光机所开展光学设计（第三、第四、第五章），在西安光机所工作（第六、第七章），在苏州大学的第三次创业（第八章），以及他培养人才的情况（第九章）。

尽管薛鸣球院士已经在 2013 年去世，但关心他的人，依然记得他当初的身影、笑貌。两年以来，采集小组一边采集资料，一边撰写传记，沿着薛院士的足迹，走访了他生前所在的单位。提及薛鸣球，大家不约而同都竖起了大拇指，夸赞他工作认真，是一位名副其实的科学家，是一名热爱光学事业的开拓者。在访谈中，人人都怀念与他来往的旧事，有的人回顾他高超的光学设计水平，有的人回忆他对待晚辈平易近人，有的人想起的是他那口绵绵的乡音，有的人至今还在回味他在仪器光学课程上的精彩讲授和他那本散发着墨香的《仪器光学》讲义。

2020 年，是薛鸣球院士的九十诞辰，谨以此书，献给薛院士为光学事业奋斗的一生！

第一章
同学少年，风华正茂

　　宜兴，薛鸣球始终眷念着的故乡。薛鸣球一生都对这个地方心怀着浓浓的思念和乡情，他爱着这里的人和事，思念这方土地上的草和木。出生于普通中医家庭的薛鸣球，自小并没有受过什么特殊的教育。因家贫、丧母，他的少年时代并未过得一帆风顺。但他在中小学阶段已经接触到了爱国主义教育，这形成了他对国家民族热爱的情怀。薛鸣球高中就读的是江苏名校省立常州中学，这是他很怀念的一段时光，这所学校有开明的校园风气，也有知名教师任教，扎实的课程训练给他打下了良好的数理基础，丰富的课外活动又令他窥见了书本之外的广阔天地，优质的中学教育让他的一生都深深受益。

乡情与家庭

　　宜兴坐落于江苏省南部，太湖西岸，是一座历史名城，这里是茶的故乡，是紫砂之都。宜兴有数千年的历史，物产丰富，名人辈出。曾有人考证过，宜兴是中国近现代历史中的"教授之乡"，从民国到当代，这片土地出了许多名人，人们所熟识的，如徐悲鸿、周培源、蒋南翔、吴冠中、潘汉年，他们都是宜兴人。

薛鸣球于 1930 年 10 月 18 日出生在宜兴丰义的一个普通中医家庭。丰义乡，现归官林镇管辖。官林镇相传在封建社会是官宦人家聚居的地方，因而得名官林，这个地方还有一个非常雅致的旧名，叫作凌霞。官林位于宜兴西北部，与常州武进地区接壤，地理位置好，沟通江苏各地，人文历史底蕴丰厚，迄今已经有两千余年的历史，是一所江南名镇，现今也是江苏省的重点镇，是宜兴西北部的政治经济中心。

丰义乡在官林地区的北面，挨着滆湖，四周水巷河道纵横交错，交通往来便利。这一地区因得天独厚的地理环境，有河水灌溉农田，土地肥沃，又因水路便利，常有往来商人乘船来此贩卖各地物品。这里人口密集，民众生活安定，辖区内有学校、宗祠，还有街道和集市。

薛鸣球的祖父薛坤锡，是当地的一名地主，他曾拥有一大片良田，常年雇佣长工劳作。薛坤锡生育了三个儿子、两个女儿。长子薛敬文，是当地一名富商，1949 年以前他经营着当地最大的米行，于 1960 年前后去世；次子即薛鸣球的父亲薛湛周，成年后是一名中医，并经营一家小型的杂货店；幼子薛洪珊，开过杂货店、米行，当过当地的保长，1949 年以后在贵州安顺地委工作。薛坤锡在薛鸣球出生前已离世，他去世之后薛家儿子们便分了家，除长子继承了大部分家业之外，其他家业被拆分，后因经营不善等种种原因，薛家的田地、产业渐渐消散了，曾经的富甲一方兴盛不再。

薛湛周在分家后拥有的财产不多，有父亲传给他的十亩土地，和一块约一分地大小的菜园，及一间半房屋。薛湛周早年子嗣不丰，在较长时间内，他家中子女幼小，成年男丁仅他自己一人，无多余劳力来耕种田地，也无余财雇佣长工，于是他便将土地转租给他人，每年收取一些租金用于购买粮食来供养全家人。薛家的小菜园，则交由家中的妇孺照料，一年下来收获种植的蔬菜，勉强能满足家人的日常食用。至于窄小的一间半房屋，则是全家人安身立命的场所，随着薛家子女渐渐长成，房子也便不够住了。当时官林镇里除了富裕的大户人家住的是砖木结构的楼房，大部分居民都住在低矮的平房里。薛家的房屋也很简陋，祖屋建筑是木结构，墙面是用泥料和出的，屋顶上铺设厚厚的草垫来防雨保温。这幢老宅一直使用到了二十世纪下半叶后，因实在破旧，摇摇欲坠，才又在原址上盖了新房。

薛湛周是当地的一名中医，他在离家不远处的码头旁租了两间房屋，经营一间杂货铺子，这家小小的店铺，却有一个大气的名字，叫作"祥大号"。店铺里卖的都是老百姓的日用小物品，经营项目并不固定。店里分区规划，一间房用于薛湛周坐诊、接待病人，另一间里放一张柜台，柜台后面的货架上堆放了卖给乡邻们的杂物，包括常用的药物、洋火、纸张等物品。因为营业规模小，店里也不雇什么店员和学徒，全靠薛湛周一人又当掌柜又当伙计来维持。常有附近乡民前来以物易物，或是相熟的邻居亲戚无钱付现款便赊账取物，店铺生意一般，也只是堪堪维持而已。

薛湛周幼年在私塾里念过书，有一定的文化，因为是家中的次子无法继承家业，薛坤锡便让他拜在宜兴东乡孟河名中医马化藩处学习中医技能，学成后回到丰义行医。当时丰义地区的医生不多，偌大的地方一共只有两个中医、两个西医，老百姓更信任中医。薛湛周所学是内外科兼顾，他既会开小刀治疗痦子、疮疤，还会开内科药方，医术较高，因此四周乡邻找他治病的人比较多，特别是附近乡镇的地主、富户和小官僚，都专程前来找薛湛周看病，如此一来他在邻里间便积累了一些名声。因为找薛湛周治病的人多，当地的药房都很尊敬他，经常派人上门拜访，请薛湛周介绍病人去他们的店铺抓药，这样一来，无形中提高了薛湛周在当地的知名度。因此在1949年以前，薛湛周在行医之外，也凭借

图1-1　薛鸣球与其父薛湛周（左）

自己行医的声望参加过当地乡长和参议员选举，还顶替弟弟薛洪珊做过一段时间的保长，管过一段时间的地方征粮事务。1949 年之后，薛湛周不再经营店铺，先后在丰义乡联合诊所和丰义公社医院工作，做过药房管理和会计。1953 年由本地医疗部门介绍，他到无锡去进修西医，回来后继续为乡民看诊。薛湛周性格强势，极有主见，在家里说一不二，有大家长的作风。薛鸣球记忆里的父亲，"思想很是封建，我生母及我等都很怕他"，且"家中的事情他一人管，母亲是没有发言权的"①。

薛鸣球的生母蒋友真是离丰义乡不远的蒋家渎人，她自幼在家中务农，没上过学，不识字，性格内向，平时不爱说话，嫁给薛湛周后在家操持家务，养儿育女，仅有的爱好是在农闲时与乡邻聚在一起玩一玩纸牌，1939 年她因病逝世。蒋友真去世后，1940 年薛湛周另娶了一名妻子名叫储士秀，亦不幸早逝。薛湛周第三次娶的妻子名叫张小美，早年曾在上海纱厂做过工人，在大都市闯荡过，见过一些世面，年纪渐大后便不再外出务工，返乡与家人一起生活，1941 年经人介绍与薛湛周结婚。薛鸣球有一个同胞妹妹，名薛杏娟，担任过丰义乡的副乡长，调到县银行工作后不久便返乡务农。薛鸣球与胞妹一起长大，感情最深。二十世纪六七十年代，在薛鸣球最困难的时期，薛杏娟放下自家的事务，前去长春帮助过兄长料理家务，照顾孩子，兄妹俩在困难时刻互相扶持。薛鸣球另有两个弟弟，是继母张小美所生，一个名叫薛年康（原名薛康球），比薛鸣球小十三岁，另一个名叫薛延康，比薛鸣球小十八岁。

与薛鸣球家庭交好的乡邻，主要是储家子弟。丰义储氏家族历史悠久。在官林地区曾有"南史北储"之说，这里的"南"是官林义庄地区，"北"是丰义地区，储姓是丰义乡的大姓，在丰义地区绵延了数代，旁支诸多。薛家许多亲属和邻居都姓储。薛鸣球少年时候最要好的一位朋友，就是储家人，名储占书，他们是小学和中学的同学，来往密切，无话不谈，后二人同为浙江大学校友。薛鸣球大学时代家境贫困，储占书家庭条

---

① 家庭情况社会关系及个人经历。薛鸣球档案，1976 年 1 月 16 日。存于苏州大学人事档案处。

件好一些，每月在经济上帮助他十五元①，这对薛鸣球帮助很大。薛鸣球在思想上受储占书影响很大，储占书早年便参加革命工作，青年时代加入中国共产党，对薛鸣球讲过许多爱党、爱国的事情，向他灌输了许多进步的思想，对薛鸣球后来形成爱国的思想有潜移默化的影响。储占书大学毕业以后调到新疆喀什地区工作，先后担任地委的副秘书长、莎车县县委副书记，分管当地农业工作，曾参与编写过《喀什地区农业发展战略的规划设想》，对喀什地区的农业发展做过很多工作。此后，他与薛鸣球天各一方，一位在祖国的西疆，一位在祖国的北方，从事不同的行当。尽管还彼此牵挂，尤其是薛鸣球，曾多次在档案中的自传材料中提到这位老朋友，感激老友对自己的帮助和影响，但地域相隔，二人联系便渐渐少了。

童年和启蒙

　　1936 年秋天，七岁的薛鸣球在官林镇的幼稚园，开始了他的学前启蒙。薛鸣球上的幼稚园，是一个类似于儿童托管的场所，园长雇来几位识字妇女帮助照顾周围居民家的小孩子，教会他们唱歌，并认识几个字，为幼童做一些启蒙。薛鸣球在幼稚园里仅待了几个月，便上了小学。

　　二十世纪三十年代的官林地区有几所由本地望族开办的私塾书院，像蒋家、储家、史家这些大姓家族，都是由族里出面，在祠堂、庙宇设馆，聘请家族中有名望的长者为教师，教授《三字经》《百家姓》《千字文》等启蒙读本，待学生们识字多一些后，便教他们诵读四书五经。私塾闲时读书，农忙时放假耕种，本族儿童可以免费读书，宗族之外的孩子们凭借亲属关系，也可以较为低廉的束脩入学。父亲薛湛周有些见识，他并未送孩子进花费低廉的私塾读书，而是选择了新式的学校教育，他认为正规的小学教育对孩子的成长有好处，于是在 1937 年 2 月，薛鸣球来到离家不太

---

① 薛鸣球自传。薛鸣球档案。存于苏州大学人事档案处。

远的丰义乡中心小学念书，这也是他正式开蒙。他在丰义小学一直读到了1943 年 8 月。

丰义小学的历史很悠久，它创办于 1906 年（清光绪三十二年），创办人储之儒，初办时名私立丰义小学，这也是官林地区的第一所小学堂，直到今天，这所学校依然存在。

薛鸣球读小学时正是全面抗日战争爆发之际，他入学没多久，日军的炮火便打到了江南。丰义因其地理位置，有一段时间是当时抗日战争的前线，屡遭日军侵袭，常有日本的飞机在乡镇上方骚扰、轰炸。薛鸣球还记得那时候日本飞机来时的情况："日本的飞机非常猖狂，飞得不是很高，轰炸时飞得更低，机上的'膏药'标志看得很清楚。"[①] 每次日本飞机一来，全村人便要四散逃跑躲难。无数房屋田地被炸弹摧毁，民众生活动荡艰难。薛鸣球就问母亲："为什么我们老是被轰炸，我们自己的飞机呢？"母亲回答："我们国家穷，买不起，我们也不会造！"母亲的答案很简单，但却让薛鸣球记忆深刻。童年时期这段家乡遭受日军侵袭的历史令他一生难忘，薛鸣球从那时起就一直盼望着有朝一日国家强大起来，自己能造出飞机大炮，人民不再受到外来的欺凌。

在日军频繁的轰炸中，学校停课了。在无法上学的日子里，薛鸣球经常和家人一起逃难躲避轰炸。他还记得那段时间，早上自己一觉醒来，母亲早已经做好全家人一天要吃的饭菜，准备好了被褥和水壶，以便带着孩子们去几里外的偏僻地方躲避炮弹，直到晚上天黑，飞机看不见地面停止轰炸，他们才摸黑返回到家中休息。薛鸣球清晰地记得，那时候逃难总是由母亲带着孩子，而父亲因为要给病人看病，看守全家唯一的经济来源——小店铺子，所以只好冒着被轰炸的危险在家中坐镇。薛鸣球印象中，那时候母亲每天都愁眉不展，她既要担心在家中的丈夫，又要操心孩子们的安危。每次逃难，母亲总要叮嘱薛鸣球带上学习用具，一到安全的地方后，母亲便要他折下一段树枝，在土地上写写画画，练习新学会的字或者是演算一道数学题。尽管母亲不识字，不懂得怎么样去辅导孩子的功

---

① 宜兴市政协学习和文史资料委员会：著名光学专家薛鸣球。见：《宜兴籍两院院士专辑宜兴文史资料》第 27 辑。2001 年，第 174 页。

课，但她却喜欢看儿子认真写字的模样。薛鸣球在地上用树枝写大字，他写得越多、越好，母亲的神情便越舒展，这也是逃难途中，母亲在忧心中的唯一安慰。即使孩子贪玩不愿意学习，母亲也只是面色忧郁，但从没有打骂过他。薛鸣球不愿意看到母亲难过的神情，他一直坚持学习。就这样，薛鸣球在逃难中养成了好的学习习惯。就在这种颠沛流离的生活中，体弱的蒋友真渐渐心力交瘁，很快病倒了，1939 年在艰难的条件下痛苦地去世。

在战火侵袭最频繁的一段时间里，薛家曾一度逃离了家园，到薛鸣球的外婆家躲避了几个月。外婆家在蒋家渎村，离丰义约有五里多地。宜兴地区有很多地方以"渎"命名，语义为河流，表明这个村庄依河而建。蒋家渎比起丰义乡来说暂且安宁一些。蒋氏是官林地区的大姓，蒋家渎因为姓蒋的人家多而得名。薛鸣球外婆全家务农，文化程度不高，薛鸣球有三个舅舅，蒋汉廷、蒋汉生、蒋汉潮，他们对年幼的薛鸣球十分疼爱。薛鸣球在外婆家过得很开心，逃难的间隙，有时舅舅们带着他去田野里辨认庄稼作物，有时和邻居家的孩童们一起游戏，度过了几个月的快乐时光。

图 1-2　初办时的丰义小学

待战火平息一些后，薛家重回家园，继续着忙碌的生活。薛鸣球也回到丰义小学复课。当时丰义小学的校长是史元复，为当地的一位教育界名人，他对小学教育有较深的认识，在任期间一直想方设法充实学校的师资力量。在他的管理下，1938 年，学校发展成为完全小学，配备了各科教师，教学质量很高，在官林一带很有名气。薛鸣球刚入学的时候学校校址设立在丰义西义祠内，校门朝西开。后来学校在发展中，不断扩大规模，向南面扩建校舍，便把西义祠南边观音堂也囊括进来作为教室，并扩招学生达三四百人之多。

民国时期的小学，日常的课程有国文、英语、数学、三民主义、历史、地理、自然、常识、卫生、体育、劳作、美术，等等，内容十分丰富。1937 年至 1938 年，学校规模并不大，全校各个年级加在一起仅有六个班，教师人数不够便身兼多职，教国文的有时候也教数学，教英语的有时候也教地理，但是该有的课程应有尽有，教师们教得认真，学生们也学得仔细。值得一提的是，教师除日常授课之外还注重向学生们宣讲民族大义。薛鸣球这一届小学生，上学的时候赶上了抗战，教师们对侵略者充满愤恨，为了不忘国耻，他们有意识培养小学生的爱国意识。教师们常常宣传一些抗日思想，向学生们讲一讲爱国的故事，他们常讲日本侵略者的暴行，还指挥学生们合唱抗战歌曲。有一次地理课，教师教学生们认识中国地图，老师指着地图告诉说：中国的地图像一片桑叶，紧邻的日本像一条蚕，它想吃桑叶，正在吞食中国的国土。这个比喻令薛鸣球记忆深刻，他一辈子都没有忘记。老师的言传身教对薛鸣球影响很大，令他在儿童时期便对侵略者愤恨，产生了民族意识。

从 1943 年至 1945 年，薛鸣球先后在三所学校念过初中：他先是在西锄中学念了一年，1944 年 9 月到凌霞中学就读，1945 年 2 月到赋村中学读书。

1943 年 8 月，薛鸣球从丰义小学毕业以后，先是参加了凌霞中学的入学考试。当时考试有口试，主考是学校主管教务工作的储韶九先生，他后来担任过学校的校长。薛鸣球的口试成绩很好，可以说是以非常优异的成绩考上了这所学校。储韶九对薛鸣球的印象十分深刻，他欢迎薛鸣球前往凌霞中学就读。但是因为在薛鸣球的家乡，很多学生都是去西锄中学念书，特别是他家有一位关系好的邻居储元洵在西锄中学当老师，可以对薛鸣球关照一二，于是父亲决定让孩子去西锄中学读初中一年级。一年以后，西锄中学停办，薛鸣球在暑假里自学完了代数和化学，于1944年秋季跳级来到凌霞中学读初中三年级上学期课程。在薛鸣球转学的过程中，有一个小插曲，因学生的姓名和学籍需要一一对应，为了顺利跳级，不节外生枝，在长辈的建议下，他暂时把名字改成了薛慎崎，有"谨慎"通过人生"崎岖"的道路之意。1945年2月他转学到了赋村中学以后，便又将名字改回了薛鸣球。

因为学校离家较远，从初中一年级起，薛鸣球便做起了寄宿生，平时吃住都在学校，只在年节放假的时候才回家。住读锻炼了薛鸣球的生活能力，他学会了自己料理生活，洗衣服、整理床铺、收拾书本，都是他在少年时代便能做好的事。他每天一大早起来，迎着晨光在校园里、田埂上读书，夜晚在宿舍里点着油灯学习。那时候人们用的灯油是豆油，盛放在一个像碗一样的容器里，油里放着灯芯草，灯芯草头上点起火，便发出了微弱的光芒。这种灯芯草柔软坚韧，除了可用来点灯，学生们还喜欢拿来玩耍，薛鸣球把它伸进地面上的空洞里，很快就能钓出来一条条白色的小虫，小伙伴们就聚在一起比赛，看谁钓出来的虫子又多又大，赢了的人便能听到同伴们羡慕的欢呼，这也是他童年时候的乐趣之一。

西锄中学现今已经不复存在。这所学校办学时间不长，学校存续期间，在教学中注重宣传抗日思想，发展了不少青年党员，培养了许多进步人士。

凌霞中学即为现今的官林中学，诞生于1938年11月，原名为私立赉村小学，最初的校址设在官林的赉村。创办人名叫芮仲吕[①]，初办学时，他在家中设一教室，学生仅有谢雪桥、舒浩祺、芮菊生三人，开设了数学、物理、化学等课程。至1940年8月，这所学校改名为凌霞中学，办校规模逐渐扩大。1945年抗战胜利后，在该学校的基础上，成立了官林中学。

[①] 也是江苏省宜兴第一中学创始人，学校如今设置有以他名字命名的仲吕教育奖。

薛鸣球读书全靠父亲供给。那时候宜兴地区中学学费有定数，私立中学校均以米来计算，初中收学费米一石、杂费为米三斗①。初中的课程都是各学科的基础课，尽管不同的学校教师的教学有差异，但是课程设置和授课学时大体相同。民国时期宜兴地区的教育部门规定初中生每周的课时，初一学生每周要上三十二小时课，初二学生每周有三十三小时课，初三学生每周有三十小时课，课时紧张。主要课程包括国文、数学（算数、代数、几何）、英语、历史（中外历史）、地理（中外地理、矿物）、生物（动物、植物）、物理、化学、公民、音乐、体育、童子军。这些都是基础的课程，旨在给学生普及常识和知识，令他们打下继续深造的基础。

薛鸣球虽然在凌霞中学的时间不长，但他对这个学校印象很深刻。他记得凌霞中学的老师都很和蔼，授课的水平很高。英语老师叫樊兆庚，是苏北人，讲课的教材用的是开明书局印的版本，里面的课文有对狮身人面像的介绍，还有《天方夜谭》的故事，十分有趣。几何课老师名叫朱正清，是官林当地人，他讲课条理很清楚，除了课本上的内容，他在每堂课结束的时候，还会额外给学生们讲一道几何题，是谓"开小灶"。薛鸣球对朱老师的几何课程最感兴趣，他把每一道"小灶题"的题目和解答方法都详细记录在小本子上，这样攒了一个学期，便形成了一本有趣的习题集册子，这本小册子他一直保留到了二十世纪六十年代末期。

凌霞中学令薛鸣球印象深刻的事还有，学校举办过许多丰富多彩的课外活动。他参加过一次有趣的活动是，元旦的时候，学校办了一个同乐会，也就是全校师生庆祝新年的联欢会，会上有歌舞才艺表演，还有游艺项目，在薛鸣球的记忆中这场同乐会办得真是"有声有色，美不胜收"，既体现了学校老师的素质之高，也令学生们寓教于乐：

> 有京剧，锡剧等的清唱，还有应时的歌舞，虽然粗糙简陋，但都是师生共同参加的，其乐融融。我记得有一歌舞剧是唱"秋水伊

---

① 朱震华：新中国成立前（1911-1949）宜兴中等教育概况。见：中国人民政治协商会议江苏省宜兴县委员会文史资料研究委员会编印：《宜兴文史资料》第5辑，1983年，第86页。

人"……另一歌舞剧的歌名记不得了，其中有"扛起锄头锄野草呀，锄起了野草好长苗呀，咿呀嘿，呀呵嘿。"那时是在抗战时期，能做这一些，实在也是很困难的。我最感兴趣的是猜灯谜。在学校的食堂里，挂上汽油灯，那是一个烧煤油的灯，用汽筒打空气进去，以帮助燃烧发光更充分些，亮度大些。屋里拉上些铁丝，铁丝上写上谜语，猜对了，还会有点小奖品。我记得有一条谜语，谜面是"雪花膏"，要求打一个中国地名（城市名），我和许多同学都猜不出来，现在想来，这条谜语，以我们当时初中的学识是根本猜不出来的。后来我们几位同学去找语文老师，估计是他出的。结果他并没有告诉我们是不是他出的，只是略带神秘的告诉我们，谜底是延安，是一个很多青年想投奔去的地方。我们当然还不明白为什么是延安呢？原来延安是一个较新的名字，它有一个较老的名字叫"肤施"……"雪花膏"不是"肤施"吗？实际上当时是抗战胜利前夕，当地的新四军的活动是很频繁的，这个谜语介绍了当时的红色革命中心，引起一些年轻人心中的向往。①

薛鸣球初中就读的第三所学校是赋村中学，他在这所学校里仅学习了几个月，初中就毕业了。赋村中学，也名私立宜兴赋村中学，这所学校是如今高塍中学的前身，坐落在著名教育家蒋南翔的故乡——高塍镇。该校诞生于 1939 年，由宜兴实业界人士邵申培、地方爱国绅士及教育界志士邵德纬、邵克培、邵荫槐等九人，以"育英救国"为宗旨，以"诚、勤、敏、慎"为校训，创办了私立宜兴赋村中学。1943 年，将"宜兴县立第六临时中学"（六临中）并入赋村中学，并增设了高中部。1951 年，赋村中学迁至高塍马坞村，改名"私立宜兴高塍初级中学"。1956 年，学校改公立，定名"宜兴县高塍初级中学"。1958 年恢复高中，正式定名"宜兴县高塍中学"。

---

① 薛鸣球：在官林中学称凌霞中学学习的回忆——献给官林中学建校七十周年。未刊稿，资料存于采集工程数据库。

难忘常州中学

1945 年秋季，薛鸣球初中毕业后，考上了位于常州的省立常州中学（以下简称省常中）。因为常州地区高中教育质量比丰义地区好得多，宜兴武进地区的学子，但凡学习成绩好的，家长又寄予厚望的，都会想办法送孩子们去常州就读。尤其是省常中，那更是以"交大预科"而著称，因为这所学校的毕业生中每年考上交通大学的人很多，当地的说法是，一脚进常中，一脚上大学。远离家人，薛鸣球在省常中度过了三年高中生涯。

常州西邻南京，东邻吴县（今苏州），在当时是江苏的经济、政治交汇的重要地方，水陆交通发达，商业兴盛，人民生活富裕。尤其是常州的教育，在江苏地区来说非常兴盛。这个地区古代重视科举，近代教育发展也很快。常州市曾做过统计，截至 1949 年，常州境内有各级各类学校一百零七所，包括中小学一百所、中等师范学校一所、职业学校六所。基础教育的普及和相对较完善的办学规模，使得常州地区居民的文化素质相对较高。常州培育了近代以来的许多知名人士，如盛宣怀、赵元任、蒋维乔、

图 1-3 常州中学旧校门

华罗庚、孟宪民、秦仁昌等。对于薛鸣球这样的农家少年来说，从农村到城市，尤其是到了常州这样的都市，那是非常了不得的事。要去常州读三年书，他的心里很是雀跃。

从丰义乡出发前往常州，如今乘汽车只需一个多小时，但在七十多年前，道路设施不发达的情况下，需得坐船，要穿过弯曲狭窄的河道，在摇晃的船上度过一整夜才能抵达。江南水乡水道纵横交错，大部分人家的住房离水都不远。薛鸣球回忆每次从家去学校，先要穿过一条老街，然后步行去到离父亲店铺不远的渡口，再坐上一整夜的船，到天明时分才到达常州："到常州去念高中的时候，曾有这样一件事，乘帆船还是乘轮船已不清楚。去了常州在一只轮船上住了一夜。"① 因为来往不便，他在高中期间很少回家，一两个月才回家一次，高三学年学业紧张起来，他甚至一学期才能回家一次。他经常是在节假日里匆匆返家，准备好一段时间内的粮食和衣物，便又要踏上求学的道路了。薛鸣球在常州没有什么亲属和朋友，少年离家，没有父母和长辈在旁照料、指点人生的经验，他不得不早早学习自立，学会了自己管理生活，养成了独立的性格。

省立常州中学历史悠久，前身为 1907 年创办的常州府中学堂，是在清朝末年废科举、兴学堂的大风气下创办的。关于该学校的初建，曾任清廷陆军部侍郎、都察院副都御使、江苏巡抚的陈夔龙 1907 年春所作的《常州府中学堂记》说：

> 光绪三十一年，郡守许君星璧与邑之士大夫恽君祖祁诸贤乃谋创建。议既定，俱以积志愤发相励从事。于城内玉梅桥之南得护国寺旧址。揆时庀徒，以耊以筑。礼祀之堂、讲课之室、食息之所，各以序立。始于其冬十月，周一岁而落成。于是得屋三百八十余间，竭资六万两。常年经费，八邑筹措。②

这是常州府中学堂落成时的情况。这所学校的创办，也是常州及其邻

---

① 薛鸣球自传。薛鸣球档案，20 世纪 50 年代。存于苏州大学人事档案处。
② 虞新华：《武进掌故》（上册）。北京：中国文史出版社，2000 年，第 161-162 页。

近地区近代中等教育事业的开端。当时学校的校舍情况，记录很多，学校规模在当时来说是相当宏大的，与旧式学堂、私塾、书院不同，常州府中学堂格局参照日本建筑，设施齐全，条件优越，一派新式学堂的新气象，学校校门向西开，门外便是常州玉梅桥。

> 桥下清溪逶迤，桥畔垂柳荫翳。进校为大道，行百余步，便见有门南向，正对风雨操场。此门原为护国寺正门，颇宏伟。门前东侧有宋万安和尚袈裟塔，万安师率僧众抗元，力战捐身躯，后人瘗其僧衣裳，建塔志念。进门乃校长室，后为大礼堂，可容数百人，楼上供教师住宿。礼堂东西两面，各建"凵"形楼房一座，似环抱礼堂然。西为教室、图书室，东为实验室、标本室、劳作室等。其后有楼房三幢，直抵北墙，楼下作自修室，楼上作学生宿舍，亦容数百人居。宿舍东为盥洗室、厨房、膳厅等。校东南为大操场，均倚东城墙，城外即天宁禅寺，殿塔松林，清晰可见。①

薛鸣球很喜欢省常中的校园，这也是他到那时为止见过的最大的一所学校。学校的建筑高大漂亮、设施齐全，这些都令他满意。他在明亮、宽敞的教室里读书，在藏书丰富的图书馆里自习，闲暇时候他还去校园外的玉梅桥散步。

追溯学校历史，常州府中学堂除中学正科外，1912 年设师范班，并附设高等实业科，包括农科、土木工程科和实用化学科，这也是常州地区最早的大专班，开常州高等教育的先河。1913 年学校改名为江苏省省立第五中学。1929 年 7 月改为常州中学。抗日战争全面爆发后不久，高中部因躲避战火而暂迁至宜兴湖洋渚。常州沦陷后被迫停办，部分师生在上海租界复课，称江苏省立常州中学沪校，直至 1941 年 12 月停办。1945 年 10 月学校在常州复校。1949 年以前，常州中学因教学质量高，毕业生考取清华、交大等名牌学校的较多，一度在地区内有"交大预科"之美誉。1951 年，

---

① 《百年校史》，江苏省常州高级中学校史。内部资料，2007 年，第 4 页。

学校改名为苏南常州中学，1953 年，改称江苏省常州中学，1954 年改名江苏省常州高级中学，1978 年恢复江苏省常州中学的校名，并成为江苏省重点中学。学校倡导"严谨、活泼、创造"的校风，向全国输送了四万多名毕业生。

常州府中学堂的校歌是这样歌唱的：

> 大江浩瀚，灌中吴万顷膏腴。更笠泽澄波，铜峰攒翠，秀灵磅礴扶舆。是为毗陵名郡，自延陵文物启东吴。迄今四千余载，名誉震寰区。峨峨讲舍，是我中学，八邑建中枢。莘莘群彦，敦品立行，拨汇复连茹。愿养梗楠作栋梁，擎天有柱巩皇图。勉诏前徽，为光家国，宏兹远模。

学校虽然是维新产物，但这首校歌却唱出了学校的风貌和办学理念，学校有"峨峨讲舍"，有"莘莘群彦"，办校是为了培养"敦品立行""为光家国"的学子，盼诸学子皆成为国家的"栋梁""擎天"之才！

成为省立常州中学以后，新时期学校的校歌亦有了变化：

> 东南旧治溯延陵，俗美多文。看三江雅阔，五州腴表，水陆轮轨纵横，自是地灵人杰，数交通文化此中心。迄今扶舆磅礴，孕育日文明。峨峨讲舍，英英多士，质美待裁成。国家兴学，树人大计，远规百年宏。建设人才储百辈，救时主义重三民。努力潜修，用光历史，宏我汉京。

这一时期的校歌适应了民国的特色，既描绘了常州的地理交通特色，也歌唱出了学校要培育优秀学子的决心。无论是哪个时期，这所学校始终强调以为国家、民族培养栋梁之材，为未来光大中华为己任的办学特色。

提到常州中学早期的历史，不能不提到的一个人便是屠宽（1879—1918），他也是常州府中学堂早期的监督，学校早年的规章制度、办学宗旨大都与他相关。

屠宽，字元博，江苏武进人，早年毕业于日本千叶专门学校，1907 年出任常州府中学堂监督。他早年曾追随孙中山，为同盟会会员，胸怀振兴中华的理想，为常州的现代教育事业作了许多贡献。学校早期学子大多记得监督屠元博，他很有民主风范，例如钱伟长之父钱挚曾在常州府中学堂师范专业就读，被指定为班长，班上有年长者不服，便状告到监督处。屠元博于是便召开了师生大会，询问大家对此事的意见。根据大家的发言，最终以民意，认为钱挚性情好，能够服众，从而说服了反对者。此外，屠元博非常关心学生，他常为家境贫困的学生谋取学校的勤工俭学职位，以补贴其生活费用。不仅如此，因为学校增设的高等事业科不满一年便停办，屠元博为学子们的前途担忧，经他多方奔走努力，为首批二十一名学子争取来经费，资送他们前往日本留学，这便是当时常州留东团的由来；这些人留学回国以后，大多学有所用，对常州地方教育推动很大。屠元博为学校尽心尽力，赢来广大常中学子们对他的好评。学校早期的学子们对屠元博的回忆有很多，很多回忆都很亲切，例如曾在常州府中学堂就读，后来成为知名会计家、教育家的校友潘序伦回忆自己报考常州府中学堂时候，对屠元博的第一印象是："校长屠元博装起了假辫子，戴上清朝的红缨帽，穿了清朝式的大礼服即长袍短套。设有公案，对应考学生点名给卷。"[1] 曾在常州府中学堂就读过的著名史学家钱穆回忆，初报考时便见过屠元博，且老师对他一直十分爱护："时余童稚无知，元博师尤加爱护。犹忆初应入学试，有一人前来巡视。方考国文课，余交卷，此人略一阅看，抚余肩，谓此儿当可取。初不知为何人，后入学，乃知即元博师也。"[2]

常州中学校史评价屠元博，"为办好常州府中学堂，他亲自主持创制规模、编订管理细则、延聘教师、编排课程、考选学生、分设班级、学额定编等一应事务，可说是殚精竭虑。在没有先例的情况下，许多工作办得非常有特色，更有许多创造性，使常州府中学堂迅速成为国内一流的中学

---

[1] 《江苏省常州高级中学一百一十周年校史文集》。内部资料，2017 年，第 7 页。

[2] 钱穆：常州府中学堂。见：傅国涌编：《过去的中学》。北京：同心出版社，2012 年，第 14 页。

堂"①。屠元博去世于1918年，在他去世以后，学校建造了一座屠元博纪念塔立于校内，怀念这位为学校做出诸多贡献的前辈。

常中有名望的校友很多，常州府中学堂时期最著名的校友有被称为"常州三杰"之二的中共早期领导人张太雷、瞿秋白，校园里至今保留着他们的塑像。关于这二人在常州府中学念书的情况，常州中学的校史材料以"双星聚会"来形容二人曾为同校同学的情况，瞿秋白于1909年来到常州府中学堂读预科，而张太雷于1911年考入学校。瞿秋白于1914年因病未能参加期末考试而留级，遂与张太雷同级学习，直到1915年夏二人离开学校。在校期间，"张太雷经常于星期日到常州西门觅渡桥与居住在瞿氏宗祠的瞿秋白晤谈，切磋学问，议论国事"②。他们常去常州东门名胜红梅阁、舣舟亭、文笔塔游玩，吟诵诗词，畅谈古今，共抒报国豪情。校史中有二人在学校里学习生活的记载：

> 瞿秋白多才多艺，文学、音乐、篆刻，无一不能，无所不精，然而，其基础却是在常州中学课余游艺会学习时奠定的。
>
> 中学时代的瞿秋白，有着"名士化"的思想，其实质是对辛亥革命后"政治恶象"的厌恶。这种"名士化"思想的形成，有着众多的复杂因素，其中不乏陈雨农等老师的影响。③
>
> 张太雷在校期间，学习成绩优秀，喜爱数学、英文，英文成绩尤其突出，为同学所羡慕。
>
> 张太雷课后积极参加学生游艺科目活动。爱好运动，擅长踢足球、打乒乓球、踢毽子，经常在浪木、单杠、天桥上锻炼身体。④

人们熟知的学者钱穆、刘半农、潘菽、周有光、吕叔湘，都曾在这个学校里读过书。尤其是刘半农和钱穆，他们是常州府中学堂时代便在此读

---

① 《百年校史》，江苏省常州高级中学校史。内部资料，2007年，第5页。
② 《江苏省常州高级中学一百一十周年校史文集》。内部资料，2017年，第58页。
③ 《江苏省常州高级中学一百一十周年校史文集》。内部资料，2017年，第56-57页。
④ 《江苏省常州高级中学一百一十周年校史文集》。内部资料，2017年，第58页。

过书的。

著名的语言学家、有"汉语拼音之父"之称的周有光于 1918 年入常州中学（江苏省省立第五中学）读预科，与语言学家吕叔湘是同学，常州中学给他留下的回忆十分深刻，他在许多文章里都提到了这所中学："江苏省是教育发达的地方，一个府只办一个中学。……常州府就开了常州中学，四周好几个县都属于这个府的，要到这个地方来读书。教员集中了一些水平很高的进步人士。""常州中学都是男生，没有女生，一定要住在学校里面，一个星期只能回家一天。特点是上午上三课，每课五十分钟，下午是游艺课。什么是游艺课？自己选课，假如你喜欢古典文学，可以选古文；喜欢书法，可以选书法；喜欢打拳，有两位老师教打拳，一位教北拳，一位教南拳；喜欢音乐，可以选音乐，音乐有国乐、外国音乐两门。有一位很有名的音乐家刘天华就在我们学校教音乐。""大家读书很用功。老师并不是追着你，给你很大的负担。常州中学教古文的能力很高，英文水平很高。学生到大学里，就能用英文了，不是像今天到大学还不能用英文，还要补英文，那就苦了。还有一点，中学时读世界历史、世界地理都是用英文课本，化学、物理、生物学都是英文课本。一直到今天，好些外国地名我都只记得英文地名，中文地名记不了。"[1]

周有光关于学校的回忆十分完整，基本反映出常州中学的面貌，可以从中看出学校的教学情况和学生们的学习状况。常州中学的教学极有特色，无论是教学还是课外活动，都以丰富著称。

这所学校的校训"存诚，能贱"极为有名。这条校训是于 1913 年至 1925 年担任校长的童伯章提出的。校训前一句的意思在于勉励学生为人真诚，做事踏实，后一句"能贱，并非即贱，即人以为'贱'者，我也能为之而已"[2]。校训意在告诫学生待人要诚恳，但做事却要放低姿态，诚实做人。校训对省常中学子们影响很大，许多校友形容，此言影响了他们的一生，如吕叔湘回忆母校的这条校训，认为是："铭记在心，一生受用。"薛鸣球无疑终身铭记了"存诚，能贱"，他也是这样践行的，即使是在困难

---

① 周有光：《我的人生故事》。北京：当代中国出版社，2013 年，第 10—11 页。

② 《百年校史》，江苏省常州高级中学校史。内部资料，2007 年，第 23 页。

的条件下，他也不畏惧、退缩，他的创业总是从奠基这样的小事做起，这显然是受到了中学校训的影响。

薛鸣球入省常中的这一年，恰是 1945 年，抗日战争胜利。学校因战火，曾受到极大的摧毁，据资料记载，当时的省常中情况如下：

> 抗日战争使得一度享有盛誉的著名学府，只剩下两栋孤零零的房子和一个四周架满了铁丝网的空架子。原有的数百间房屋尽数被毁，变成一堆一堆的砖瓦砾；数万册藏书被自诩"文明国"里来的人糟蹋殆尽，有的用来烧火，有的撕作便纸；价值昂贵的显微镜等各种实验仪器几千件，仅留几只烧瓶，这些烧瓶之所以幸存，是因为"文明人"需要它作为大小便盂；著名音乐家刘天华先生和他的学生乐队曾经使用过的铜管乐器，早被日本侵略军拿去化为子弹屠杀中国人；财物被掠夺一空；操场居然变成了屠杀中国人民的刑场。①

为了令学校尽快恢复战前水平，并能有好的发展，省常中师生肩负着在战火后重建的使命。但省常中师生复校并不是容易的事。抗战胜利后，尽管日本侵略者已经败走，但国民党军队仍然驻扎于校园中不肯离去，学校无地可用，只得先以刘氏宗祠和关帝庙等场所为临时校址，并租借了武进中学校舍和佛教会道圣坛，及吴氏宗祠的房屋为临时房舍，供师生们暂时使用。学校在简陋的环境中坚持教学，一无实验设施，二无活动场所。直到 1946 年 1 月 4 日，原玉梅桥校址内国民党军队撤出，师生们才得以迁回原址。师生们在上课之余，齐心协力，亲自劳作，一砖一瓦重建校园，从而逐步恢复了正常的上课和生活。

对于复校以后的第一届学生，学校无论是招考还是培养，都花了很大力气。1945 年 10 月 28 日、29 日，该校举办了复校以后的第一次招生，常州及附近区县适龄学子皆慕名前来报考，报考人数远远超出了学校预期。鉴于这种状况，为了让更多的学子有书可读，学校本拟扩大招生规

---

① 陈吉安、孙建华：省常中四十年——记史绍熙校长。见：中国人民政治协商会议江苏省常州市文史资料研究委员会编印：《常州文史资料第 7 辑》，1987 年，第 96—97 页。

模,但上报江苏省政府和教育厅后未获批准,几经争取后仅略增加了些许名额,这样一来,无形中导致考生们考试竞争更加激烈。为了招到合格的学生,学校的招生考试十分严格,首先是要求学生不偏科,按照规定,考生的主科成绩不能低于 10 分,如有一科成绩为 0 分,则无论其他科目分数如何,皆不予录取。此外,全体考生除了笔试,还要参加口试。口试的题目广泛,不光是数理化知识,考官既要问到考生原来的学习情况,还要充分了解考生的家庭状况,更要紧的,口试的时候还问到了学生对于时事的认识、对所报考的省常中的了解程度,等等。考官最后综合考虑考生的态度、礼貌和健康情形,决定是否录取。考试过程中,薛鸣球一路过关斩将,顺利考入了省常中,成为复校后的第一届学生。这一届学生入学以后被编入十二个班级,其中高中九个班、初中三个班。薛鸣球所在的高一一共有四个班,他被编入了高一甲班,学号 1020。

对薛鸣球这一届的学生,学校投入很大力气培养,许多人都考上了知名大学。据部分统计,1945 年入学的这一批学生毕业后,考取清华大学的有九人、中央大学的一人、交通大学八人、复旦大学三人、南开大学三人、暨南大学四人。这一届的毕业生有的成为工程师、科学家,有的后来成为我国知名的学者,获得了很高的科学成就。例如曾在高一乙班就读过的王之江,他的学号为 1221,后来考上了大连工学院,被分配到仪器馆(后来的长春光机所)工作,与薛鸣球成了同事;王之江在光学设计上有专长,为我国红宝石激光器的重要发明者之一,于 1991 年当选为中国科学院院士。薛鸣球的另一名同学侯云德,毕业后考上了同济大学医科学院,还前往苏联留学,成了医学病毒学专家,为中国工程院院士;他是我国分子病毒学、现代医药生物技术产业和现代传染病防控技术体系的主要奠基人,于 2018 年 1 月荣获 2017 年度国家最高科学技术奖。薛鸣球还有一名同学周叔莲,后来成为我国著名的经济学家,为中国社会科学院学部委员,在我国经济改革和经济发展问题上有独特见解,并著有《中国改革》《中国产业改革研究》等经济学著作。他还有一名同学孙南军,曾在中国医学科学院药物研究所担任教授,获得过国家科技进步奖一等奖和全国科学大会奖。

薛鸣球难忘在省常中的生活，这里有知名的教师，有良好的学习和生活环境，他忘情地徜徉于知识的海洋中。省常中不仅实验和教学设施在常州地区中学里是一流的，配备的教师也都赫赫有名，许多人长期从事一线教学工作，据1946年的统计，学校在职教师的平均教龄达三十六年，都是经验和学识丰富的老教师。这些人有国文教师吴樵长、谢瀚东、张一庵、钱叔平，英文教师有时任校长的董志新，还有杨孟懽、吴锦庭，物理教师史绍熙，数学教师冯毓厚、金品、孙纯一，化学教师张式之、潘祖麟，历史教师丁浩霖，生物教师薛德炯，地理教师王仲恂，等等。1945年12月，江苏省督学夏佩白来学校视察，听课后对学校教师的授课水平给予了很高的评价："化学教员张式之教法学养具见功夫；物理教员史绍熙验证说理甚为清楚。"[1] 从教师配备亦可看出当时省常中在教学上分科很详细，课程设置上兼容并包。

提起省常中，至今人们始终记得的另一位老教师，便是曾在省常中连续工作了四十年、掌校三十五年的史绍熙，他几乎把毕生的精力都奉献给了这所学校。史绍熙是薛鸣球的同乡，为官林义庄村史氏家族的子弟，大学毕业于交通大学，是一名物理教师，他负责讲授的《特夫物理学》，选用的是国外大学一年级的教本，尽管课程深奥，但他却讲得精辟透彻，逻辑性强，寓趣味和教学于一体，他的授课影响了许多常中学子。薛鸣球喜爱物理科学，也是从名师的讲解里培养了兴趣。

教授国文课的老师是博学的儒者吴樵长，他是当时常州的一方名人，早年考取了秀才，废科举之后便在常州中学堂教学；他才华横溢，既擅长国文教学，还在音韵诗词上有很高造诣，且是常州地方上有名望的书画家。吴樵长上课时尤其擅长讲《离骚》，他在讲台上滔滔不绝，下面的学生听得如痴如醉，他还常在课上强调屈原热爱祖国，有正气凛然的高尚情操，这些都令学生们印象深刻。

省常中还有一位有名的教师金品，他是一位几何学专家，曾著有风靡民国中学数学界的专著《金品几何》。学生们印象中的金老师，思维敏捷，

---

① 《江苏省常州高级中学一百一十周年校史文集》。内部资料，2017年，第102页。

有强烈的求知和创新精神，他上课从不带教科书，他对几何题解非常熟练，上课的时候画图也很少用圆规和直尺，因为经验丰富，他随手便能画出理想的图形，这手功夫令学生们十分钦佩。薛鸣球擅长数学，擅长画各类模型图，尤其是在常年的计算中锻炼出了很强的心算能力，这和中学时候的数学教师们对他的耳濡目染是分不开的。

地理教师王仲恂在抗战时期曾在西锄中学教过课，也是薛鸣球早就熟识的一位教师。他富有修养，知识渊博，对祖国的名川大山、铁路交通、海洋湖泊、矿产资源如数家珍，对海外的风土人情、城市风貌亦有研究，他讲课风趣，深得学生们的喜爱，激发了同学们求学的兴趣。

省常中对于教学抓得很紧。学校对学生们的成绩要求很高，对于考试方法和成绩统计，有明文规定：

> （1）学业成绩考查分日常考查（口头问答、演习练习、实验学习、读书报告、笔记、作文、测验、调查采集报告、劳动作业、其他工作报告等）、临时考试（每周授课时数在四小时以上者至少每学期举行三次）、学期考试和毕业考试四种。
>
> （2）各科日常考查成绩与临时考试成绩合为各科平均成绩，前者占三分之二，后者占三分之一。

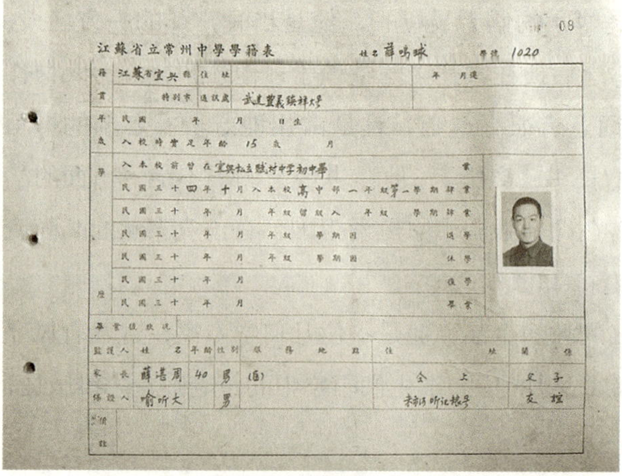
江蘇省立常州中學學籍表　姓名 薛鳴球　學號 1020
籍貫 江蘇省宜興縣
通訊處 武進豐義鎮祥大?
入校時實足年齡 15 歲
入本校前曾在宜興私立?對中學初中畢業
民國三十四年十月入本校高中部一年級第一學期肄業
家長 薛?周 40 男
保證人 喻昕大 男

图 1–4　薛鸣球在常州中学的学籍表

> （3）各科平时成绩与学期考试成绩合为各科学期成绩，前者占五分之三，后者占五分之二。
>
> （4）各科学期成绩之平均为学期成绩，每学期一、二两学期只平均为学年成绩。
>
> （5）各学年成绩平均与其毕业考试成

绩合为该生之毕业成绩，各学年成绩占五分之三，毕业考试成绩占五分之二。

（6）一学期某科缺席时数达该科授课总时数三分之一以上者不得参加该科学期考试，请假缺课者各科学期成绩按一定标准扣分，旷课以三倍计算。①

学校对学生分数设置很科学，且做严格要求，不仅看学生的期末考试成绩，还要看他们的平时成绩，以各科平均成绩来综合衡量学生的学习情况，要求学生不偏科，做到科科优良。在这样的情况下，为了达到平均分优秀，学生们都自发、自觉学习，对考试分数抓得很紧，班级里你追我赶的气氛很浓。薛鸣球入学三年以来成绩优良，尤其是数理化科目，他学得很好。现摘录薛鸣球毕业考试各科平均成绩：

公民 84，国文 76，英文 83，数学 89，生物 88，化学 92，物理 91，历史 89，地理 88，军训 80，学业总评 86。②

省常中注意全面培养学生的素质，为提高学生们的学习兴趣，学校不仅专注教学，还举办了丰富的课外活动，例如组织学生们参加作文竞赛、英语演讲竞赛、书法竞赛。学校重视拓宽学生的眼界，时常邀请知名校友前来学校演讲。薛鸣球有印象的事是，1946 年 9 月 30 日，国学大师钱穆曾来学校做过一场异常精彩的报告，题目为"近代史及当前世界经济形势"，钱穆旁征博引，讲到了美国经济危机的情况和国际形势的变化。1947 年 4 月 12 日，学校又请来了当时留美归来的地理专家胡焕庸博士前来做题为"世界大势"的报告，从经济、科学、政治三方面剖析未来世界局势。大师的报告精彩绝伦，深受学生们的欢迎，这些演讲，令生活在学校这一方小天地里的青年学生们大开眼界。正是在这样开明校风影响下，从宜兴乡村走出来的农家少年薛鸣球深深感到，原来在常州之外还有更广

---

① 《江苏省常州高级中学一百一十周年校史文集》。内部资料，2017 年，第 105 页。
② 薛鸣球学籍表。薛鸣球学籍档案，1945-1948 年。江苏省常州中学档案。

阔的天地。

高中时代的薛鸣球性格开朗，他求知欲很强，热爱探索，除向往科学之外，他对国内和世界的局势很感兴趣。他喜欢阅读，业余时间，还爱写上几笔。他曾向当时的地方报纸《武进日报》和全国性的报纸《中央日报》的"文艺园地"投过稿件，还做过一段时间在常州出版的杂志《常读》的通讯员。高三年级时，尽管学业繁忙，他也常去图书馆借阅报刊，了解国家的局势。他从报上的记述和书刊中，渐渐感受到了校园外的乱，尤其是当时的"反内战、反饥饿"运动，给他的感触很深——人民填不饱肚子，而当局的统治依旧腐败，到底该怎么改变呢？社会上进步的思想对他深有影响，尽管青年人的思想还不成熟，但他们也迫切希望做一些实事来抗议当局的腐败和不作为。他和几位朋友一起，在学校发起成立了一个社团，名"言林学谊社"，该社团的宗旨是激励学业、增进友谊，通过定期活动，组织出版进步刊物，发表文章来抒发学生们的情感。这个社团成立之初有十一人，后来发展到了三十人左右，社员都是薛鸣球所在班级里的同学，薛鸣球担任社团副社长兼出版股长。社员们每个月缴纳两角钱作为活动经费，主要用于出版刊物。这个社团出过几本名为《言林》的油印刊物，刊物的内容包括散文、童话、诗、科学小品和小说，文章全靠社员向熟人征集或亲自写作，既有时事，也抒发情感。有同学在刊物文章中抒发对国民党政府的不满，也有同学撰稿介绍家乡的美丽。这个社团存在的时间并不长，约莫不到一年的时光，随着社员们毕业各奔东西便解散了。

值得一提的是，省常中重视音乐教学，学校早年还有设置乐队的传统，由学生们组建成军乐队、丝竹合奏团，乐团虽然未能长期存在，但省常中保留有很强的音乐传统。我国著名的音乐家刘天华就是省常中毕业的学子，他在毕业后曾在这所学校任教，他的名曲《病中吟》《良宵》在学校里为广大师生们所喜爱，经常有爱好音乐的师生们演奏。在这种氛围下，薛鸣球也爱上了音乐这种全人类共通的语言。他喜欢听歌、唱歌，尽管他嗓音并不优美，但他高兴的时候也会哼唱几句。后来他最喜欢聆听妻子李品新唱歌。李品新有一副好歌喉，英文歌曲《老黑奴》《平安夜》是她的拿手曲目。在晚饭后的家庭团聚时光里，他和孩子们便央求妻子唱歌，李品新唱得十分动听，全家人都沉浸于美妙的音乐中。星期天休息的时候，忙完了家务，夫妻俩便坐在收音机前，一起欣赏《黄河大合唱》里的曲目，这是属于他们俩难得的温馨时光。薛鸣球还喜欢中国传统的音乐艺术，京剧和越剧是他的心头爱，一些经典曲目他更是百听不厌。

省常中是一所重视学生在德智体方面全面发展的学校。除保障教学和丰富学生的课外活动来提高学生素质之外，重视体育教学也是学校的一大特色，学校的目的是通过体育锻炼，保障学生们有强健的体魄投入学习。跑步、早操、拔河、篮球，是省常中的学生们经常进行的锻炼项目，无论寒冬酷暑，学生们每天要抽出三十分钟参加早操，一周要上两次体育课，学期末还有体育考试，学校规定体育考查成绩不合格不能升级或毕业。从小身体瘦弱，且并不擅长体育运动的薛鸣球，为了达到学校的标准，不让体育课拖自己的后腿，他尽力参加锻炼，坚持每天运动提高自己的体育成绩。他的第一学年的体育课成绩还是乙，但经过他的不懈努力，在第二学年结束的时候，体育成绩已经达到了良，并在后来一直保持着中等水平。

学习之外，高中时的薛鸣球性格很活跃，展现了较好的组织活动能力，也团结了一批同学。他参加了"宜兴旅常同学同乡会"和"丰义乡励进会"。这些社团为宜兴和丰义乡在常州旅居和读书的同乡们提供了联谊的平台，也是在读期间的薛鸣球与社会联系的一个纽带。

第二章
国有成均，在浙之滨*

    浙江大学是薛鸣球引以为傲的母校。这里有着风景秀美的西湖，有气势磅礴的钱塘江，学校超过百年的悠久历史更是令薛鸣球感到自豪！尽管求学之路上有很多挫折，疾病、贫穷，但这些都没有阻挡他执着求学上进的步伐。他体会到了生活的艰辛，学会了在逆境中努力进取。从机械专业到光学仪器专业，他坚定地选择了自己一生事业的方向。浙江大学的良好学风、雄厚的师资力量和专业的学科训练，奠定了他开展事业的基础。

从之江大学到浙江大学

    1948 年 9 月，薛鸣球结束了高中阶段的学习，考入之江大学就读。选择这所学校的原因，一是学校是一所百年名校，校风学风良好，师资力量足；二是学校离家乡近，往返便利，寒暑假回家能省下不少旅费。而选择机械专业的原因是，薛鸣球自中学起便喜爱且擅长理科，他认为机械专业

---

* 出自浙江大学老校歌《大不自多》，马一浮作词，应尚能谱曲。

是实实在在的技术，有利于未来从事实业，学成后既能容易地找到工作，也能很好地为社会服务。1952年5月，全国院校调整，之江大学工学院并入浙江大学。此后不久，薛鸣球即转换专业，改学光学仪器，开启了人生中重要的阶段。学校求是精神和良好的学风对薛鸣球影响很大。浙江大学是薛鸣球的母校，正是在这所学校里，他打下了系统的知识功底，并在求学期间选择了以仪器光学作为自己的终身职业。

之江大学和浙江大学都是民国时期国内重要的大学，学风好，师资力量雄厚，历史悠久。其中名闻一时的之江大学在二十世纪四十年代便已有了百年历史，更是浙江省内最早建立的高等学校。

之江大学是由美国基督教南北长老会差会联合主办的教会学校，是当时中国的十三所基督教大学之一。其前身是1845年于宁波创设的崇信义塾，于1897年改称育英书院，校址在杭州大塔儿巷。学校早期规模较小，主要目的是培养基督教徒，开设的课程主要是基督教圣经、中国经文、算术、英语、天文、地理、音乐等，并给清贫基督教徒的子弟提供膳宿费用。1906年，由杭州、苏州、上海、宁波等地的布道会各出一人，学校教

图2-1　之江大学旧景

员出一人，组成了学校董事会，于当年 11 月召开了第一次会议，通过了新校园计划，决定另觅新校址，将学校迁到杭州城外，并成立了教职员委员会，负责新校址的选址、购地、建设等具体事务。新校址最终选定在秦望山麓的二龙头等几个山头。关于之江大学选址和命名，以及新校址的风景秀美，史料曾有记载：

> 登上杭州西南方向的六和塔，极目远眺，自安徽黄山西南麓蜿蜒而来的钱塘江在这里转了一个弯，形成了"之"字形状，构成了独特的风貌。钱塘江是浙江省境内的第一大河，其上游叫作新安江、富春江；进入杭州境内，便以六和塔为界，分为之江和钱江两段：六和塔以上的部分称为之江，以下的部分则称为钱江。……每当之江潮起，潮水如同白练横贯江面，又好似万头攒动的洁白天鹅排成线，振翅飞来，浪潮叠韵，势如万马奔腾。秀绝人寰的之江，如绿色的飘带一般，萦绕在秦望山麓。旧址上的之江大学，宛如一颗璀璨夺目的明珠，镶嵌在这条绿飘带上。①

经过一番建设，1911 年 2 月，一百一十七名学生从杭州城区的大塔儿巷校址迁入秦望山新校址，学校更名为之江学堂。后改名为之江大学。首任校长是美国人王令赓（Elmerl Mattox），他于十九世纪末期来华后，先后担任过杭州育英义塾校长、求是书院总教习、浙江高等学堂总教习。他担任过之江大学的两届校长，在任职期间，致力于扩展学科和校园，并令学校在美国哥伦比亚区立案，使得学生毕业后能取得学士学位，从而提高了学校的影响和竞争力。之江大学重视学生教育，通过聘任知名教授任教，完善校舍、图书馆、运动场等设施，开设各类课外活动，使学校扩大了名望，并逐渐建成较为齐全的文理科专业，在校生规模不断扩大，学校培养出来的学生才学优良，深受社会好评，学校成为浙江地区一所有名的大学。

---

① 张立程、汪林茂：《之江大学史》。杭州：杭州出版社，2015 年，第 3 页。

之江大学曾经历过几次波折。一是在二十世纪二十年代末期，受到社会上非基督教运动和收回教育权运动的影响，在学校向南京国民政府注册立案一事上，校董会与美国南北长老会差会发生了意见冲突，美国方面拒绝立案并停发经费，学校不得不于1928年夏宣布暂时停止办学，直到1929年秋季校董会筹集到经费后复校。学校在二十世纪三十年代经历一段迅速发展的时期，无论是学校建筑还是师生人数，都快速增长，学校开设课程一度达八十九门，并聘用大量名人名师，如郁达夫、王震、刘平候、黄式金、蒋礼鸿、廖慰慈、李笠等。郁达夫曾在之江大学任教一个学期，学生对他的回忆是："穿着一袭派力司的长衫，一双反底鞋，拎着一包袱沉重的西书，精神局促得近乎扭捏，讲话吞吞吐吐，好久好久才恢复常态。""他每次借给学生的书，大部分是德文的，如果是英文的也是冷僻的居多。"[①]

学校经历的另一次大的变故发生在抗战期间。"八一三"事件以后，上海沦陷，杭州时局动荡，随着日军逼近杭州，之江大学千余人师生只得立即疏散、转移，经由建德到屯溪，又去上海，再经金华、邵武到贵阳和重庆，这期间，学校在战争的阴影下仍然坚持办学，并于1940年，设立文、商、工三个学院，完善了院系设置。师生历经八年颠沛流离，直到抗战胜利后，先在上海复校，1946年返回原址。此时原之江大学内，校舍已被日寇毁坏，房屋倒塌烧毁无数，图书设备被洗劫一空，学校损失惨重，重建任务艰巨。

之江大学于1946年庆祝了百年校庆（因战争和设施条件推迟一年），并在战后得到继续发展。1948年7月，国民政府教育部核准之江大学为拥有文学院、工学院和商学院的综合性大学，这一年学校学生人数多达千人，教职员工也超过了六十人。薛鸣球在1948年考入之江大学的时候，学校经历了抗战的烽火后正在积极重建，学校的设施已经渐渐恢复，有的校舍在恢复后甚至超过了战前的水平。

其时机械系所属的工学院院长是廖慰慈[②]，他是留美归来的学者，在机

---

① 赵福莲：《钱塘江史话》。杭州：杭州出版社，2014年，第152页。

② 廖慰慈，福建人，早年经清华学堂赴美留学，是我国早期留美学童之一，在美国康奈尔大学学习铁路工程，回国后担任过几条大铁路的总工程师，并在之江大学、浙江大学任教。

械、铁路工程领域内享有很高的名望。机械系主任是应尚才①，他曾在二十世纪三十年代设计并监造过 KF 型客货两用蒸汽机车，这也是中国人自己设计的第一辆机车。有这两位学识渊博的长者坐镇，学院和系里的业务在一段时间内向着好的方向发展。

复校以后，学校重视教学和对学生的培养，尤其是重视培养学生全面素质，为了提高学生的理论和实际相结合的水平，学校花重资购买并在科学馆内安装了一整套土木建筑机械部门所需要的材料试验研究机械设备，为学校图书馆添置了一万余册图书，并兴建木工、锻工、铸工、钳工等工场一千五百平方米供学生实习使用。这在当时浙江省内的大学里来说，已经具备相当优越的条件，许多条件在国内大学里也是领先的。学校风景优美，有好的设施条件，还有百年声望和良好的基础，薛鸣球考入之江大学的时机可谓是刚刚好。

而浙江大学无论是过去还是现在，也都是国内首屈一指大学。学校的前身是创建于 1897 年的求是书院，其早期校址位于蒲场巷普慈寺，首期招生仅三十名，但这所学校以"居今日而图治，以培养人才为第一义；居今日而育才，以讲求实学为第一义"为创办宗旨，创办之初，便重视"西学"，聘请外籍教师授课，开设国文、英文、算学、历史、地理、格致（物理）、化学等课程，并选送学生赴日深造。求是书院可以说是中国近代史上最早效法西方学制创办的几所新式高等学校之一。

1901 年，学校改称浙江求是大学堂，并又先后改称浙江大学堂和浙江高等学堂、浙江高等学校等名称，但在之后数年内学校几度停办。1927年在原址基础上成立了国立第三中山大学，其中的第三中山大学工学院和劳农学院是由浙江公立工业专门学校和浙江公立农业专门学校改组而成。1928 年 4 月 1 日，学校改名为浙江大学，并在 1928 年 7 月冠以"国立"二字，下设工、劳农、文理三个学院，学校进入了新一轮的发展期。经过

---

① 应尚才（1896-1982），奉化市大桥镇人，1913 年就读于清华学堂，1918 年毕业于美国凯斯大学，1924 年回国后担任过海关桥梁厂、津浦铁路机务处任工程师，铁路机务标准设计处技术主管，行政院工程计划团主任工程师，南开大学、中央大学、西南联大、唐山交大等校任教授，之江大学教授、机械系主任。

一段时间的发展，截至 1936 年，浙江大学已经有在校学生五百七十五名，并拥有工学院、农学院、文理学院三个学院，下设包括电机工程学系、化学工程学系、农艺学系、教育学系等在内、专业齐全的十六个系①，并有生物物理学家贝时璋、数学家苏步青和陈建功等大师级的知名教师任教。

蒋梦麟 1927 年任国立第三中山大学校长。蒋梦麟（1886—1964），浙江余姚人，民国时期著名的教育家、政治家。他早年留学美国，获得博士学位，回国以后历任孙中山秘书、北大校长、浙江省教育厅厅长、大学院院长、教育部长等职务。他在担任国立第三中山大学校长期间，广招人才，像学贯中西的文理大师顾毓琇，数学史家、数学教育家钱宝琮，林学家梁希，化学家潘承圻，体育教育家袁敦礼等后来驰名中外的学者，就是在他任内来到学校任教的。在蒋梦麟任内，学校还创办了湘湖农场和经济林场，作为农林科学实验和教学实习基地，促进了劳农学院的建设，对未来浙江大学的进一步建设和发展打下了良好基础。在蒋梦麟之后，邵裴子、程天放、郭任远等人都相继短暂担任过浙江大学的校长。

浙江大学最著名的一位老校长，也是令所有浙大人最怀念的一位校长，便是我国著名的气象学家、教育家竺可桢。竺可桢（1890—1974），字藕舫，浙江上虞人，被誉为我国地理学界、气象学界的一代宗师。竺可桢早年留美，获哈佛大学博士学位，1918 年回国以后，历任东南大学地学系主任、中央研究院气象所所长、中国科学社社长等职务。1936 年 4 月，竺可桢任国立浙江大学校长。他担任校长长达十三年，至 1949 年 4 月卸任。竺可桢对浙江大学贡献卓著，在艰难时刻保护并带领这所大学成了国内一流大学，他在任期间奠定了学校良好的学风、校风，影响深远。著名生物学家谈家桢称赞说：我国近代高等教育史上办大学而成功的校长只有两个人，其一是蔡元培，其二便是竺可桢。②

对于大学办学，竺可桢自有自己的治校方略。他在就任浙江大学校长

---

① 工学院：电机工程学系、化学工程学系、土木工程学系、机械工程学系；农学院：农艺学系、园艺学系、植物病虫害学系、蚕桑学系、农业经济学系；文理学院：外国语文学系、教育学系、史地学系、数学学系、物理学系、化学系、生物学系。

② 谈家桢：竺可桢先生二三事。《文汇报》，1990 年 3 月 1 日。

后补行宣誓典礼上提出过大学教育的几个要义："生聚教训立国之本""德育和知育并重""现行教育制度的不健全""机械的学分制""导师的重要""教训合一""大学是养成领袖人才的地方""大家有饭吃的生产教育""生产教育的效能""各方通力合作"。竺可桢担任浙大校长后，实行教授治校，影响深远。他倡导以"教授为大学的灵魂"。① 竺可桢认为，一个大学学风的优劣，全在教授："大学宜民主，固甚彰明，惟民主有先后，当自教授始，如此可冀各安其位，爱校甚己，历十载五十载以至一生工作于斯。学生时间较短，故宜采取教授治校。"② 竺可桢的办学理念，也深入浙大人心中，成为浙大一段时期以来办校的灵魂。

竺可桢在任期间的一个重大举措是实施导师制。他认为，大学的使命在于"养成专门人才""培育良好公民"，前者是为了培养未来的医师、教员、工程师，后者是社会中流砥柱，为大众谋福利③。正因如此，他重视学校教学。在他任内，学校设置了导师制，这个举措对后来的浙江大学影响深远。"导师制"是由导师悉心指导学生就业、生活等方面的成长事宜。竺可桢倡导导师制："在中国书院制度，德育较智育尤为重要，而现行中国大学学制模仿美国，如考试制度、学分制度，但美国学制对于训育全不注意。国际联盟前三年所派几位专家……均不赞成美国制，即美国本国教育家……亦拟更张制度，如哈佛、耶鲁均用导师制，要有指导学生行为之任务。"④浙大的导师制实行于 1937 年 9 月，在当时国内高等教育界属开创之举。1937 年 10 月 12 日，浙大成立导师会，每位导师负责联络若干学生。一二年级教学生为人为学之道，三四年级指导学生的专业学习。像李政道、叶笃正、谷超豪等顶尖学术大师，他们当年读书时，都曾受益于竺可桢首倡和推行的导师制。导师对学生良好的引导，是学生成才的重要因

① 竺可桢：《在补行宣誓典礼上的答辞》。见：许高渝等编著：《遗珍逸文老浙大期刊集萃》。杭州：浙江大学出版社，2017 年，211-214 页。

② 竺校长对本届新生训话记详。见：钱永红主编：《求是忆念录：浙江大学百廿校庆老校友文选》，杭州：浙江大学出版社，2017 年，第 160-161 页。

③ 竺校长对本届新生训话记详。见：钱永红主编：《求是忆念录：浙江大学百廿校庆老校友文选》，杭州：浙江大学出版社，2017 年，第 160 页。

④ 张均兵：《国民政府大学训育（1927-1949 年）》。北京：光明日报出版社，2011 年，第 101-102 页。

素，也影响学生未来的择业方向，以及学生在成为新一代的导师后育人的观念和方略。这个举措可以说是利在千秋的。浙大学子体验到了导师制的优越性，享受到了导师制给自己带来的好处，日后他们中有的人成了教师以后，也身体力行引导学生。除此之外，竺可桢另有一个重要的举措，便是奖励并鼓励贫寒好学的学生上进，他上任伊始，便制定了在学校设置公费生的办法。在竺可桢校长治校任内，浙大形成了良好的学风。即使是在最困难的时刻，浙大依然坚持传统，保留了好的学风、校风。

因为日寇侵略，1937 年 11 月 11 日开始，为保全学校力量，保护师生安全，竺可桢率领全校师生员工及部分家属，携带大批图书资料和仪器设备，分批西迁贵州，在遵义、湄潭、永兴等地坚持办学七年。即使在最困难的时候，浙大人依然自强不息，为国家学术、培养人才做出了杰出的成就。在艰难西迁过程中，浙大人以"求是"为校训，即"实事求是""祈求真理""崇尚正义"之意义。关于浙大校风校训"求是"，竺可桢是这样说的，"实事求是，自易了然，然而言易行难"[1]，因此"求是"的途径就是"博学之、审问之、慎思之、明辨之、笃行之"[2]。在"求是"精神的影响下，学校师生在追求真理、追求知识的道路上孜孜探索，行胜于言，出成果、出人才，学校崛起为国内有影响力的著名大学。

1938 年，由著名国学大师马一浮作词，作曲家应尚能谱曲，创作了浙江大学的校歌《大不自多》："大不自多，海纳江河；惟学无际，际于天地；形上谓道兮，形下谓器；礼主别异兮，乐主和同；知其不二兮，尔听斯聪；国有成均，在浙之滨；昔言求是，实启尔求真；习坎示教，始见经纶；无曰已是，无曰遂真；靡革匪因，靡故匪新；何以新之，开物前民；嗟尔髦士，尚其有闻；念哉典学，思睿观通；有文有质，有农有工；兼总条贯，知至知终；成章乃达，若金之在熔；尚亨于野，无吝于宗；树我邦国，天下来同！"校歌的歌词告诫莘莘学子，学问广博无边无际，探求真理和创新的精神永不过时，在求学的道路上，不要怀门户之见，要兼收并蓄，要

---

[1] 竺校长对本届新生训话记详。见：钱永红主编：《求是忆念录：浙江大学百廿校庆老校友文选》，第 161 页。

[2] 毛正棠等：《浙江大学》。北京：知识出版社，1987 年，第 5 页。

以振兴家国为自己的目标。这首已经传唱了七十多年的校歌，彰显了浙江大学良好的校风和求是的学术精神。浙大师生都喜欢这首校歌，遇到困难的时候，他们便唱起这首歌，校歌激励师生奋进，令他们战胜困难，继续前行。薛鸣球熟谙这支校歌，校歌体现的求是、创新精神贯穿了他的学术生涯始终。

"国有成均，在浙之滨！"浙大自创办以来，以培养人才为第一宗旨，通过教学，为全国各行业输送的人才不计其数。

1944年10月，英国著名科学史家李约瑟来到浙大访问后，赞誉浙大是"东方的剑桥"。他说："在重庆与贵阳之间叫作遵义的小城市里，可以找到浙江大学，是中国最好的四大学之一。"[1] 抗日战争胜利后，浙江大学从一所地方性大学发展成为一所全国知名的大学。1946年学校迁回杭州。到1948年3月底，浙江大学已经发展为拥有文、理、工、农、师范、法、医七所学院、二十五个系、九个研究所、一个研究室的综合性大学。

1949年中华人民共和国成立前夕，浙江大学一度爆发了师生们轰轰烈烈的护校运动。中华人民共和国成立前的浙江大学学生运动比较踊跃，学生中进步思想传播较广，一度被国民党称之为共产党的"租界"。新中国成立前夕，国民党当局企图将学校迁往台湾，但遭到了全校师生的一致抵制。1949年1月3日，浙江大学成立学生应变会保卫浙大，抵制迁台。校长竺可桢最反对迁台一事，他在公开场合表态：学校是办教育的，不应该

图2-2 浙江大学旧景

[1] 《浙江农业大学校史（一九一○——一九八四）》。杭州：浙江农业大学，1988年，第36页。

受国内时局的影响；浙江大学是浙江的大学，无论时局如何变化，学校都应该在浙江，决不应该搬到任何地方去；学校当尽力保护师生的安全，确保师生能安心教学和学习！竺可桢顶着巨大的压力支持师生护校，因为不仅是学校，他个人的去留也面临着抉择。国民党在撤退前夕，妄想将国内知名的科学家强行劫往台湾去，竺可桢正是国民党要劫持的对象之一，他不愿意去台湾，考虑到留在杭州有可能遭到特务毒手，他便潜行至上海躲避。就这样，在与国民党当局的抗衡中，浙大师生艰难地保卫着学校，一直到1949年5月，杭州解放，浙江大学紧闭的校门再一次敞开，师生们热烈欢迎解放军的到来。

中华人民共和国成立以后，无论是之江大学还是浙江大学都有了新的发展。1950年8月，之江大学原来的文、商、工三个学院经华东军政委员会批准，调整为文理、财经、工学院三个学院，并设置十五个学系。1952年夏，经过全国高等院校院系调整后，之江大学的建筑工程系并入上海同济大学，工商管理和财经学系并入上海财经学院，文学院及部分数理、化学系并入浙江省师范学院，工学院并入浙江大学，这所学校从此不复存在，原杭州之江大学校址，成了浙江大学的一个分部。薛鸣球随着机械系并入到浙江大学，他成为浙大无数学子中的一员。

休学与社会

因为生活艰辛，薛鸣球长期吃不到荤腥，穿的衣服不仅补丁摞补丁，冬季的棉衣早也不能保暖，他又要伏案苦读，这些导致薛鸣球身体不佳。那时候的他身材瘦弱，总是脸色发白。薛鸣球上大学后没多久，在学校例行的新生体格检查中，他被诊断出患了肺结核。在当时生活条件差、医疗条件落后的情况下，因营养跟不上、身体底子不好而患上肺结核的人很多，加上当时卫生条件差，传染源多，社会上有很多患了结核病的病人因后继治疗跟不上而不幸去世。得了这种病，除必要的药物治疗之外，能采取的治疗办法只能是加强营养，安心休养。这场要命的疾病严重侵袭了薛鸣球的身体，持续发烧、咳嗽、乏力，他身体衰弱，无法再安心念书了。面对自己刚到学校没多久便又不得不暂时放弃学业，薛鸣球深受打击。回忆起往事，他说："由于家庭经济条件每况愈下，长期营养不良，再加上学习过于刻苦、过度疲劳，患上了严重的肺病，勉强读了不到一个学期，再也无法支撑下去，不得不辍学，依依不舍离开了自己向往的大学校园。"① 虽然才入学没多久，薛鸣球已经与老师和同学处出了感情，大家都舍不得他离开学校，但也都盼他早日恢复健康，早一些回到校园。

薛鸣球很快办好了休学手续，拖着羸弱的病躯回到家乡。父亲和继母看到他返回都十分惊讶，因为前不久他们才刚刚送走他远去求学。此时薛家的家境在走下坡路，家庭经济入不敷出，父亲赚钱少，他既要供养大家庭，抚养更年幼的儿子，还要负担长子的医药费，时不时还要给家里添些有营养的吃食，为生病的孩子补一补身体。生活的重担令父亲头上的白发更多了，脾气也暴躁了许多。在将近一年的时间里，薛鸣球在丰义家里休养。薛家收入不丰，买不起也买不到西药，大部分时间，他主要靠当中医的父亲开一些草药来调治身体。他在家中除了养病，还尽可能帮助继母做家务，包括照顾家中的菜园子，替父亲看店铺，接待顾客，但他不想在家"吃闲饭"。他认为自己已是成年人，且身为父亲的长子，不能为家庭减轻负担，但也不应再由家庭供养。

1949 年 12 月到次年 8 月，在身体有了好转后，为了减轻父亲的负担，薛鸣球决定外出工作。经同乡介绍，他离开家，前往离家乡有一百余里的江苏吴江县平望镇税务所充当征税员，薪水是每月两元钱，这笔钱除了供他自己吃用，还要积攒复学后的书本和杂费等费用，好在平日他住在职工宿舍里，除吃饭之外，其他开销也不大。但这份工作也并不是那么容易做的。原来，薛鸣球当征税员时，社会刚经历了动荡，还未完全安定，征税员去街道上、店铺里征税，收取的是现金，回来的路上经过偏僻的道路上便有可能遭遇土匪。倘若公款钱丢了，且不说有没有办法去讨回公道，更

---

① 许文龙：光学专家薛鸣球.《江南晚报》，2014 年 3 月 9 日。

要紧的是，遇到亡命之徒，征税员有可能受伤或者丢了性命。为了防备这些事，征税员们总是三个一群，五个一伙，结伴前去收税，为了保护自己，每次他们还要带上武器防身。薛鸣球那时候文弱清瘦，但书生也不得

图2-3　薛鸣球重回在平望征税时的横扇老街（2009年4月9日）

不扛着大枪上街。在这段时间里，薛鸣球第一次看到了当时社会上的真实状况，对生活有了深切的认识。薛鸣球有了工作，有了微薄的薪水，不用再依靠父亲和家庭过活，他的经济状况好转，心情也好起来，身体渐渐恢复了健康。

薛鸣球病休在家期间，之江大学曾经历过一番风波。其时解放战争正在进行，市面上物价飞涨，国民党发行的法币急剧贬值，学校师生对反动统治十分不满，纷纷到街上去参加游行示威，但学校当局禁止学生外出，引起师生们的强烈不满。到了1949年3月，随着形势的变化，师生们组织了"学生自治会"和"应变委员会"，在地下党的领导下，储备食品，保护学校财产，迎接解放。直到1949年4月30日，人民解放军进入校园。学校师生在随后举行了"军民联谊会"，热烈欢迎解放军的到来。薛鸣球返校后听老师和同学们说起这些，心中惋惜自己没能在学校里亲眼看到和亲身经历这一幕幕，惋惜自己没能在学校和同窗们一起热情欢迎新中国的成立。

新中国成立以后，薛鸣球的思想也经历过了一番洗礼。抗美援朝中，国家征兵，薛鸣球曾一度想弃笔从戎、扛枪上阵、保卫祖国，无奈体检时因身体状况不佳，视力也不过关而未能如愿。他的一位好朋友、中学同学

王俊雄也一同报名了，并通过了审核。薛鸣球羡慕王俊雄能成为一名光荣的战士，在王俊雄出发去战场前，他们互赠了照片，王俊雄在照片背后写着："让我们生命燃烧得更猛烈些吧！"青年人的临别寄语抒发了他们心中的激情，这是他们流露出的真情实感，薛鸣球万分珍惜地保存着好友的照片，他为朋友的英勇感到骄傲，也暗下决心，要在学习和工作中追赶进步者，在未来的时光中热烈地燃烧自己！

1950年8月，薛鸣球恢复了健康，得以重返校园。此时，他昔日的同窗已经就读大三，而他却因为休学时间过长不得不重新念回大学一年级。薛鸣球的年龄已比大多数同窗都大了几岁，但他在休学期间与社会有了真实和亲密的接触，他认为这是读书之外难得的经历，他体会过生活艰辛，愈发珍惜这来之不易的读书机会，从此他读书更加刻苦了。

新中国重视对大学生的培养，当时大学生虽然已经免除了学费，但要购买一些书本，还有生活上的其他开销，薛鸣球也常常感到经济困窘。他的家庭经济困难，无法对他有更多的支持。同乡储占书和中学同学王俊雄都知道他的困难，他们不约而同地每月从微薄的薪金中挤出一些来，寄给他作生活费，解了薛鸣球的燃眉之急。但薛鸣球还是想自力更生赚取一些书本费和杂费，课余时间他便四处寻找勤工俭学的途径。1951年3月，薛鸣球听助教骆涵秀和黄逸云说杭州女子职业学校需要代课老师，经两位助教推荐，他前往学校应聘，因其英语、理科俱佳，顺利获得了这份工作，在学校教数学课，这也是他第一次当教师。通过备课、讲课、答疑，他渐渐体会到了教书育人的乐趣，有了实践经验，他最初的一项职业规划就是毕业之后去应聘一份教师的工作，并认为这是有把握的。在近半年的时间里，薛鸣球除了在大学里学习，无课的时候便去兼职换取费用补贴生活和学习之需，这份工作他一直干到1951年8月。

1952年2月，在学习和兼职的双重劳累之下，薛鸣球的病不幸复发，这一次他没有回家乡，而是选择留在学校休养。这期间他一边治病，一边抓紧时间自学读书，一直到半年以后病愈才重回课堂。恰逢浙江大学新办光学仪器专业，薛鸣球转入了新专业学习。

转 换 专 业

1952 年全国高等学校院系调整，浙江大学的学科和院系设置也发生了变动。部分系科和教师调出、调整到省外院校，部分院系或是独立成校，或是与其他学校合并。之江大学机械系并入到浙江大学。院校调整之后，原浙江大学的主体部分发展成为后来的浙江大学、杭州大学、浙江农业大学和浙江医科大学。调整后的浙江大学继续发扬"求是"传统，重新成为一所多学科的工业大学。

1952 年 5 月，之江大学机械工程系在读学生并入到浙江大学，名单如下：

张诚文、冯耀坤、黄全森、杨华德、管绍英、赵云璋、刘培元、乐懋军、卢玉台、钱文灏、薛鸣球、顾鼎昌、龚希汉、周洪宝、吴敦冶。[①]

1952 年，浙江大学在院系调整中的一件大事，便是办起了光学仪器专业，这是我国当时紧缺的专业，目的就是为这个行业输送人才，发展光学专业。

中华人民共和国成立初期，我国的仪器制造业很薄弱，国家对光学专业有很强的需求。但当时我国科学仪器制

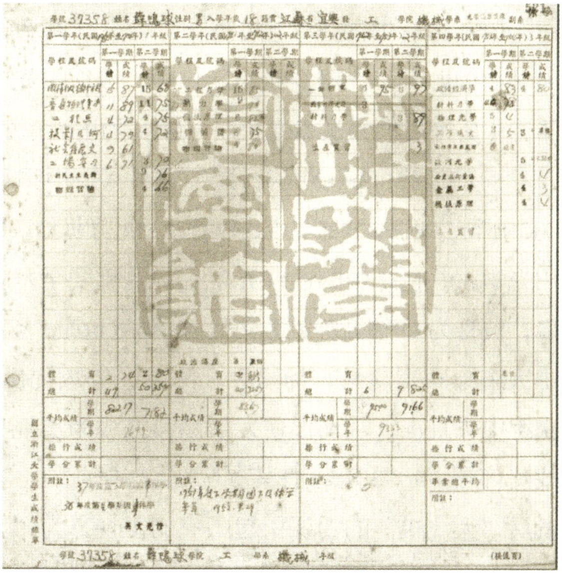

图 2-4 薛鸣球大学成绩单

---

① 之江大学在籍学生并入浙江大学学生名册，1952 年 5 月。浙江大学档案。

造的底蕴不足，从 1901 年上海科学仪器馆开始经销科学仪器，到 1932 年中国仪器股份有限公司成立后开始修理一些玻璃分析仪器，中国并不具备研制光学玻璃的条件和技术，偌大的中国，并没有做出过一块真正的光学玻璃来，更谈不上能制造显微镜、照相机这些光学仪器和设备了。中国科学院院长郭沫若谈起那时候中国仪器供应情况，倍感痛心地说："大部分都是购买外国的，目前仍有不少要从外国进口"[①]。截至 1950 年 6 月，全国科学仪器制造工厂虽有二十九家，但像样的仅有一个光学工厂（昆明光学工厂），不具备大型精密仪器研制和生产条件，从事科学仪器研究的人员更少。由于仪器制造在国家建设中的重要性，1950 年，文化部、卫生部、教育部和科学院联合向中央文教委员会建议：设立仪器专业机构，来从事仪器的研究试制。1950 年 8 月 24 日，政务院的政务会议上通过了由中国科学院副院长李四光、卫生部副部长贺诚、教育部副部长韦悫、文化部副部长丁西林四人联名提出的设立仪器工厂的建议。1950 年，政务院决定在中国科学院设立仪器馆。这是国家成立专门的光学仪器研制和制造机构来发展这门科学。除此之外，国家还很重视培养这方面的人才。

1952 年，浙江大学响应国家的需求，率先办起了光学仪器专业。浙江大学在创办光学仪器专业的过程中，吸取了光学专家、时任中国科学院仪器馆（后来发展为长春光机所）馆长的王大珩的建议。

王大珩（1915—2011），江苏吴县人，中国科学院院士、中国工程院院士，国际宇航科学院院士，"两弹一星功勋奖章"获得者。他是我国著名应用光学家，也是中国近代光学工程的重要学术奠基人、开拓者和组织领导者，被誉为"中国光学之父"，他同时也是一名战略科学家。1986 年 3 月，王大珩会同王淦昌、杨嘉墀、陈芳允等人提出"863"计划建议，该计划获得中央批准，从而促使发展高科技成为实现我国科技现代化的一项重要战略部署。1992 年，他又参与倡议并促成建立中国工程院。他晚年关于发展"大飞机"的提议引起国家的重视，为"大飞机"发展立下了赫赫功

---

① 郭沫若：在中国科学院仪器馆筹备委员会第一次会议上的开会词。见：武衡主编：《东北区科学技术发展史资料：解放战争时期和建国初期二·科研管理卷》。北京：中国学术出版社，1986 年，第 30 页。

劳。王大珩是国家科学技术进步奖特等奖获得者，他也是首届"何梁何利基金科学与技术成就奖"获奖者之一。2018 年 12 月 18 日，党中央、国务院授予王大珩同志改革先锋称号，颁授改革先锋奖章，并获评为"'863'计划的主要倡导者"。

王大珩曾参与创办过大连工学院的应用物理系，又主持仪器馆的工作，对我国当时仪器研制的现状十分了解，他认为我国急需仪器专业的人才，并认为无论是发展物理还是光学，都要结合实际情况，以"应用"为

图 2-5　王大珩

主，这是他的办学、办专业的思路。这些思想在浙江大学光学仪器新专业中也有所体现。

当时在浙江大学主持光仪专业办学工作的是何增禄（1898—1979），他是我国著名的高能物理学家，早年曾留学美国，在美国加利福尼亚理工学院学习高真空技术，1933 年回国以后在浙江大学、山东大学、清华大学等知名高校任教。何增禄于 1940—1943 年和 1947—1952 年两度担任浙江大学物理系主任。1952 年，他在浙江大学参与创办了我国第一个光学仪器专业，在培养光学人才方面做了很多工作。

得知学校将新办光仪专业，何增禄又是新专业的负责人，新转入浙江大学的薛鸣球很兴奋，他有志于去新专业学习。薛鸣球已经学了两年机械

专业，有一定的结构设计基础，又对光学仪器制造有浓厚的兴趣，且他从高中时代便喜爱物理。但转到新专业必须从一年级重新学起，他已经因病留过级了，再耽误两年，就更晚毕业了。薛鸣球并没有犹豫多久，他认准了自己的兴趣，认为自己很适合学习新的专业。薛鸣球找到何增禄，介绍了自己的情况，说自己对光学仪器有很浓厚的兴趣，有志于未来从事光学方向，他申请转入新专业学习。何增禄被薛鸣球的陈述打动，考核了薛鸣球的专业水平后，便同意他转入光仪专业。

浙江大学的光学仪器专业也是我国第一个光学专业，除了何增禄任专业主任，还有盛耕雨任实验室主任，董大年任支部书记。光学仪器专业开办以后，首届学生二十名，这也是我国光学工程高等教育的首创之举。

1952年秋，薛鸣球转入新成立的光仪系学习，成为光学专业首届学生。

浙大师资力量雄厚，尤其是围绕发展新中国经济的需求和培养人才的需要，学校在教学上投入大量师资。"时任浙大党委书记、副校长的刘丹对光仪专业的建设十分重视，采取了两条有力措施：聘请国内有声望的专家来校任课；选派青年教师到国内外进修，同时聘请了苏联光学专家罗曼洛夫等来校讲学兼任顾问。浙大光仪专业迅速形成了一支基本的教学科研骨干队伍。"[①]在学校大力支持、提供条件的情况下，薛鸣球的学习大有收获，他对任教老师的记忆也很深刻："学的课程光学设计也有，光度色度学也有，光学工艺学、光学加工、光学测试，还有何先生教的物理光学、龙先生教的应

图2-6　参加浙大百年校庆（1997年4月。左二薛鸣球，左三王大珩）

① 刘旭：饮水思源再铸辉煌——浙江大学光学工程专业创建50周年回顾。见：欣文编：《媒体浙大》。杭州：浙江大学出版社，2007年，第340页。

用光学，其中应用光学的课上得特别好，算是一门经典课程吧！"①何增禄教授的物理光学和龙槐生教授的应用光学，是光仪专业非常经典的课程，在教师的授课中，他如饥似渴汲取知识，掌握了学习的方法。薛鸣球认为这些课程令他在后来的工作中受益良多，教师的教学方法也让他牢记于心。薛鸣球在求学路上从不懈怠。大学期间，他上了机械专业和光学专业开设的课程，且学得都很好。在他的学术生涯中，他始终认为机械专业的知识对理解和开展光学设计是十分重要的。

薛鸣球在校期间，尤其是在转入光学仪器专业之后，学习成绩一直保持着中上游水平，以1955—1956年他第一学期的成绩为例：

> 仪器制造工学5分，电子测量仪器自动化和远距离控制5分，光学仪器理论5分，机械制造企业组织与计划5分，计算机构及设备3分，机械制造厂设计原理考查3分，光学测量考查3分。②

浙江大学历来重视培养学生的动手能力，尤其是光仪专业，培养的是未来从事光学仪器制造工作的人才，更是重视"应用"，即使是在设备和条件有限的情况下，学校和系里仍然尽可能多地组织学生参加实际操作，这从课程设计上便有机械制造企业的组织、设计便可看出。不仅如此，组织应届生去工厂参加实际操作更是必不可少的一环。薛鸣球在校期间参加过两次工厂实习：1955年6—7月，他前往哈尔滨量具刃具厂参加工艺实习；1956年3—5月，他来到上海仪器厂参加毕业实习。在实习的基础上，薛鸣球写出了他的毕业论文，题目为"设计仿德Ni060工程水准仪及其工艺"，他在论文中提及了光学设计的一些初步的方法。薛鸣球这一届毕业生，答辩委员会主席正是王大珩。

王大珩学术水平高，对学生的要求也高。在聆听毕业生汇报论文的时候，令他有"初生牛犊不怕虎"的感受。青年人思维活跃，许多观点都很

---

① 与中国光学发展同行——薛鸣球院士访谈录。见：刘玉玲主编：《追光的人》。杭州：浙江大学出版社，2013年，第3-8页。

② 根据"薛鸣球成绩单"。浙江大学档案。

有新意，他为这些新思想感到高兴，尤其是他发现这一届的学生大多参加过实际的工厂工作，也很有才学，他打算挖几个好苗子去仪器馆工作。

这次论文答辩会是薛鸣球第一次见到王大珩。薛鸣球早就知道王大珩是我国有名的光学仪器专家，早年在英国留过学，是仪器馆的馆长，是学部委员，有很高的光学设计水平，又懂得光学玻璃制造的技术。薛鸣球和他的同学们都很佩服王大珩，并把他视为在学业上的偶像。薛鸣球那时候身材清瘦，个头很高，低头看书的时候就戴上一副近视眼镜，他说话带有很浓的江苏宜兴口音，为了纠正口音，令听众听得明白，他回答问题的语速缓慢，但又逻辑分明，这给王大珩留下了稳重、踏实的初步印象。答辩会后，王大珩向学校提出要几个毕业生去仪器馆参加工作，其中便点到了薛鸣球的名字。之后学校询问学生的毕业去向，因薛鸣球学习成绩优异、为人稳重，学校曾问过他是否愿意留下做研究生，并进一步留校教学。但因有了工厂实习的经历，薛鸣球知道自己未来想从事的是实际的研究工作，他的兴趣在光学研究方面，他便向学校提出，想分配到研究所去工作。就这样，中国科学院仪器馆选择了薛鸣球，薛鸣球也选择了仪器馆，他踏上了去长春的旅途。

而在浙江大学，薛鸣球的另一个收获，是结识了他的人生伴侣——后来一同前往长春工作，也成长为光学专家的李品新。

李品新，原名李宝仪，生于 1932 年 5 月 3 日，原籍北京，出生于江苏常州，与薛鸣球是半个同乡。李品新上有长兄李宝文、长姊李宝静（后改名李逸清）、次兄李宝恒，下有妹妹李宝彤和小弟李宝庆。

李品新出生于江苏地区的官宦家庭，李家有祖辈出仕的经历，为书香门第，十分重视子女学业，即使在后来家道中落，家训也告诫子女要多读书，并尽最大力量送子女去学校上学。

李品新的父亲名唤李嘉楫，他早年学习的是土木建筑专业，是常州有名的土木工程师，担任过常州县政府建设科的科长，继而升任江苏省政府建设所所长，收入丰厚。母亲李漪文是一名家庭妇女。李家家境优渥，李品新幼年时候家里住的是大宅院，房屋中有许多华丽的家具陈设，一家大小靠祖产和父亲的薪金，过着衣食无忧的日子。但好景不长，1937 年李嘉楫病逝以后，母亲又没有外出工作的能力，家庭没有了收入来源，全家人只能靠遗产生活，渐渐便入不敷出。李家门庭逐渐冷落，父亲在世时常常上门拜访的亲友早不见踪迹，一度靠母亲变卖家具陈设维持生活，经济一落千丈，短短数年时间内尝尽了人情冷暖。抗日战争全面爆发后不久，因常州形势动荡，母亲带着子女逃离故土，一家人迁往上海生活。但上海物价太高，在1942年局势刚稳定了一些后，李家便又迁回常州，投靠李品新的外婆家，靠典当祖产和亲友接济为生。

李家迁居上海时，李品新已到了入学之龄，母亲把她送到上海白克路上的金叶小学念书，不久后又因为搬家的缘故转到念慈小学学习。1942年举家回到常州后，她进入到离家不远的明强小学读书，在颠沛流离中度过了小学生活。因家境过于贫困，她无法升入需要学费的普通中学读书，但又不愿意放弃学业，得知常州贫儿院招收贫家子弟读书，并供给食宿的消息，李品新便前去投考。1944—1946年，她在常州贫儿院学习。

常州贫儿院是一所慈善性质的学校，由当地的士绅创办于1920年前后，日常通过向社会募捐和贫儿院自有产业的出息来维持运作。贫儿院规模不大，主要招收贫困家庭的子弟读书，教育贫家子弟读书上进，未来能有一技之长未来能在社会上谋生。来到贫儿院以后，因贫儿院学生均由"品"字排列，并要求入读贫儿院的学生统一更名，意在要这些享受免费读书待遇的学生们毕业后经济能自立，不要忘记贫儿院的教导，并能够扶助和救济贫儿院，李宝仪从此便改名为李品新。贫儿院的学习经历对李品新影响很深，因为同窗均是贫穷人家的子弟，大家都很珍惜来之不易的学习时光，在学习和生活上都能吃苦。在有限的条件下，学生们比赛学习，又保持着独立的性格。

在贫儿院学习，李品新最大的收获是学会了"三件事"——有经济、有知识、有志气！这也是1931年黄炎培来贫儿院视察时候，为贫儿院题下的一段话，即"生计上能自立，是经济不贫了；有相当常识，是知识不贫了；立志向上，是志气不贫了。"[1]生活的磨砺，令李品新快速成长起来。

---

[1] 《黄炎培日记》（4），中国社科院近代史研究所整理。北京：华文出版社，2008年，第15页。

她品尝到了生存的不易，树立了乐观而又坚定的决心，她成年后极有主见，活泼又坚韧的性格，也是在这一时期渐渐形成的。

从贫儿院毕业后，李品新原想着要早日就业补贴家用，但一时半会她并没有找到合适的工作，1946 年 8 月她考上了不收取学费的南京江苏省立江宁师范，学习幼稚师范专业，她的志向是成为一名幼师教员，因为这个专业在毕业后能够较为容易地找到工作。李品新离开家乡，前往南京读书。此后，她在外求学、就业，再也没能在故乡常州长期生活过。

李品新求学期间，也是李家经济上最困难的时刻，这导致了这个大家庭的分崩离析。李家长子、长女在十五六岁中学毕业后便外出就业，但靠他们微薄的薪金，要维持一家人的生活，供弟弟妹妹们的读书，家庭压力依然很大。当时主要负责家庭经济开销的是李家长子李宝文，他中学毕业于上海南洋中学，本是背井离乡在漳州税务局担任出纳主任，但 1947 年夏天因局势不好，李宝文失业了。父亲的旧友怜惜李家贫困，给他介绍了一份职员的工作，但需他到离家更远的台湾高雄，去货物轮运站水利局就职。李宝文领来的薪水微薄，随着时局动荡，国民党发行金圆券以后，通货膨胀更是到了骇人地步，他寄回家的钱杯水车薪，全家人吃用已是窘迫，更别提让弟妹们维持学业了。到了 1948 年，李家已是山穷水尽，无论再如何精打细算，也无法满足全家人的温饱，经家人商议，李家决心暂时将家庭成员一拆为二：长兄李宝文负责照料母亲和当时还在念初中的妹妹李宝彤和读小学的弟弟李宝庆，他随即（1948 年夏）接母亲和弟妹到台湾上学和生活；长姊李逸清在上海一家银行当接线生，以她微薄的薪水供给正在上海工业专科学校念书的大弟李宝恒和正在念师范学校的大妹李品新生活和读书所需费用。李家兄妹在分别时原有一番商议，等着弟弟妹妹们都完成了学业，有了稳定工作，再带母亲回到家乡，一家人团聚再也不分离。但 1949 年以后，兄弟姐妹们便长久离散于两岸，直到母亲李漪文去世，李家人数十年间未能再见一面。

在与家人的分离中，李品新艰难地度过了师范学院三年的学习生活。1949 年 8 月，毕业后的李品新被分配到南京市立老虎桥小学当小学教员。1950 年 8 月到 10 月，她短暂地在南京市立珠江路小学充当小学教员。

李品新青年时代，在思想上受到兄长李宝恒（1931—2001）影响较大。李宝恒在1950年3月加入中国共产党，在他的影响下，李品新早早便接触到新的思想，她在工作上十分积极，很受上级领导的器重。她在1950年10月至次年8月，被派往华东团校参加第三期学习班，这是一所为新中国政权培养干部的学习班，学习的内容主要是我国的土地改革政策，学员们一边学习一边还要参加土改的实际工作，同时也向学员们讲授中国共产党和共青团的政策，为了学员们在学习结束后能实地参加工作而做准备。在华东团校学习结束之后，李品新调入共青团南京市八区工委会充当少年干事，从事地区少年思想动员工作。1952年，全国抽调干部上大学，李品新年龄和学历符合要求，工作表现优秀，被组织上派往南京大学干部补习班学习了半年，主要是补习基础文化知识，为将来升入大学做准备。学习结束后，李品新进入浙江大学机械系新成立的光学仪器专业学习，这也是当时国家的紧缺专业。

来到学校，李品新因比大多数大学应届生要大两岁，又有着在团校学习和实际参加过工作的经验，很快便挑起了团支部组织委员及班级政治学习委员的担子，负责抓班级里的政治思想工作。她是这个理科班里为数不多的女同学之一，性格又很外向，擅长做思想政治工作，很快便和班级里的同学打成了一片。初来乍到，她便对当时高高瘦瘦，沉默寡言的薛鸣球有了很深的印象。在班级活动和学习交流中，薛鸣球和李品新熟悉了起来。李品新得知薛鸣球身体患过疾病，也知道他生母早年去世，家庭很贫困，她对他产生了怜惜。她佩服薛鸣球在逆境中坚持学习的精神，佩服他思维敏捷及扎实的学业基础。薛鸣球也欣赏李品新的活泼、上进。两位青年人都远离亲人长辈，孤独在外求学谋生，渐渐地便互相产生了亲近之心，再加上他们常常在一起学习和讨论，往来渐多，便互生了情愫，很快便成了恋人。

大学期间，除了学习之外，学生们还要参加学校和系里组织的各种专业实习活动。1954年6月20日至7月20日，李品新在中国科学院仪器馆进行认识实习，这也是她第一次来长春，短短一个月的时间，仪器馆给她留下的印象十分深刻。长春夏季宜人的气候，仪器馆新建设的大规模厂房，刚熔炼成功的光学玻璃，研究人员蓬勃向上的精神面貌，积极钻研科学的精神，馆内井然有序的科研气氛，这些都令她感到佩服和喜欢。1955年6月到7月，她去了哈尔滨量具刃具厂进行工艺实习了一个月，1956年3月到4月，她又前往上海仪器厂做了毕业实习。这三次实习过程中，给李品新留下印象最深的还是仪器馆，她在回来之后，曾向薛鸣球描绘过自己所见到的仪器馆的情况，告诉薛鸣球仪器馆有专业的科研人员和浓厚的学术氛围，令薛鸣球对这个单位产生了兴趣。当然，对仪器馆的喜爱，也是她在毕业之际克服了困难，义无反顾跟随薛鸣球北上长春就业的原因之一。

1956年，随着中苏两国科技合作的深入，中国向苏联大批派遣留学生，这一年也是教育部和中科院系统向苏联派遣留学生最多的一年。这年4月到7月，李品新曾被选拔前往上海俄专学习了三个月的俄文，本拟在语言学习结束后被派遣到苏联留学，但在后来的政治审查中因为她有家庭成员在台湾，以及她决定随同未婚夫薛鸣球前往长春就业等原因，她最终未能如愿前往苏联深造，这也是李品新学术生涯中的一件遗憾事。

图 2-7　薛鸣球与李品新怀抱着长女在长春南湖合影（二十世纪六十年代初）

1956年9月，薛鸣球和李品新一起，北上长春，前往仪器馆报到。浙江大学机械系光学仪器专业里同去长春的还有他们的同班同学林祥棣[①]、王因明。李品新到长春以后，先后在业务秘书室和0308厂从事光学设计工作，担任过工厂设计室光学设计组的组长。李品新在光学设计上也取得过很突出的成绩，

---

① 林祥棣（1934-2018），中国工程院院士，薛鸣球在浙江大学同学，1973年赴成都光电所工作。

她从事过"三片照像物镜玻璃选择"研究，在"声光偏折全息读出汉字排版系统光学设计"研究中对整体和各部分的要求作了较全面细致的分析考虑，选择了合理的方案和技术参数，使设计结果达到了预期效果。李品新还参加过"综合孔径雷达地面光学系统处理器"研究，这在当时来说，在国内是一项比较新的技术，在没有参考资料的情况下，她创新性地推导出全套高斯光学公式，使该项目的光学设计计算建立在可靠的理论基础之上。

1960 年 7 月 23 日，薛鸣球和李品新在长春结婚，他们办了一个朴素的婚礼——仅领取了结婚证，请要好的同事和朋友们一起吃了点瓜子和糖果，两人便把行李铺盖搬在了一起，组成了一个小家庭。1961 年他们的长女薛菁晖出生（从事医学科研，是一名留日归来的医学博士）；1963 年，次女薛凡出生（在苏州大学从事科研管理和党务行政事务，在工作岗位上作出了突出的成就）。

第三章
初来长春，事业开端

中国科学院伴随着中华人民共和国的成立而诞生。1949 年 11 月 1 日，中国科学院在北京正式成立。[①] 中国科学院成立后接管和调整了原有的全国性研究机构，合并调整为十七个研究所，筹备建设急需的四个研究机构。中国科学院仪器馆 [②] 就是第一批筹建的研究机构之一。1951 年仪器馆筹备处在北京成立，1952 年 6 月筹备处迁往长春，1953 年年初仪器馆正式建立，年底熔炼出我国第一埚光学玻璃。1957 年仪器馆改名为中国科学院光学精密机械仪器研究所，简称光机所。1958 年光机所填补国内科研仪器的空白，研制出八项新型仪器，熔炼生产出一系列新品种光学玻璃，这就是著名的"八大件、一个汤"，从而向党和人民交出令人满意的答卷，为后来研究所参加"两弹一星"国防尖端技术研制奠定了学科技术基础，培养了科研人才队伍。

1956 年，薛鸣球和未婚妻李品新选择到仪器馆从业，这是他认为自己在就业过程中做出的最正确的决定。他的专业成长和研究所的发展紧密联系在一起。在这里，他从光学设计的基本知识起步，从理论学习到参与实

[①] 王扬宗：中国科学院成立日定小考。《科苑往事》，2014 年 9 月 16 日。

[②] 中国科学院仪器馆后来发展更名为中国科学院长春光学精密机械与物理研究所（简称长春光机所）。

际的课题任务，从一开始仅为任务的参与者到后来独立主抓项目，他参与了很多"第一"的项目，第一台高精度经纬仪，第一台高倍率军用观察望远镜……从一名普通的科研工作者到研究室的负责人，从一名小兵到研究所科研骨干，薛鸣球的成长是有目共睹的。他深深热爱着这个研究所，他将自己的青春和事业献给了这里，也献给了祖国的光学事业。从仪器馆时期至改革开放初期，薛鸣球和他所属的光学设计科研团队在长春经历了许多起落，时代给曾经在这里工作过的光学人留下了难以磨灭的记忆。

中国科学院仪器馆

1956 年 9 月，薛鸣球结束了全部专业课学习和工厂的实习内容，以优异的成绩通过毕业答辩，面对即将开始的科研生涯，薛鸣球和同伴们跃跃欲试，片刻都不想耽误，他们迫不及待想投入实际工作，一拿到毕业证，他们就踏上了去长春的旅程。

去长春的旅途中还有一段小插曲。薛鸣球自 1950 年肺结核病愈后重返校园，因课业繁重和节约旅费等种种原因，他很少回家。从杭州去长春的火车正好路过常州，停留的站点离他的家乡不远。同伴们问他是否要下车回家看看，薛鸣球望着窗外掠过的白墙灰瓦，片片屋瓴，秋天金灿灿的庄稼和流淌的河水，他犹豫了许久，最后还是没有下车。多年以后他回忆当时的心情："国家有任务总是要完成的。""我从浙大毕业的时候，火车经过常州，我家在宜兴，就在常州边上，我都没下车，直奔长春光机所（笔者按：仪器馆）报到。"①

1956 年 9 月，长江以南，尤其是江浙一带气候还很暖和，这也是杭州一年中最舒适的季节，人们穿着薄薄的单衣，在西子湖畔漫步，享受初秋的凉爽和宜人。但北国长春此时已经进入了冬天，飘起了小雪。短短几

---

① 魏佳莉、阮骥立：与中国光学发展同行——薛鸣球院士访谈录。见：刘玉玲主编：《追光的人》，杭州：浙江大学出版社，2013 年，第 4 页。

天的旅程，从温暖的南方来到已进入初冬的北国，薛鸣球一下火车便受到仪器馆的热烈欢迎。他记得到达那一天长春路面有积雪，馆里已经通过学校，知道他们将在这一天到，就派了一辆卡车等在火车站，把他们接了过去，这令他们感受到了仪器馆欢迎年轻人前来工作的真诚和友善，他一直记着报道这天的事情，心里很感动。

薛鸣球从仪器馆起步，从光学设计研究领域出发，开启了他的追光人生。

关于仪器馆建设在东北边陲的长春，主要是因为长春有较好的历史条件。因东北地区解放早，工业基础好，具备中国科学院建院初期发展科研所需的条件。长春的交通位置和设施条件都不错，气候也适合仪器生产、制造，且有过去的一些工业基础，如日伪留下的大陆科学院旧址，和一些废旧的厂房、科研基础，中国科学院一方面响应国家提出的建设东北的号召，也利用东北的基础发展科学，当时已经在这里建立起了东北工业研究所（1949 年 9 月更名为东北科学研究所，归属中国科学院）。二十世纪五十年代初，中国科学院多次组织科学家前往东北地区考察，调研东北工农业生产及科学研究的情况。1951 年 10 月 13 日，中国科学院成立了东北分院筹备处。总的来说，东北地区的条件和基础，是适合仪器馆未来发展的。

1951 年，中国科学院筹划建设仪器馆，找来了还在大连工学院任教的王大珩，他与时任中国科学院计划局副局长、负责科学院建院期间研究机构设置和人员配备的钱三强是老同学，有国外留学、工作的经验，有很强的光学仪器专业本领和领导组织能力。王大珩回忆往事时说："当科学院要我参加仪器馆的筹备工作时，那时我下了一个决心，要终身致力于我国的仪器事业（特别是光学仪器事业），我是想使仪器馆成为全国的研究与生产中心。"[1]

中国科学院仪器馆筹备处于 1951 年 1 月 24 日在北京成立，时任文化部副部长丁西林任主任，王大珩任副主任并主持日常工作，并聘请有关方面的专家二十余人共同组成筹备委员会。中国科学院原本打算把仪器馆设

---

[1]　自我检查。王大珩档案。1952 年。存于中国科学院人事局档案处。

立在北京，因为北京是全国经济、文化、教育的中心。1951年5月17日，王大珩还和钱三强一起，亲往北京西郊去看地，现场勘测择定清华园公路以南、车站以西约四十亩，作为仪器馆未来的建设基地。

图 3-1　中国科学院仪器馆初时的大门

　　但是在对仪器馆的设想中，它既要承担科研任务，还要兼具生产的功能。另外，在经费有限的条件下，要在寸土寸金的北京，从无到有、一砖一瓦修建厂房、购买设备实在是有很多困难。当时的东北地区属于综合条件比较好的地方，王大珩去长春考察的时候，看到了位于长春铁路北面的那座日伪时代遗留下的大烟囱。高高的大烟囱矗立在断壁残垣之上，王大珩认为这座大烟囱可以是未来熔炼光学玻璃的基础设施。在这个大烟囱的附近，还有一片空地和废弃的厂房。[①] 东北地区条件良好，东北人民政府对仪器馆也有接纳之心，同意给予科研经费的保证。1952年夏，仪器馆筹备处人员和设备从北京迁至长春，先在东北科学研究所原址暂驻，与东北科学研究所的物理研究室一起办公[②]，随后在铁北天光路日伪时期的采矿株式会社旧址展开基本建设工作。仪器馆从无到有，因陋就简地从基本建设做起，边建设边着手科学研究工作。当时不仅是仪器馆建设在了东北长春，根据1952年4月5日中国科学院第二十五次院长会议提出的讨论，决议根据东北现有基础及配合实际发展情况的需要，另有六个研究所，即土木建筑研究所、工业检验所、物理化学研究所、金属研究所筹备处、长春综合研究所和工业化学研究所也将设置在东北地区，其中原在上海的物理

---

　　① 胡晓菁：《赤子丹心、中华之光：王大珩传》。北京：中国科学技术出版社，2016年。

　　② 陈星旦访谈，2019年5月22日，长春，资料存于采集工程数据库。陈星旦，中国科学院院士，1950—1953年在东北科学研究所从事地磁方面研究工作。

化学研究所于 1952 年年底迁来长春，发展为中国科学院长春应用化学研究所。

仪器馆初建时的组成人员主要是长春材料试验机厂（大部分是日伪时期留下的机械专业人员）、感光纸厂和沈阳一些工厂调来的人，北京应用物理研究所光学工厂技术人员（如闫秋兰等人），以及东北科学研究所的物理研究人员（如陈星旦、龙射斗等人）。除此之外，还有一批从上海和东北招来的高中生和技术人员。此后每年还有分配来的大学毕业生，包括 1951 年的大学毕业生唐九华、刘颂豪、郑璋和钟永成等人，还有 1952 年的毕业生，如王之江、姚骏恩、丁衡高、潘君骅、邓锡铭等人，他们后来许多人都成长为知名的光学专家，成为中国科学院、中国工程院的院士。此后，仪器馆每年从应届毕业生中招收研究人员来所工作，人员规模一年年持续扩大。

仪器馆初建时，因人员少，房屋设施不完善，所以早期的机构设置是"口袋式"——兼容并包。试验室承担的研究方向有很强的包容性，在设置上以光学、机械等基础性研究为主[①]，这是为了满足"为全国各地工矿专业所急需之各种试验仪器之制作而服务"[②]之目的。建馆初期的机构设置主要有光学物理、机械、光学玻璃三个试验室，为了配合制造，成立了上海和长春两处的实验工厂[③]。

仪器馆在建成以后，发展很快，在短短几年的时间内，就发展成为中国科学院乃至全国的部门较齐全、设施较完备的仪器研究机构，并取得了许多科学成就。例如，在光学物理方面，科技人员设计并试制了高倍显微镜、双目立体显微镜、读数游标显微镜，初步试制了精度达 20 角秒的光学读数经纬仪和光学大平板仪，为青岛观象台配置了 150 毫米天文望远镜，并设计和试制了多种映影及放映系统的镜头；仪器馆还向南京水工仪器厂

① 宣明、孙成志、王永义、王彦祚编：《中国科学院长春光学精密机械与物理研究所所志》（1952—2002）。长春：吉林人民出版社，2002 年，第 19 页。

② 东北科学研究所科学实验仪器工厂关于修建现代化仪器厂的说明。存于中国科学院档案馆，案卷号 Z382-20。

③ 1954 年以后停办。上海实验工厂和长春实验工厂被划归到第一机械工业部，仪器馆仅保留了光学加工、机械加工、光学玻璃熔炼等小型车间，并隶属于相应的研究室。

生产了水平仪光学系统一千八百零七套，向南京电影机械厂制造镜头五百套[1]。在光学玻璃方面，仪器馆成立了光学玻璃研究室，建立起光学玻璃生产线，生产出中国第一炉光学玻璃，结束了中国没有光学玻璃的历史。这也是一项开拓性的功勋！此后，仪器馆积极展开了光学玻璃新品种、新工艺的研究，至 1956 年，仪器馆光学玻璃研制部门已经基本掌握了光学玻璃的制造技术，从而为建立我国的光学仪器制造工业奠定了基础。

随着仪器馆的设施完善，科研力量增强，仪器馆对自身发展提出了更高的目标。1956 年 11 月，仪器馆成立了学术委员会。在成立大会上，馆长王大珩满怀信心，慷慨激昂。他的讲话明确指出了仪器馆在第二个五年计划中将要开展的工作，即"以大地及航空测量仪器、物理光学量测仪器为重点的研究领域。系统地掌握仪器的设计与工艺""研究并掌握光学仪器关键材料的制造技术""大力支援国防及科学研究方面的光学技术问题""开展应用物理光学，特别是有关光度、辐射、与发光方面的研究工作"[2]这四个方面，明确了仪器馆在未来几年内的学科布局和发展方向。尤其是他指出了两点，一是重点领域的大地及航空测量仪器，二是为支援国防以及为原子能的和平利用，进行特殊光学仪器的设计与试制工作，这对仪器馆（研究所）的未来影响巨大，在很长一段时间里，仪器馆（研究所）的研制重点都围绕着这两个方面进行，且在民用仪器之外，仪器馆已经逐步开拓领域，除仪器制造之外，更偏重于对光学科学的探索，并开始一步步走进军用光学仪器的研制。

1956 年 12 月，我国制定了第一个科技发展规划《1956—1967 年科学技术发展远景规划》，其中王大珩参与编写的第五十四项意见书是"光学仪器的生产与提高"。十二年远景规划对我国科学发展影响深远，其中提到了仪器制造方面的内容。仪器制造已经被列入国家规划。关于远景规划中有关仪器制造的部分内容，节选如下：

---

[1] 中科院仪器馆概况及各部分研究试制工作介绍。存于中国科学院档案馆，案卷号 Z382-073。

[2] 王大珩馆长在学术委员会成立大会上关于中国科学院仪器馆基本情况及发展方向讲演稿摘要。存于中国科学院档案馆，案卷号 Z382-193。

现代新技术的发展，都是和仪器分不开的。尤其是原子能的和平利用、喷气和火箭技术、生产过程自动化，都需要先进的强大仪器工业作为后盾。我国仪器制造在极端落后的情况下，要赶上世界水平，必须进行全面规划，有步骤地建立仪器制造工业，在发展生产的推动下发展仪器的科学研究。①

在"向科学进军"的鼓舞下，随着十二年远景规划的制定，仪器馆响应国家政策，注重学科建设，取得了斐然成绩。

1957 年 4 月，仪器馆完成了从仪器馆到研究所的跨越，经过中国科学院院务常务会议建议并经由国务院批准，4 月 28 日，中国科学院做出了将仪器馆更名为"光学精密机械仪器研究所"的决定。研究所更名，主要因为仪器馆"不仅掌握了必要的仪器制造技术和建立了一系列的仪器制造设备和培养了一定数量的仪器制造人才，为光学仪器工业打下了一定的基础，更重要的是，通过他们开展了仪器理论的研究"。② 这次更名，表明研究所的未来主要以发展光学仪器工业为主。③ 研究所完成了从馆到所的转变，明确了学术方向，建立了光学、精密机械、电子学齐全的学科领域，科研生产能力显著提升。④ 1957 年，光机所取得了三十五项高水平的科研成果，研究所人数扩展达到四百五十九人，科研力量大幅增加。⑤

从仪器馆建设起便在此工作至今的光学专家、中国科学院院士陈星旦回忆 1957 年以前的研究所说："仪器馆初成立的几年，是科研工作效率最高，年轻科学工作者成长最快、最出成果的几年。那时候，研究人员心无旁骛，无须考虑生活上的事，什么都有组织安排。住的地方和工作间很近，吃完饭就来到实验室，睡觉才回家；工作中不要为各种琐事发愁和浪

① 《1956—1967 年科学技术发展远景规划（修正草案）》，第十二条。

② 中科院光机所 1953—1957 研究成果一览表及成就概况。中国科学院档案馆，案卷号 Z382-164。

③ 仪器馆更名通知。存于中国科学院档案馆，案卷号 Z382-154-004。

④ 光机所 1953 年至 1957 年研究成果一览表。存于中国科学院档案馆，案卷号 Z382-164-002。

⑤ 我所几年来成就（1953—1957）的概况。存于中国科学院档案馆，案卷号 Z382-164-001。

费时间，行政各部门都把'为研究工作服务'放在首位；科学研究工作者更不要为了自己的升迁去包装自己，作为商品推销自己。我留恋仪器馆时代的工作环境和科研管理体制。"①

薛鸣球就是在这个"令人留恋的时代"来到长春的，他来的时候仪器馆尚未更名，仍在长春铁北地区最早的所址办公。薛鸣球与年轻的科技人员一起住在铁北仪器馆的二层小楼里，宿舍离实验室很近，走路只要几分钟，他们每天清晨便去实验室工作，夜晚回到宿舍休息，日子过得非常充实。

薛鸣球参加工作以后，在物理研究室光学设计组参加了一系列重要科研项目的研究工作。那时候全国人民建设社会主义的干劲都很足，研究所里，大家都铆足了劲要大干一番，把科研工作搞上去，薛鸣球也抓紧工作，加班加点。薛鸣球早期参加的研究项目，是研制地形一号光学经纬仪。这项课题开始于1957年1月，负责人是张静安和唐九华、参与者有郭乃坚、戚国勋、蒋潮江、顾马法、薛鸣球。其中张静安、蒋潮江都是仪器馆时期的高级技术人员，有很丰富的机械、仪器设计的技术和经验。张静安担任过机械试验室的室主任，蒋潮江在垂直磁力探矿仪、光刻仪器研制中做了很多工作。唐九华1951年大学毕业后分配到中国科学院来工作，仪器馆建馆以后便来到长春，在仪器馆早期的科研工作中便展露了才华，深受王大珩的器重。

在二十世纪五十年代以前，我国没有制造高精度测量仪器的能力，国家需要用大量外汇购买测量队使用的测量仪器，而且所需的仪器还常常不能够及时供应，不利于测绘事业的开展。1957年年初开始，仪器馆接受国家测绘局委托，研制中等精度的光学经纬仪，这就是"地形一号"研制的由来。

这是薛鸣球踏入研究领域后的初步实践，

图3-2　地形一号光学经纬仪

---

① 陈星旦：往今多少事都付笑谈中——九十致亲友。长春光机所内部资料，2017年。

他参与的是测量仪光学设计方面的工作，跟着张静安、蒋潮江、唐九华等人学习，通过对样机结构的细心研究，对新仪器的光学系统进行合理规划，他把大学时期学习的机械专业的知识和这个项目的实际研究工作有机地结合起来，取得了非常好的效果。地形一号经纬仪在研制过程中以当时国际上使用较多的名牌产品蔡司030型经纬仪为参考，薛鸣球等人通过观察，对其中的复测机构，垂直轴系和调平机构等作了改进，使之能满足需要。经过一年多的紧张工作，地形一号样机于1958年试制成功，通过了中国科学院测量制图研究室的检定，精度达到了当时的国际水平。该仪器推广生产以后，主要应用于四等三角测量，导线测量及一般测量。这台经纬仪试制成功后，于1958年6月通过了国家测绘局组织的鉴定，鉴定结果如下：

> 根据野外检验的各项结果，地形一号的性能是稳定的，精度是可靠的，在所测的各项成果中，比航空测重处业规（草案）和测制1:25000—1:100000比例尺中的各项规定的限差小，并与国外同级光学经纬仪比较，肯定地形一号的精度是达到了国际水平，已合乎地形测量所提的要求，可以交工厂大批生产。[1]

地形一号经纬仪是我国第一台光学经纬仪，国家测绘局的鉴定证明，地形一号光学经纬仪和国外同时期的名牌货威特T1型蔡司THO30相比较都是毫不逊色的。其研制成功，为我国测绘仪器制造开辟了新的一页，显示出我国已经有独立制造中等精度经纬仪的能力了。这项成果于1978年获得吉林省重大科技成果奖。

这是薛鸣球参加工作初期便获得的一次重大成功，他品尝到了成功的喜悦。研究工作之外，薛鸣球也有着探索光学理论的愿望。当时研究所的学术氛围相当浓厚，因为仪器制造需要把光学与机械、电子学等学科多有交叉融合，研究所里的高级知识分子，有学电子的，有学机械的，也有学

---

[1] 地形一号光学经纬仪的研制。存于中国科学院档案，案卷号Z382-783。

物理的，所里为了提高普通研究技术人员的水平，补充有关仪器制造方面的知识，经常有高级研究技术人员作不定期的学术讲座。这些讲座深入浅出，补充了各方面的学科知识，只要有时间，薛鸣球每一场讲座都去听，还要做笔记，收获都很大。

图3-3　二十世纪五十年代仪器馆研制的各种光学镜头

这是薛鸣球初来时的情况。研究人员伴随着光机所的成长，也在不断成长。对于薛鸣球来说，他在实践中学习，在实践中总结，不断提高。令他感到有成就感的一件事是，1959年薛鸣球在全国光学设计学术会议上，一个人就发表了四篇高水平学术论文，将他这三年来的工作情况、研究方法和实验结果凝练为学术报告与同行分享。在光学设计组长王之江的指导下，他在论文中提出了广角长工作距物镜、光谱仪等系统的设计方法，获得严济慈、钱临照和王大珩等科学家的赞誉和欣赏。

经过数年的发展，研究所已经有较大规模，包含齐全的研究机构和科研方向，成为全国赫赫有名，具备较高的科研和试制水平的光学研究与生产基地。1958年"大跃进"期间，光机所取得了很多科研成果，光学设计与检验领域更是硕果累累，在国内影响与日俱增。为适应国家建设和国防发展的需求，光机所调整研究室结构，并扩大了研究室的规模，1959年以后研究所共形成了七个研究室：第一研究室是光学设计与检验研究室（主任王大珩），主要开展光学设计、光学检验、光学工艺方面的研究；第二研究室是光学材料研究室（主任龚祖同），主要开展光学玻璃、光学晶体及相关化学工作的研究；第三研究室是精密机械与计量研究室（主任王守中），主要开展仪器机构设计、精密刻划、精密量度、精密机械工艺等研究；第四研究室是物理技术研究室（主任卢寿楠），主要开展光度、色度、光源、干涉仪器和真空镀膜研究；第五研究室为特种光学仪器（军工）研究室（主任龚祖同），开展夜视侦察、航空摄影、光学跟踪、导向技术等方面的研究；第六研究室为光敏元件、电真空器件研究室（副主任付宝中），从事探测器件、变像管等研究；第七研究室为光谱仪器、电子学技术研究室（主任王大珩），从事光谱技术、光谱仪器和电子学技术研究工作。王大珩作为所领导，主抓全所业务之外，兼任并亲自主持光机所两个研究室开展科研工作。

1959 年 10 月 8 日，光机所因"现址长春市铁道北，地偏一隅，与本市文教区相距过远，形似两极，工作联系较为困难，又按长春市市政规划，我所原址属工厂区域，研究机构不能发展，而实际上又无发展余地，我所研究主楼是从日伪留下的断垣残壁的基础上修复而成，保险期已过，即使能在原地重建亦无地皮可用"[①]，在向上级请示之后，研究所从铁北迁址到南湖新址。1960 年，中国科学院决定将光机所和机械所合并。1960 年 11 月，中国科学院光学精密机械仪器研究所更名为中国科学院光学精密机械研究所[②]，简称"光机所"。1968 年，光机所划归国防科委领导，1968—1971 年光机所归属国防科委第十五研究院领导，1971—1976 年先后改称为中国人民解放军第一〇一八研究所及中国人民解放军沈字六一九部队。1976 年光机所回归科学院管理。1999 年，中国科学院统一调整部署下，长春光机所与长春物理所整合，建成了中国科学院长春光学精密机械与物理研究所，走上了新的发展道路。

从"八大件"到军用观察望远镜

我国第一个五年计划始于 1953 年。那一年仪器馆刚正式成立，主要是配合国家经济建设、文化建设和国防建设的需要从事并推进有关仪器的

---

① 中科院光机所迁移地址等请示及中科院批件。存于中国科学院档案馆，案卷号 Z382-205。
② 所长为王大珩，副所长龚祖同、李明哲、吴学蔺、张作梅、贾力夫、张希光等。

研究与生产。其任务为：从事有关科学仪器的设计及制造的研究改进与发展，并兼制造生产；与有关机构协同提高国内仪器制造技术水准，为我国发展仪器制造工业准备技术条件；培养仪器制造的专门人才与技术干部；担任仪器的检验与鉴定工作。在全国上下"鼓足干劲、力争上游"的气氛中，到1957年全国已经完成了第一个五年计划的目标任务，新中国建设取得很大进展，工业、农业等各行业生产有了大幅度的提高。全国上下热情高涨，开始第二个五年计划。在此期间，光机所定下了"八大件"的攻关项目。

1957年也是个很特殊的年份，这一年，全国反右如火如荼开展。国家对知识分子的政策发生了变化。在中国科学院内部，也有着不小的变化。许多科学家受到批判，尽管中国科学院的党组书记、副院长张劲夫冒着政治风险，向毛泽东进言要对科学家采取一些保护措施。但政治运动对科研工作产生了不利影响，一些科学家被批判，甚至被定性为敌我矛盾。反右开始后，一部分高级知识分子不受信任，科学院党组提出了"建立工人阶级的科学队伍"的号召，研究所内党的领导进一步加强，专家领导的职权遭到削弱。

对于光机所来说，一个明显的变化就是，一部分老专家，如研究所的高级研究人员、机械室室主任张静安，光学物理实验室室主任吕大元等人都成了右派。在"插红旗，拔白旗"的形势下，1957年调来研究所的负责党务工作、副所长李明哲借助了形势，他大力发挥青年人的作用。1958年李明哲在《科学通报》上发表了题为"解放思想、打破迷信、发动群众、依靠群众向世界科学的最高峰奋发前进"的文章，介绍了光机所对科学家的态度，他在文中对一些老专家做了批判，认为许多高级研究人员（科学家）思想保守、在学术上是权威，他们"把科学神秘化、崇拜英美"，是不可取的；因此他说，"年老的科学家必须依靠，但终归还是少数"，他认为研究所需要"插红旗、拔白旗"，要"发动群众，大胆使用青年"，培养青年干部、发挥年轻的科技人员的作用。[①] 李明哲的科研管理思路与张劲夫

---

① 李明哲：解放思想、打破迷信、发动群众、依靠群众向世界科学的最高峰奋发前进。《科学通报》，1958年第14期，第420-422页。

提出的"建立工人阶级的科学队伍"、培养"又红又专"的科学家[①]是吻合的。这也是当时党对知识分子的要求，要求他们以红带专，以政治带动业务。其时，李明哲在光机所里说一不二，是实际意义上的负责人，他不仅管理研究所党政事务，业务上也能够说了算，一时间他在研究所，甚至在中科院院内都有了很强的影响力。他在研究所里大力推行他的科研管理思想，借助"大跃进"全国上下热火朝天的干劲，在研究所里做大动员。其举措在一定程度上鼓舞了年轻人的干劲，也取得了一些研究成果，他因此在当时也获得了许多年轻人的拥戴。李明哲后来因迷恋权力，生活腐化犯下严重错误而受到法律的惩罚。[②] 李明哲在研究所里的布局，令"又红又专"的年轻人走上了前台。但大浪淘沙，经过时间检验，只有真正有实力的青年科技者，如以王之江、薛鸣球、姚骏恩、林祥棣等为代表的这一批人，他们一步一个脚印，做出了货真价实的科研成果，为我国的光学事业做了大量工作，在实践中真正成长为新一代的科研骨干。

在"大跃进"中"鼓足干劲，力争上游，多快好省地建设社会主义"的总路线指导下，光机所的"大跃进"也定下了目标，包括完成向国庆献礼的任务，等等。[③] 1958 年 3 月 16 日，中国科学院光学精密机械仪器研究所、机械电机研究所、应用化学研究所和长春地质所四个单位联合召开了一场跃进誓师大会，光机所参会代表在大会上坚定表态：研究所要在今后六年内赶上国际先进水平，并提出了跃进期间光机所将要进行的任务，其中包括要在 1958 年试制出中型光谱仪和大型光谱仪的光学部分，要在 1959 年 6 月试制出先进的万能工具显微镜，在 1958 年年内试制出一等精度测量用的经纬仪，在 1959 年年末试制出新式电子显微镜，还要在 1958 年使得光学玻璃的熔炼新技术达到世界先进水平。[④]

[①]　张劲夫：建立工人阶级的科学队伍，《学术月刊》，1958 年第 1 期，第 1-15 页。

[②]　李明哲 1923 年生，1957 年调入光机所，先后担任副所长、党委第一书记职务，1964 年 8 月调往上海光机所任副所长、临时党总支书记。1966 年因"杀妻案"被逮捕。1975 年上海市中级人民法院判处他死刑，缓期两年执行，后减为有期徒刑十五年，1981 年获准保外就医。

[③]　中科院光机所十年发展纲要及第二个五年计划。存于中国科学院档案馆，案卷号 Z382-202。

[④]　中国科学院光学精密机械仪器研究所：在今后六年内赶上国际先进水平，《科学通报》，1958 年第 8 期，第 230-232 页。

"八大件"是第二个五年规划制定的科研任务，科研人员团结协作、日夜奋战，全所人员加班加点、刻苦攻关，仅用了二年四个月就完成了任务。当时研究所里团结、紧张的氛围令人难忘，直至今时今日，一些科研人员偶尔回忆起来仍然十分留恋那些累并快乐着的日子。《科学通报》相关的报导中描述了当时的情形：

> 全所形成了一个空前大协作的局面，几百人拧成了一根绳，齐心协力为提前完成八大件而不分彼此地劳动着。"大跃进"中，工作上的互相支援，形成一种普遍风气。哪里工作遇到了困难，就有人主动去帮忙。行政各部门和研究试制工作在"大跃进"中配合得格外融洽。跑"八大件"器材的采购员的心情比研究人员更着急，医务室的大夫背着药包到各车间室去上门看病；保育员晚间加班看孩子，让妈妈安心；炊事员一天四餐也没有怨言，这一切都是为了八大件，过去那种人与人之间的隔膜打破了，也不再出现行政人员为研究人员服务的说法了。大家都是为了八大件，工作上的来往较过去格外密切、亲热。研制经纬仪时有几个外单位的同志在我们这里一起工作完成的，人、仪器、材料、零件加工，得到了外单位的大力支持，没有这些支持八大件在这样短的时间是不可能完成的。几天几晚不回家，坚守在实验室，日夜不合眼的忘我工作，这些都是难能可贵的。在资料少的情况下，独立设计出一系列的光学系统，都是不满三十岁的青年人。[1]

中国科学院于 1958 年 9 月 2 日在长春召开现场会议，交流光学精密仪器研究所全面"大跃进"的经验。出席会议的有中国科学院各地二十个研究所的负责人和有关单位代表共二百多人，还有长春各大院校科研机构共一千多人。会议由中国科学院副院长张劲夫主持，光机所的龚祖同[2]副所长在讲话说到光学方面的研究成就时，他说："国庆献礼中有三种超出世界

---

[1] 大跃进成果大会文件汇集。存于中国科学院档案馆，案卷号 Z382-192-01。
[2] 龚祖同（1904—1986），著名光学专家，中国科学院院士，西安光机所所长。

水平的光学系统设计，七种电影摄影镜头，六种照相镜头。"[①]1958 年 9 月 5 日新华社长春电报道了"中科院制成电子显微镜等仪器"，其中提道："到今年 8 月底为止，中国科学院光学精密机械研究所已先后完成了八种仪器的试制工作。这八种仪器是：电子显微镜、高温显微镜、万能工具显微镜、多倍投影仪、大型光谱仪、晶体谱仪、高精度经纬仪、光电测距仪，同时还试制成功电影摄影机镜头、照相镜头、结晶玻璃和光子计数管等一系列新品种光学玻璃。"[②]其中被列入"八大件"成果的高精度经纬仪这项影响较大的科研成果中，就是薛鸣球主要参与研制的。

薛鸣球作为负责人之一参加研制的高精度经纬仪是"八大件"中的重要研制任务。[③]这项课题的主要负责人，除了薛鸣球，还有他的大学同学、同来长春工作的林祥棣（1997 年当选为中国工程院院士）。他们二人共同设计试制的这台经纬仪，是建立在地形一号研制成功的基础上的，吸取了地形一号研制的技术经验。但地形一号只是一种中等精度的经纬仪，适合一般性地形测量使用。高精度经纬仪的诞生，是为了满足一等三角测量用，是应我国大地测量不断提高的需求而产生的。

图 3-4　中国第一台高精度经纬仪（1958 年研制成功）

在高精度经纬仪项目部署之前，研究所本对这个项目有一个较为保守的规划，即定下在 1960—1967 年期间开展，并在第三个五年计划期间完成——1960 年收集有关资料；1961 年考虑初步

---

①　科学院开现场会交流经验。《人民日报》，1958 年 9 月 6 日。

②　张应吾主编：《中华人民共和国科学技术大事记（1949—1988）》。北京：科学技术文献出版社，1989 年，第 139 页。

③　李明哲：解放思想打破迷信发动群众依靠群众向世界科学的电高峰奋发前进。《科学通报》，1958 年 14 期，420 页。

设计，并考虑度盘刻划准备工作；1962年开始度盘刻制；第三个五年计划末期试制完成①。但在"大跃进"期间，研究所决定要提前把这个项目做出来，作为1959年国庆十周年献礼的一项内容。研究所把这个项目交给了林祥棣和薛鸣球这两个年轻人来负责。尽管已有地形一号试制成功的经验，但高精度经纬仪比地形一号的精度和指标都要高，设计和试制的难度更大，薛、林二人均感到肩膀上的担子很重，压力也很大。在研制过程中，有成功，也有挫折，举一个例子，高精度经纬仪的核心工作是对度盘的精度刻划，不完成度盘的精度刻划，这项经纬仪研制就无法最终成功。

图3-5　郭沫若为光机所题词（1958年）

一开始做度盘的精度刻划时，接连几次刻划都失败了，甚至在仪器的其他部分完成后，高精度度盘仍然无法刻制成功。这个问题一度令薛鸣球十分困扰，多次失败以后，林祥棣和他几乎都失去了信心，其他人看到了，也评价说这个工作"已经到头""不能再提高"，也有人建议"机器精度只有这么多高，要刻再高精度的度盘除非向国外去买更精密的机器"②。好在年青人有一颗不服输的心，他们继续工作，终于在不久后刻制出了高精度度盘，从而使整台仪器达到标准。

　　这也是我国试制成功的第一台高精度经纬仪，由长焦距高分辨率望远镜、高精度水平度盘以及精密显微测微器等部件组成，具有长焦距、高分辨率及高精度测角性能，仪器测角精度达到2角秒，用于测定国家一等三角的水平和天顶距，经过检测，这台仪器已经达到当时国际同类产品的先

①　高精度经纬仪的研制。存于中国科学院档案馆，案卷号 Z382-781。
②　高精度经纬仪的研制。存于中国科学院档案馆，案卷号 Z382-781。

进水平了。① 这台高精度经纬仪体积小、重量轻、封闭性好、读数便利，使用时减少了测量作用的时间，制成以后在国民经济建设事业中有广泛的应用，获得测绘部门的好评。这项成果做成，令光机所上下兴奋不已："我们登上了大地测量仪器的最高峰！"② 高精度经纬仪的研制成功，也给了研制者（薛鸣球、林祥棣）很大的鼓舞，青年人在实践中提高了水平，迅速成长。高精度经纬仪的研制，更是让二人对经纬仪的构造有了认识，从度盘刻划到经纬仪的轴系系统，仪器读数和光学测微器的关系，以及大口径高倍率望远镜物镜的光学设计和特殊的玻璃工艺加工问题，给他们留下了深刻的印象，研制过程中的成功和失败的经验，为后来二人从事国防靶场光学系统研制奠定了好的基础。他们二人合作完成的这个项目于 1978 年获全国科学大会奖、中科院重大科技成果奖和吉林省重大科技成果奖。这项成果作为"八大件"之一，半个多世纪以来，一直是光机所人的骄傲，也是薛鸣球学术生涯早期中交出的一份令他满意的答卷。

1958 年 9 月 6 日《人民日报》登载"高精度经纬仪、多倍投影仪、光速测距仪研究试制成功"，报道了"八大件"研制成功的新闻。长春光机所科研人员积极向科学高峰攀登，成为全国跃进运动先进典型，家喻户晓。中国科学院院长郭沫若、副院长张劲夫、吴有训等亲临长春光机所祝捷，郭沫若题词勉励："光学精密机械仪器研究所，仅仅费了七十五天的工夫，把原定在五年内完成的"八大件"精密仪器完成。其中有的已达到国际水平，有的成为我国的独创。"③

1958 年 10 月，中国科学院在北京举办科技成果展览会。高精度经纬仪作为长春光机所研究的八项研究成果之一参加了展览，得到了毛泽东等党和国家领导人的高度赞誉。毛泽东主席在中科院院长郭沫若和中科院副院长张劲夫的陪同下参观中国科学院科技成果展览会，并在长春光机所研制的高精度经纬仪前欣然留影。此照片已成为中科院的历史珍藏之一，半个多世纪以来一直陈放于位于北京三里河路 52 号中国科学院机关大楼里。

---

① 高精度经纬仪的研制。存于中国科学院档案馆，案卷号 Z382-781。
② 高精度经纬仪的研制。存于中国科学院档案馆，案卷号 Z382-781。
③ 1958 年郭沫若的题词。内部资料，存于长春光机所档案室。

这是研究所历史上的辉煌和荣耀，也是薛鸣球毕生难以忘怀的往事。

除此之外，薛鸣球还参与过万能工具显微镜的部分工作。这也是"八大件"成果之一。万能工具显微镜是机器制造、仪器制造业中常用的一种高精度光学测量仪，可以用来测量各种零件、工具的尺寸形状及仪器的瞄准，因其读数部分可采用光学的

图3-6　万能工具显微镜（1958年研制成功）

方法，所以测量精度很高，被认为是光学精密机械仪器中的代表性仪器。这项课题的负责人是王守中、陈国勋和蒋潮江等人，因这项工作复杂，需要机械加工和光学设计、光学检验，以及计量和装校等多方面的合作，王之江和薛鸣球、谭维翰等人也参与了万能显微镜的光学设计方面的工作。这项工作因基础比较好，开始于1958年5月，前后仅用了三个月就完成了。

"八大件"就是光机所在"大跃进"特殊的情况下做成的。在"八大件"研制过程中，光机所已经有了一定的仪器研制基础，并已经建成了相关的研究队伍，其中的很多成果，都是全所人员艰辛奋斗取得的，是一批有影响、有水平的科研成果。王大珩回忆说：

在"大跃进"期间，以较短时间，试制成功若干台在当时是高精尖的仪器，其中包括万能工具显微镜、一秒级高精度大地测量经纬仪、中等分辨率电子显微镜、晶体谱仪、大型石英摄谱仪、多倍投影仪等等。这些成果虽然称不上达到生产的水平，但通过一系列关键技术，为全国解放思想、敢于从事带有攻关性的高精尖任务，起了带头作用。①

① 王大珩：光学老又新历程似锦.《王大珩年谱·文集》。长春：吉林人民出版社，2015年，230-247页。

二十世纪五十年代末，光机所在有了较好的仪器制造基础后，在学科布局上进行了调整。从建所初期主要是为了满足国民经济发展需要，发展光学基础学科、试制民用和普通光学仪器，转变为主要研制军用光学仪器。早期的一项有代表性的成果，便是研制成功了大倍率军用观察望远镜。

1958 年，台海形势剑拔弩张、一触即发，当时以八二三炮战为中心的第二次台海危机，也是国民党当局败退到台湾以后与大陆地区发生的最大规模的军事冲突。我方军队肩负的侦察任务十分繁重。而我方侦察装备还很落后，因为没有红外技术，部队侦察只能在白天进行，在夜晚靠微弱的月光侦察时，视野不佳，对战机判断较差。能不能研制一种白天夜晚都可以侦察的望远镜呢？这也是军队急需的光学仪器。1958 年年底，由于光机所已经研制出大尺寸的优质光学玻璃，并具备一定的光学设计和加工能力之后，王大珩和龚祖同两位所领导结合了国家需要布置了学科前沿研究课题，提出"增大观察望远镜入射孔径以提高观察性能"的建议，研究所随即展开了大倍率军用观察望远镜的研制工作。这项课题任务最后落实在同是年轻人的史济成和薛鸣球身上，由他们二人主要负责研制国防军用观察望远镜。[1]

史济成毕业于大连工学院，他是在 1957 年来到光机所工作的，毕生从事光学工程研究，曾参与过 "718 工程变形测量系统" 研制工作。六十年后，他回忆起当年这台大倍率望远镜的研制立项和情况：

> 当时台海形势比较紧张，蒋介石已经跑到台湾。台湾离内地最近的是大小青龙岛。他们（笔者按：指的是台湾）有大炮，动静很大。我们当时装备落后，还没有红外技术，晚上侦查只能靠月光。
>
> "大跃进"过一大半了，此时光机所已经研制出了大尺寸 K9 光学玻璃，口径达 300 多。机械加工也有一定基础。王大珩和龚祖同两位光学前辈知道望远镜的口径越大，采集的光越多，看得越清楚。光机

---

① 中国科学院长春光学精密机械研究所：《科技成果汇编》(1952—1981)。内部资料，1982 年 8 月，第 4 页。

所条件具备了，他们作为发起人提出了要搞大倍率军工观察望远镜的研究课题。所里提出这件事以后，课题负责人是我跟薛鸣球，薛鸣球做光学设计。[①]

王大珩和龚祖同对这台大倍率望远镜研制提出的核心思路是，口径要做得大一些，这样就能看得又清楚又明白。史济成和薛鸣球根据两位所长的指导，开始设计、制造这台望远镜。史济成负责机械部分的工作，薛鸣球主要是做光学系统。他们齐心协力，用了不到半年的时间，便试制成了这台巨大的望远镜。

大倍率军用望远镜包括两个大双筒，视野通过目镜集中，因为口径大，所以采用机械式转动调节的办法，操作的时候人坐在望远镜前方，手动调节镜头的方位和倍率，以调整观察视野。这台大倍率军用观察望远镜焦距约 3 米，入瞳直径 340 毫米，长度 1 米，总重量 1000 千克，也是我军使用过最大的望远镜。为什么要使用这样的设计呢？望远镜为什么要做得这般巨大？薛鸣球是经过了深思熟虑的。因为要实现大倍率，就必须用大口径。但当时面临最大的问题一是光学加工，如何用现有的光学材料磨制出适用于大口径的光学玻璃？二是在体现在设计上，虽然非球面的设计方法可以降低光学系统的复杂性，但成本高。薛鸣球最终采用了马克斯托夫折反射

图3-7　大倍率军用望远镜（1959年研制成功）

① 史济成访谈，2018 年 6 月 7 日，长春。资料存于采集工程数据库。

系统，即用大入射口径、大倍率、长物镜焦距来实现望远镜在微弱光线下的观望功能，这是创造性的一次光学设计。这个设计在最大程度上克服了大口径光学玻璃材料和非球面制造难度大等技术障碍，最后制成的望远镜使用性能超过一般望远镜，可用于全天候观察，也适用于月光、弱光下对远距离目标的观察。

史济成记得，在这套望远镜样机研制成功以后，恰逢朱德委员长和董必武副主席来光机所视察（1959年6月19日），董必武看到了这台望远镜，他兴致勃勃登上了望远镜的观望台，通过望远镜的镜筒眺望远方。那时候的铁北地区，一到晚上，四处都没有灯，入目一片漆黑。董必武坐在望远镜前，通过目镜看到很远处有一户人家亮起了灯光，他透过这点微弱的光，很轻易地便看到了远处的布景情况，他心中很高兴，当场便称赞了这台望远镜做得真好！①

大倍率望远镜的第一台样机在1959年试制成功后运送到大连的军队里使用，该单位在使用后反映望远镜性能较好，看得很清楚。后来望远镜被运用到厦门地区的某哨所，应用于福建沿海前线，并获得了好评：白天可观察到10—36千米之间的人物活动、外形颜色、外貌特征等；夜间满月时，可在15—30千米距离内看清船只活动，能准确识别舰艇类型。此后，光机所根据部队的反馈，又对这项产品进行了改进，增强了产品的密封性和稳固性。大倍率军用望远镜是研究所科研成果在军界实战中的首次成功应用。

1964年，光机所研制的大倍率军用望远镜获得了中国科学院新产品一等奖，在当年举办的全国工业新产品展览

图3-8　大倍率军用观察望远镜展出证书

① 史济成访谈，2018年6月7日，长春。资料存于采集工程数据库。

会上展出，并获得国家科委、计委、经委"三委"联合颁发的工业新产品奖一等奖①。该产品在改进后于二十世纪七十年代进行了推广定型生产。这座巨大的望远镜曾为我国的军队立下了赫赫功劳。随着台海局势的缓和，它被架设在厦门附近的一个旅游点上，供往来游人使用。

扎根光学设计

　　光学设计是光学仪器研制的基础，是一切光学仪器制造所必需的重要手段，所有光学仪器的研制都离不开光学设计。1952 年仪器馆开展了光学设计工作，经过数年发展，成了一大特色学科，长期以来在全国光学界里都是赫赫有名的。二十世纪五十年代中期以后，更是领先于国内其他光学机构。王大珩在国外学习过光学设计，他最了解光学设计的作用，他认为这是进行光学研究的基础，在国家发展光学事业的起步阶段，他大力招揽这方面的人才，并在研究所里提倡要培养光学设计的专才。

　　从仪器馆建馆以来的机构设置来看，光学设计部门始终是研究所一个重要的组成部分。仪器馆初建时候，光学设计和检验是光学物理实验室的主要研究方向。曾在北平物理研究院工作、在东北科学所任物理研究室主任的吕大元来到仪器馆任光学物理研究室主任②，吕大元是王大珩从东北科学研究所请来的物理专家，也是当时仪器馆学科带头人之一③。在仪器馆光学设计发展早期，薛鸣球在常州中学同级不同班的同学王之江正是光学设计部分的主要负责人，他是光学设计组的组长。王之江大学期间师从王大珩，1952 年从大连工学院（现大连理工大学）提前毕业以后便来到长春参加仪器馆的早期建设，他是光学设计组的科研骨干。1964 年后，在国家定

---

　　① 《中国科学院长春光学精密机械与物理研究所所志》。长春：吉林人民出版社，2002 年，第 45 页。

　　② 吕大元，1932 年中央大学物理系毕业到北平研究院物理研究所工作，曾任东北科学研究所物理研究室主任，1952 年 7 月任仪器馆物理研究室主任，1964 年到上海光机所工作。

　　③ 《长春文史资料》编辑部：《吴学周日记》。1997 年，第 192 页。

图 3-9 光学设计组成员合影（1956 年。前排左起：陈泽水、王之江、黄营生、杜效良、刘光亚；后排左起：王树惠、谭维翰、薛鸣球、卓励）

下激光研制方向后，王之江调入光机所上海分所（后独立为上海光机所）工作，在 1978 年以后先后担任上海光机所副所长、所长等职务。

据王之江回忆，1952 年光学设计工作刚开展时，组里只有他和王乃弘（龚祖同的研究生，激光专家），以及计算员黄营生[①] 这三个人。1956 年至 1958 年，仪器馆（光机所）光学设计发展到了一个高峰。[②] 薛鸣球就是在这个时期来到仪器馆从事光学设计的。到 1956 年，光学设计组组长是王之江，并包含谭维翰、薛鸣球、卓励、陈泽水、黄营生、杜效良、刘光亚、王树惠等人，人员规模壮大，已经是初成立时的数倍。薛鸣球来到长春，便与王之江成了同事，尽管已有多年未曾联系，但他们在长春见面后都感到又亲切又熟悉。1960 年以后，王之江转向了激光研究，薛鸣球接过王之江的接力棒带领光学设计团队，在研究所光学设计室坚守二十多年，扎根

---

① 黄营生（1927- ），高级工程师，曾就读南京金陵女子学院、湖南国立师范学院、湖南大学。1950 年到东北科学研究所工作，1954 年到仪器馆从事光学设计研究工作。

② 王之江访谈，2019 年 11 月 7 日，上海，资料存于采集工程数据库。

光学仪器设计，做出了辉煌的成绩。

从薛鸣球在浙江大学学习的课程来看，学校光仪专业的光学设计课程和有关光学设计的知识主要是蕴含于仪器制造、光学测量、光学仪器理论等课程中的。薛鸣球到仪器馆以后，实地接触到了科研项目，他意识到光学设计是一切光学仪器制造的起点和基础，他在具体实践中渐渐掌握到光学设计的方法，总结理论，并再次将之付诸实践。这也是和仪器馆（光机所）培养人才的方式是相吻合的。

薛鸣球的心算基础很好，常被同事们亲昵地唤作"神算"，他从事光学设计打下的基础离不开"算光线"的基本功。这也是进行光学设计不能缺少的一项工作基础。

光在均匀介质中的传播用几何上的直线来表示，这种直线称为"光线"。光线的光路计算也叫光线追迹或描光路。在像差校正过程中，每改变一个结构参数，就要进行几乎全部光线的光路计算。光线光路计算是对整个光学系统逐面进行的，计算量很大，准确率对设计结果的影响很大。[1] 科研人员要进行光学设计，就先要计算光线，光线算完了之后，根据计算结果，再进行光学分析，考虑如何作出光学设计的图纸。早期科研条件简陋，没有现代化的计算机和计算器的帮助，算一根光线有时甚至需要一天的时间，不但要做加减法，还要做乘除法。且计算光线过程中的乘除法十分复杂，因为光学设计时的光线计算至少有五位有效数，通常是有七位有效数，计算员通过对数表、三角函数表，把乘除法变成加减法。因为计算过程复杂，一个光学设计部门需要配备多位计算员，才能做好光学设计之前的铺垫工作。例如，当时苏联光学研究所的光学设计室大约配备了六十名光线计算员来帮助光学设计，但二十世纪五六十年代初期长春光机所的光学设计研究室在条件有限的情况下，只有十多位光线计算人员。有时候计算员忙不过来，光学设计人员也要亲身上阵算光线。薛鸣球自己就做过许多算光线的事，他心算能力很强，又对光线光路计算方法有很多心得，总能用最简便的方法，迅速而准确地算出每一条光线。计算员拿来计算结

---

① 张以谟:《应用光学》，第 4 版。北京，电子工业出版社，2017 年，第 148 页。

果，他一看就知道对不对，并告诉他们怎么改进，他的这项能力令组内的计算员都很敬佩。

1958年来所工作的冯秀恒最是佩服薛鸣球的能力，他先是从事光线计算工作，在取得了一定基础后，经由薛鸣球教会了光学设计，从而奠定了他事业的基础。冯秀恒回忆初期科研条件艰苦，既没有电脑也没有计算器，计算员都靠手工计算光线，他们人手一把计算尺，每天上班后脑袋里盘算的就是一个系统有多少片玻璃，一片玻璃有两个面，每个面进来的光线怎么走。计算员需要对玻璃的每个面分别计算，有的人一天下来最多能算四十个面的光线，既要使用非常复杂的计算公式，还经常要做重复性劳动，算完了光线还要再算成像质量，从中看镜头成像的质量好不好。冯秀恒忘不了和薛鸣球一起"算光线"的时光：

> 现在光学设计手段比较先进了，计算软件智能化，一眨眼工夫，数据就算完了。……但我们最开始从事计算光线时要查对数表，把乘除加减记下。当时条件艰苦，没有计算机。光线计算从手算到电脑算，从没公式到公式完备，有一个过程。薛鸣球负责推导公式，我们计算员负责计算。……算得很慢，一个镜头的光线得算两小时。[1]

在薛鸣球看来，算光线是进行光学设计的基础，后来他在担任光学设计研究室的负责人以后，十分重视对年轻人基本功的培养。刚毕业的大学毕业生分配到光学设计研究室以后，头一年必须要从光线计算的训练做起，这是最基本的训练。薛鸣球的观点是，精通光线计算，对光线在光学系统中的行进有了深刻的了解，就会对各种光学结构的成像特性有刻骨铭心的记忆。曾担任过长春光机所副所长的光学设计专家翁志成研究员是在二十世纪六十年代参加工作的，他回忆自己刚来研究所的时候，就是先做了一段时间的算光线实习，这对他来说，是一段难忘的经历，也令他练就了一身坚实的基本功。

---

[1] 冯秀恒访谈，2018年6月7日，长春。资料存于采集工程数据库。

1962 年来所实习的时候，所有实习的人员都要经过计算光线的训练。当时薛鸣球与张礼堂[1]是搭档，薛鸣球当主任，张礼堂当书记，张礼堂也很懂光学设计，所以我们一来就让我们练基本功，那就是八位对数表，十位对数表，很厚一本，一天要算三十条光线，还要反复校对确保无误。[2]

研究所重视光学设计，开办了光学设计训练班。当时所里许多人都参加过这个训练班，有的人参与了光学设计班的讲课，有的人参加了培训，光学设计训练班对当时来到所里的许多年轻人都有很深的影响。薛鸣球参与过光学设计训练班的授课，他手把手教过学生。冯秀恒回忆 1958 年他来到光学设计训练班上课的时候，薛鸣球正是他们那个班的指导教师，给学生们上课，还给布置作业，学员们结束课程以后，他还按照学生对知识的理解和掌握的程度，给学生们分配工作。薛鸣球在备课的过程中，在与学员们的交流中，自己也得到了很大提高。

王之江回忆，早期训练班面向的是本单位计划科里的人，后来因为反响很好，申请来学光学设计的人很多，训练班便面向全国的高校和光学工厂开办了。[3]光机所在长春举办了全国光学设计训练班，掀起了一股各科研院所从事光学研究人员争先恐后来长春培训学习的热潮。当时全国各著名大学和主要光学工厂的光学设计负责人，都以来长春光机所培训学习为荣，如浙江大学、清华大学、北京工业学院、哈尔滨工业大学、上海光学仪器厂、云南二九八厂、西安二四八厂、南京电影机械厂、上海照相机厂等，都派人来学习过[4]。为了满足培训的需求，1957 年，所里组织光学设计骨干人员为全国光学设计训练班编写了讲义，王之江、王乃弘、薛鸣球等人都参与了其中的工作。在此之后，研究所连续举办了两届光学设计训练班，有来自全国各单位约百人参加，从而培养出一大批从事光学设计的人

---

① 张礼堂，二十世纪五六十年代在长春光机所光学设计部门工作，1973 年赴三线，原中国科学院光电技术研究所所长。

② 翁志成访谈，2017 年 8 月 24 日，长春。资料存于采集工程数据库。

③ 王之江与笔者 2015 年 4 月 19 日的邮件中谈及此事。

④ 舒美冬主编：《王之江》。未刊稿，2015 年，第 18 页。

才。通过组织这样的培训班，光机所在很短的时间内为国家有关机构培养了一大批光学设计人才，这些人中有许多都成了单位的科研骨干。光学训练设计班在当时影响很大，为发展我国光学事业作出了很大贡献。

二十世纪五十年代中后期，薛鸣球在研究所的氛围中，在自身的努力下，打下了坚实的光学设计基础，他投入这一领域后便终身未改志向。他在实践中成长，在科研项目中发挥特长，这一时期他取得的一项重要的成果便是他与同事谭维翰一起，在王之江的主持下，参加自选课题"光学设计理论及设计方法"的研究。这项课题开始于1953年，结束于1959年。薛鸣球是在1956年来长春以后中途加入的，他学习先进的光学设计方法，并在实践中不断积累经验。这项课题研究的内容主要是轴对称球面光学系统中的光线光路计算方法，理想光学系统及球差、正弦条件，轴外像差、色差，像差的一般性质，由像差确定光学系统结构，轴对称非球面和非球面，光学零件的制造和装配公差，光学系统的质量评价和光学仪器的光学整体设计，等等。研究不光是理论性工作，他们同时也为研究所承担的研发大大小小仪器做光学结构部分的设计工作。早期对光学仪器的总体设计主要靠计算分析，也有不少工作是凭经验来完成的。长春光机所光学设计部门作出的一大工作便是将经验变成了系统理论并且公式化，他们在实践中总结理论，在理论研究中提高水平，在完成了大量设计工作并参考国外光学设计理论和经验的基础上，1962年，王之江总结这项自选研究课题的经验，于1965年经由科学出版社出版专著《光学设计理论基础》，这部在国内光学界里影响深远的专著的问世，也代表长春光机所已经"在大量光学设计实践基础上，逐步形成一整套具有我国特色的光学设计理论和方法"[1]。王之江在书中不忘提起薛鸣球的贡献，他写道："本书是在集体工作的基础上产生的，对本所光学设计部门的同事们谨致以衷心的谢意，尤其是薛鸣球同志为原稿整理工作花了不少精力。"[2]

除上述工作之外，代表光机所光学设计的科研成果还有1964年，长

---

[1] 《中国科学院长春光学精密机械与物理研究所所志（1952—2002）》。长春：吉林人民出版社，2002年，第31页。

[2] 王之江：《光学设计理论基础》，序言。北京：科学出版社，1965年。

春光机所汇总研究所在光学设计上取得的研究成果、理论方法，整理出《光学设计论文集》一书，在经过王大珩以及吕大元两位专家的审读和修改后，经国防工业出版社出版，供全国从事该专业的研究学者参考。这部论文集收录的文章共有十九篇，其中《广角长工作距离物镜－I》（王之江、薛鸣球）、《三片照相物镜（Triplet）的玻璃选择》（王之江、薛鸣球、李品新）、《光学系统像差校正结果判断——以一个三片照相物镜的结果为例》（薛鸣球）、《光谱仪光学系统设计－I》（薛鸣球、王之江）、《论平面光栅单色记的光学质量》（王之江、薛鸣球）等文章，体现了薛鸣球的研究成果。这些工作，为光学设计的原则和具体方法提出了理论依据和实施途径，对促进我国光学工业的发展起了积极的作用。

薛鸣球在光学设计上的另一个具体实践是，他参与了王之江负责的"广角长工作距离物镜"课题，这令他在光学系统方面有所收获。当时的问题在于，短焦距物镜无法解决长工作距离，需要在物镜后面放置分像元件或取景对焦反光镜，但仍然解决不了问题。王之江、薛鸣球等人便对物镜的设计进行了改进，使之能够在短焦距的情况下应用。他们仅用了三个月的时间，解决了广角长工作距离物镜、反远距物镜的光学设计问题。

薛鸣球还参与了光谱仪光学设计方面的工作，主要是在当时光谱仪光学设计缺乏完善的方法和完整的质量评价标准的情况下，做有关光谱仪光学系统的像差理论研究。在1959年全国第一次光学设计学术会议上，他便有一篇报告是阐述光谱仪的光学设计理论的基本思想。薛鸣球提出"应把光谱仪光学系统中的准光镜、色散元件和照相物镜作为一个有机整体进行研究，开展设计；建立了截距很大时大球差像差的评价标准；提出利用色差和离焦补偿高级像差，从而减少场曲影响的思想。此外他还提出光谱仪中大光束光线追迹的多种设计方法"。[①] 这一期间，他还承担了平面光栅单色计的研制工作，提出用能够减少体积，扩大光能利用率的非球面厚透镜来校正球差、彗差的方法，并完整阐述了平面光栅单色计的成像规律、质量和改善途径。这些理论在当时来说有极大的创新意义，多年来一直被光学设计者采用。

① 中国科学技术协会编：《中国科学技术专家传略：理学编物理学卷三》。北京：中国科学技术出版社，2006年，268页。

进入到二十世纪六十年代以后，因研究所的研究方向发生了变化，在为国防光学任务服务的同时，光机所对其学科和部门都有所调整。随着时代的变化，光学设计部门名称几易，因国家需要，研究所内许多光学设计人才也被调整到其他光学单位参加分建或援建，但薛鸣球仍然坚守在光机所光学设计第一线。1960年，为了完成国家重要国防任务，中国科学院将光机所和机械所合并，科技力量大幅增加，研究系统组成五个研究部，光学设计与检验研究室隶属第一研究部。薛鸣球自1960年3月任第一研究室副主任主持光学设计、加工与检验领域研究工作。[1]1961年，中共中央批

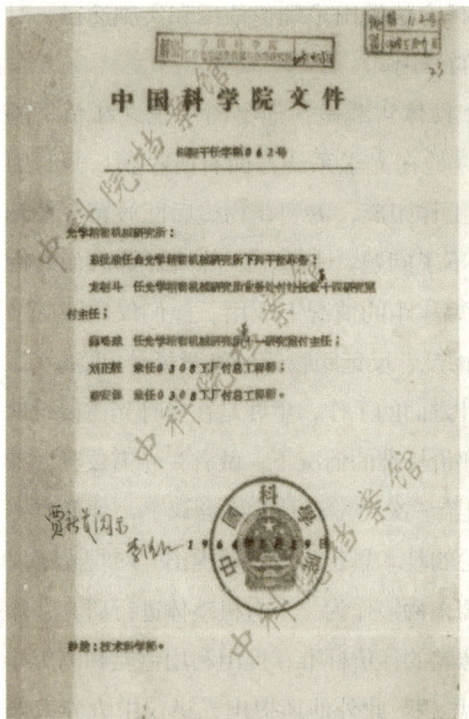

图3-10 薛鸣球被任命为第十一研究室副主任（1964年）

准试行《科学十四条》后，光机所重新规划学科方向，调整研究室建制，以学科或工程项目性质重新划分，成立了十九个研究室，光学设计与检验单独成立研究室－技术光学研究室，王大珩兼主任，喻焘任副主任主持工作[2]，研究室设置四个研究小组：光学设计、光学检验、薄膜光学、光学信息理论研究小组。1962年，援建光机所西安分所，光学设计骨干人员喻焘等随龚祖同赴西安[3]。1964年，援建光机所上海分所时，王之江、谭维翰等部分光学研究骨干赴上海[4]。1964年5

---

[1] 干部职务变动登记表，薛鸣球人事档案。存于苏州大学人事档案馆。
[2] 喻焘，光学检测专家，总结了1966年前的光机所光学研究工作，编著出版《应用光学》。
[3] 组建光机所西安分所时，龚祖同任所长，喻焘、陈俊人、袁祖扬、杨秀春、佟恒伟等多人随行。
[4] 组建光机所上海分所时，王大珩任所长，李明哲、高志博、邓锡铭任副所长，王之江、谭维翰等二百多人随行。

月起，薛鸣球任第十一研究室副主任主持科研工作。1968年"文化大革命"中光机所实行军管，军管会按军队序列将研究系统编为三个大队，一大队以光学为主，薛鸣球被编入一大队。1973年，三线建设时期，在成都大邑建设分所－光电所，林大键等部分光学设计骨干赴成都三线①。几次分迁援建，光学设计室都向外输出了骨干专业技术人才。1978年4月，薛鸣球任第四研究室主任，

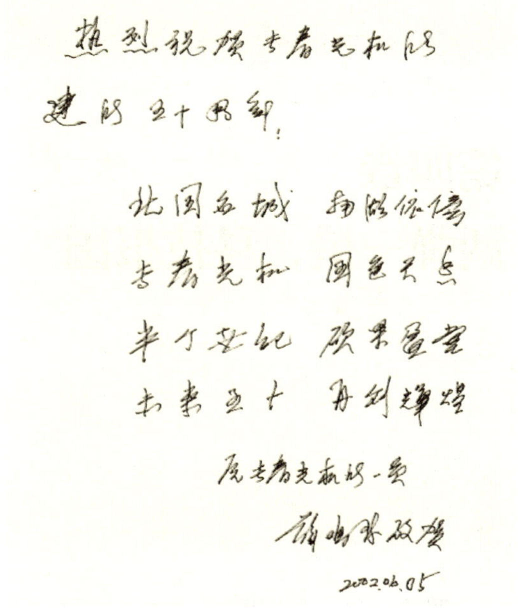

图3-11　薛鸣球为长春光机所所庆题词（2002年6月）

重新主持该研究室的光学设计工作。"四室"是长春光机所第四研究室的简称，这个研究室主要从事光学设计、加工与检测方向的研究工作，在很长一段时间内都是光机所的特色研究室。"四室"的发展伴随着光机所的辉煌历史日渐成长壮大。"四室"这支科研骨干团队自仪器馆建立至今近七十年里，在参加国家重大科研任务、突破关键技术、取得重要科研成果、发表高水平学术论文和出版学术专著、培养优秀科学技术人才方面成绩显著。研究所的光学设计部门在二十年的时间里发生了数次改变，薛鸣球在这期间，从一位普通的科研人员，逐步参与到研究室的组织和管理中。他带领团队，为光机所承担的光学设计任务做了许多工作，在很长一段时间内，他领导这支光学设计队伍不断壮大、发展，并成为研究所的中坚科研力量。

---

①　1970年国防科委决定在四川大邑建设大型光学跟踪仪器研究基地。1973年组建成都光电所时，地处西部四川雾山山沟，1980年搬迁到牧马山，长春光机所援助四百三十八人的研究技术人员，刘允中任书记，张礼堂任所长，林大键、孙国良等随行。

第四章
两弹一星，科技报国

　　"两弹一星"是中国独立自主研制的集中广大科技工作者智慧的重要成果。[①]谈到"两弹一星"，对于光学人来说，引以为豪的便是应用在这其中的国防光学技术。国防光学指的是广泛应用于军事观察、摄影、测量和记录、科学研究以及武器装备等领域的光学工程，这是一门以光学工程的综合技术来为国防建设服务的学科。[②]国防光学在"两弹一星"研制的历程中担当了重要的历史使命，为国家的科学技术进步作出了卓越的贡献。

　　第二次世界大战后，美国与苏联挑起两大意识形态阵营的冷战，美苏双方展开军备竞赛，国际形势剑拔弩张。在苏联赫鲁晓夫上台后，外交政策摇摆不定。我国面对大国核威胁，为了人民能够有更加安定的生活，党中央高瞻远瞩，重视发展国防事业。1955 年 1 月 15 日，中央在中南海召开中共中央书记处扩大会议，研究发展我国原子能问题。会议做出了发展我国原子能事业的战略决策。随后，中央成立了专门小组，周恩来总理和聂荣臻元帅以及在他们领导下的中央专委作为"两弹一星"研制工作的总指挥，负责指导原子能事业的工作。国务院设立了专门办事机构，专门设

---

　　① 张劲夫：请历史记住他们。《科学时报》，1999 年 5 月 6 日。
　　② 国防光学与靶场光测设备史料概述。《中国科学院国防科学技术史资料丛书》，内部资料，1996 年，第 1 页。

立的二机部、国防部五院以及国防科工委作为"两弹一星"研制工作的总负责部门。1956 年制定的发展我国科学技术的十二年远景规划，把原子能研究列为头等重要任务。

"两弹一星"的研制是国家的重大决策，是一项庞大、艰巨且持久的大科学工程[①]，是中国科学家团结一心攀登科学高峰的伟大壮举。当时苏联已经停止对华的援助，全面撤走专家，我国正在开展的尖端技术项目没有任何外援，聂荣臻指出："国防部五院、二机部、中国科学院三家拧成一股绳，共同完成国防尖端任务。"[②] 作为主要参与单位的中国科学院，几乎是动员了当时几乎科研队伍中的全部精锐力量，承担了"两弹一星"的前期基础性研究和关键技术的突破性研究任务。据统计中国科学院约近百个研究机构和几万名科研工作者参与了"两弹一星"尖端技术的研究工作。[③] 在"两弹一星"的研制过程中，中国科学院发挥了重要作用。"两弹一星"体现了中国科技精英集体的智慧与创造，像钱三强、钱学森、赵九章、王大珩等功勋科学家心系祖国、胸怀大志，他们和他们所属的单位，还有无数隐姓埋名科学家，为"两弹一星"的科研组织实施殚精竭虑，为国防事业作出了卓越的贡献。

面对国家的需求，长春光机所作为中国科学院的重要科研机构，整合技术力量，调整研究方向，拉开了从事尖端技术研究的序幕。对于薛鸣球本人来说，虽然他当时已经在光学设计领域崭露了头角，但要参与当时密级比较高的科研项目，还要经过严格的政治审查和学术水平的层层甄选。能有机会参加"两弹一星"项目的研制工作并且做出一些贡献，这也是薛鸣球引以为自豪的事。薛鸣球和同事们在王大珩所长的带领下，励志创新，夜以继日，攻下无数个技术难关，为"两弹一星"中的国防光学发展立下了功劳。

1962 年 10 月 27 日，中国第一枚导弹发射成功；1964 年 10 月 16 日，中国人自主研制的第一颗原子弹试验成功，1967 年 6 月 17 日，中国第一

---

① 刘戟锋等：《两弹一星工程与大科学》。济南：山东教育出版社，2004 年，第 36 页。
② 杨照德：中国返回式遥感卫星研制的艰辛历程。《太空探索》，2015 年第 10 期，48-51 页。
③ 《中国科学院国防科学技术史资料丛书》。1996 年，内部资料，第 234 页。

枚氢弹空爆成功；1970 年 4 月 27 日，中国第一颗人造卫星发射成功。"两弹一星"研制成功是中国向世界庄严宣告：中国人民依靠自己的力量独立自主掌握了尖端科学技术。

值得一说的是，原子弹研究工作全面展开之际，也正值"大跃进"之后，我国经济面临极大的困难。在原子弹研制最关键的那几年，也是科研人员面临困难最多的几年。有这样一段描述，记录了当时人们不惧艰苦、奋进向前的情景：

> 这是中国经济最困难的年代，每个人都在经受饥饿的煎熬。由于核武器研究院是重点单位，国家给的补助要多一些，尽管这样，这里的大科学家们每餐也只能领到一个馒头，一角钱的干菜汤，汤里只漂着油花。很多人患上了浮肿。①

在国家极度困难之际，人们在中国共产党的领导下为了振兴国家民族，克服了种种难题。长春光机所为了保证完成光机所承担的国防任务，党委不允许职工开展诸如打球类消耗体力大的文体活动，避免影响工作。食堂有时给职工们煮萝卜水喝，防止他们因饥饿导致浮肿病。后来研究所在长春西边郊区搞了一个小农场，抽调力量专搞后勤，种地养牲畜。在有了收获后，党委第二书记贾力夫设置批准了一个名为"114"的指标，那便是给每一位科研人员每月增加一斤粮食、一斤肉、四个鸡蛋，来增加职工的营养。但就是在这样艰难的情况下，科学家们满怀爱国热情，干劲十足，克服了种种困难，完成国防科研任务。主持国防工业的聂荣臻元帅在回忆录中提道："如果没有那几年的实干，'两弹'也就不会那么快地上天。"②

1999 年 9 月 18 日，在庆祝中华人民共和国成立五十周年之际，党中央、国务院、中央军委决定，对当年为研制"两弹一星"作出突出贡献的

---

① 陶纯、陈怀国：国家命运：中国两弹一星的秘密历程（三）.《神剑》, 2012 年第 3 期, 9-41 页。

② 聂荣臻：《聂荣臻回忆录》. 北京：解放军出版社, 1984 年, 第 838 页。

二十三位科技专家予以表彰，授予王大珩等"两弹一星"功勋奖章。[①] 此时此刻，当薛鸣球看到敬爱的老所长王大珩上台领受"两弹一星"功勋奖章那一刻，他的内心激情澎湃，脑海中不时闪现那些年在国防科研攻关路上难忘的画面……

改装高速摄影机

薛鸣球参加了改装高速摄影机的任务，这是他引以为自豪的一段科研经历。高速摄影机改装可以说是我国第一颗原子弹试验项目中的一次开创性的工作。

核爆试验是大型、广泛、多学科交叉的系统工程，协作部门很多。当时负责原子弹测试技术工作的国防科委第二十一研究所刚刚成立，从四面八方抽调的科技人员对原子弹爆炸怎么测试，取得哪些数据，如何分析判断其使用价值等问题并不是十分清楚，这些问题正是需要通过光学技术来解决的。作为国家最重要的光学科研机构，长春光机所在这些问题的解决中发挥了巨大作用。参与过核爆研制任务的王传基回忆任务到达长春光机所的情况：

> 当时主管这项任务的国防科委二局和刚组建不久的负责原子弹测试技术工作的国防科委第二十一研究所则摒弃了这种自己束缚自己的做法，在选准了合作伙伴——中国科学院长春光机所以后，充分给予信任。[②]

1960 年 3 月，物理学家程开甲被调到二机部任中国核武器研究所副所长，1962 年 10 月 30 日，他从二机部到国防科委报到，负责靶场试验技术

---

① 中国科学院学部工作局：《中国科学院学部史册》（1955—2016）。内部资料，2015 年，第 80 页。

② 王传基：一项卓有成效的突击任务。见：《中国科学院国防科学技术史资料丛书》。内部资料，1996 年，第 443 页。

设计，准备为核试验提方案，并同时准备组建核武器试验研究所。在钱三强推荐下，程开甲在吕敏、陆祖荫、忻贤杰等的配合下展开了工作。这一年的 11 月 26 日，程开甲主持起草的《国家第一种试验性产品试验技术方案》出台了。为了确保方案实现，他提出了"急需安排的研究课题"，其中一项是高速摄影机的研制任务，这是代号 210 项目中的一个课题。1962 年冬季，国防科委二十一所提出并正式向光机所下达了 210 工程项目任务，这是一项时间紧迫、技术复杂的尖端任务，研制时间总共一年半。为什么交由光机所来承担这么重要的任务呢？这和光机所有相关的技术基础和研制人才有关。1958 年光机所科研人员研制出仿苏联民航用的航空摄影机，开辟了航空摄影技术领域。1958 年年底和 1965 年年初，光机所承担过在"米格"飞机上安装侦察相机的研制任务，但遗憾的是，因使用单位计划调整，研究工作随之中断。但通过这一系列的研究工作，研究所已经锻炼培养了一批研究技术人才，具备一定的技术基础，从而为高速摄影机项目奠定了好的基础。

1962 年年底，在北京召开了一场由副总参谋长张爱萍、国防科委副主任刘西尧主持，有光机所等十几个科研单位参加的原子弹爆炸试验光学测试方案交底会，会上程开甲详细介绍了第一颗原子弹的情况，会上讨论了如何用高速摄影机提取爆炸初期产生的火球的画面，如何通过火球直径随时间变化的规律，如何计算原子弹爆炸威力的数据等技术问题。程开甲开诚布公对王大珩说："我们知道的情况已经全部交底了，光学测试总体方案怎么订，光学站如何布局，完全交给长春光机所的专家组来确定。"[1] 得到总体单位的充分信任，参加会议的科研人员暗下决心，一定要把任务拿下！面对异常艰巨的任务，科研人员互相鼓励，鼓足干劲迅速投入项目研制工作中。[2]

围绕第一颗原子弹于 1964 年爆响的目标，参加单位各方面紧锣密鼓展开了一场大会战！为保证核武器计划顺利实施，在原子弹爆炸实验前，中央成立了四个实验委员会。第一次试验委员会主任是张爱萍，副主任是刘

---

① 王传基：一项卓有成效的突击任务。见：《中国科学院国防科学技术史资料丛书》，内部资料，1996 年，第 443 页。

② 熊大林：《程开甲口述自传》。长沙：湖南教育出版社，2016 年，第 101 页。

西尧、成均、朱光亚、朱卿云、毕庆堂、李觉、张蕴钰、程开甲。王大珩作为光学部门的负责人，正是试验委员会的委员之一。

长春光机所领到的任务，除了需要拿出核爆所需的高速摄影机，还要进行核爆光冲量计的研制。后者王大珩交给了陈星旦来负责，最终圆满完成了任务。而高速摄影机任务则由王大珩亲自领衔，他带着王传基、薛鸣球、王金堂等人具体来做这项工作，他们在没有参照、没有准备的情况下，要从无到有建立起一个完整的光学测试站，工作时间是 1962 年至 1964 年。由于这项核试验的研究工作是光机所当时密级最高的任务，接到任务的时候，薛鸣球和同事们非常激动，他们内心充满神圣的责任感和使命感。

高速摄影机要每秒几千次到百万次的远距离长焦距摄影。高速摄影机又称为"时间放大器"，它能把瞬间变化的现象从时间上"拉长"，即"时间放大"，从而能观察出细微的情节。由于人眼感受光信号需要 1/30—1/5 秒暂留时间，

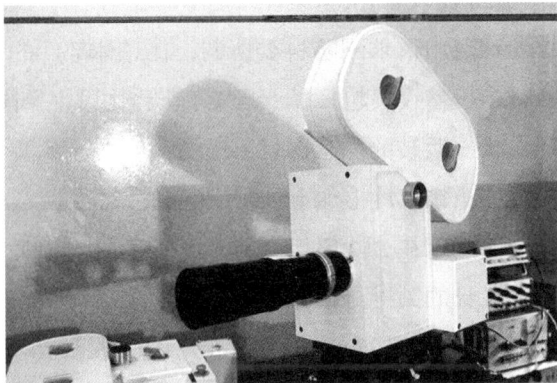

图 4-1　改装的高速摄影机（1962 年）

普通电影以 24 帧 / 秒的速度摄影和放映，我们看到正常速度的连续动作，当以高速摄影，而以 24 帧 / 秒的速度放映时，人们将能看到"慢"动作，瞬间发生的情况，可拉长到几秒至几十秒映出，高速摄影以每秒几十亿帧的速度记录瞬变现象。[1]

一系列有关的工作随即开展，在论证阶段，以王大珩为首的专家组，包括张礼堂、陈星旦、薛鸣球、王永义、王传基等人在内，大家经过激烈的讨论，科研人员一致认为，在正常情况下，如果要完成研制一台包含达到要求的高速摄影机的跟踪望远镜，从设计到施工，至少要花四到五年时

---

[1]　赵学颜、李迎春:《靶场光学测量》。装备技术学院编印，内部资料，2001 年，第 217 页。

间。而 210 项目是在原子弹研制接近尾声时启动的，国防科委布置的这项任务十分紧急，留给光机所的研制时间已经很短，时间不等人，必须要另辟新路。王大珩随即拍板：那就改装！

这项课题被光机所列为最重要任务——"天字一号任务"，所领导非常重视，党委负责人明确表态，要求各部门全力配合，所里的器材仓库全部开放，只要有需要，马上领出去！就这样，科研人员直接去仓库去挑选研究所需要的仪器设备，要什么就拿什么！王传基回忆，为了完成任务，他们几个参与工作的人用了一天时间，从仓库里拉了三车（手推车）的设备和材料，只用了五天，便建立起一个简易的实验室，从而具备了改装高速摄影机需要的实验条件[1]。

课题组请求国防科委协调，在总体部门的帮助下，把分散在国内行业的进口设备收集起来[2]，调来了十台由民主德国进口的 Pentazete-35 型高速摄影机。改装的内容包括：配置一台合用的镜头；配置一套起爆时间信号发生器；在底片上加上计时用的时标信号。

薛鸣球在 210 项目高速摄影装备研制中负责镜头部分光学系统设计工作，设计的关键是摄影镜头和相关启动设备，当时国内的元件基础条件很差，无法保证稳定性。于是薛鸣球从熟悉了解原相机的参数，根据原镜头的像差着手，反复计算、画图……薛鸣球以 Pentazete-35 型高速摄影机原装置为基础，根据核爆参数的需要，设计匹配了新的中等焦距镜头。

1963 年 10 月底，科研人员带着 3000 次 / 秒高速摄影机和光冲量计[3]来到北京官厅水库参加由国防科委组织的联合模拟试验，考验即将参加原子弹爆炸测试的各种仪器的性能。这次试验包含几百次小试验。王传基形容，大家非常重视在官厅水库的试验工作。因为在此之前，谁也不知道核弹爆炸是怎么回事，也从未领略过。虽然当时已经进行了一段时间的工作，研制的初样机在实验室内也经过了初步测试，但尚不知道改装后的高

---

① 王传基：一项卓有成效的突击任务。见：《中国科学院国防科学技术史资料丛书》，内部资料，1996 年，第 443 页。

② 210 任务执行情况汇报。存于中国科学院档案馆，案卷号 Z382-00853。

③ 210 项目中另一课题，由陈星旦负责研制。

速摄影机到底会有什么样的表现，所以心情既激动又忐忑。当然，试验过程中也遇到了一些挫折。例如，当工作人员为摄影机安装底片时，如装片时稍有不慎，或者底片本身带有瑕疵，便会造成摄影测试工作的失败，负责这部分工作的王金堂只好一次又一次试验，天天围着机器转，终于找到了规律，获得了宝贵的经验和教训，为进一步工作打下了良好的基础。王传基回忆试验当天的情景：

> 那一天，风和日丽，五百公斤炸药放在大约二百米以外，我们调好了全部装置，接好了电源并撤离了光学站，等待那爆炸的一瞬间。
>
> 轰的一声巨响，我坐在地上，第一个感觉就是屁股上好像被打了一下。接着地面前后摇了好几下，同时一朵小小的蘑菇云升上了天空。这场面，尽管与真正的原子弹相差了十万八千里，但对我们这些从未开过眼界的人来说，也算是补上了一小课。爆炸一结束，我们就立刻冲进光学站，取出胶片，紧张地冲洗。当我们看到底片上显示出清晰的火球图像和各种测试标记时，心里真有说不出的高兴。初样机基本上成功了！[①]

国防科委于 1964 年 3 月在长春组织了专家鉴定验收会。经过三天紧张而热烈的答辩考验，改装的高速摄影机通过了鉴定验收，获得了鉴定专家和国防科委领导的高度评价，鉴定小组充分肯定了光机所在较短时间内完成这项任务的成绩，而且鉴定结果表明：由光机所薛鸣球参与设计改装的样机能得到满意的成像质量，在原焦距不变的情况下，视场扩大了四倍，实现了特定要求的高速摄影方案。[②]

因为对高速摄影领域的国防需求以及促进该学科的发展的考虑，中国科学院决定在西北成立了一个专门研究机构，从事高速摄影方面的研究。

---

① 王传基：一项卓有成效的突击任务。见《中国科学院国防科学技术史资料丛书》，内部资料，1996 年，第 445 页。
② 王大珩：光学老又新历程似锦。见《王大珩年谱·文集》，陈星旦主编。长春：吉林人民出版社，2015 年，第 233 页。

1962年3月27日，长春光机所西安分所成立。老科学家龚祖同、喻恒焘等科研骨干奔赴西安，会集陕西分院应用光学所、机械所大部分和自动化所部分人员开拓发展了高速摄影、瞬态光学等新领域的研究。

薛鸣球与西安光机所有很深的缘分。光机所西安分所于1969年改名为西安光机所，后来为历次重大核试验提供了各种专用的高速摄影装备形成了系列特色。开始时主要解决每秒摄影为数千帧直至数百万帧的高速摄影相机，后来为了满足更高的时间分辨率要求，该所又开辟了光电高速摄影新领域。1981年，王大珩和龚祖同提出将薛鸣球调任西安光机所任所长。薛鸣球放下在长春的事业，奉调去中科院西安光学精密机械研究所辅佐老所长龚祖同，历任副所长、所长。他在任期间，面对改革开放新局面，紧盯国际光学前沿发展趋势，培养年青人才，为西安光机所的发展殚精竭虑，团结全所人员，令该所迈上一个新的台阶。

我国高速摄影技术发展迅速，从改装到独立设计研制，逐步走上了国际舞台，在国际学界占有了一席之地。从二十世纪六十年代龚祖同率队参加第七届国际高速摄影会议，1978年又参加了在东京举办的第十三届国际高速摄影与光子学会议，1982年王大珩带队参加了第十五届国际高速摄影与光子学会议。经过与国际同行的激烈角逐，中国赢得1988年在中国西安组织召开第十八届国际高速摄影与光子学会议的主办权，薛鸣球和从事高速摄影的行业翘楚们站在了国际前沿行列，实现了老一辈科学家发展我国高速摄影技术、跻身国际前沿的夙愿。[①]

"150-1" 中的光学系统

有薛鸣球参加的"150-1"项目，是长春光机所在二十世纪六十年代承接的一个大型国防光学项目，这个项目动员了全所大部分科研力量。该

---

① 侯洵：王老与我国高速摄影事业。见：宣明主编，《王大珩》。科学出版社，2005年，第59页。

项目是应导弹光学测量的需要
而产生的，项目的开展对长春
光机所的学科布局和研究所长
远发展带来了举足轻重的影响。
可以说，这个历经五年半的项
目，不仅满意地完成了国家的
需要，且形成了研究所光、机、
电为主体的光学设备研制体制，
为进一步发展我国的测控技术
打下了坚实的基础。

　　1950 年 2 月，中苏两国签
订《中苏友好同盟互助条约》，
1957 年 10 月 15 日，中苏两国
签订《国防新技术协定》，苏联
承诺在发展原子能工业和核武
器方面向中国提供援助。两国
在科学技术研究领域合作较为
密切，中国派出很多学生到苏
联学习科学技术，苏联也派了

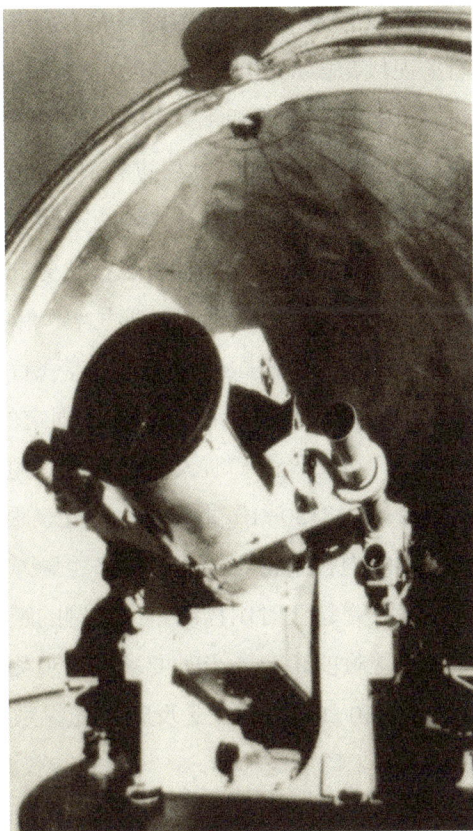

图 4-2　150-1 大型电影经纬仪

一千多名专家来华。但随着中苏高层争执的不断升级，两国关系最终全面
破裂。1959 年 6 月，苏方宣布废除《国防新技术协定》，单方面撕毁与中
国签订的 343 个专家合同及其补充书，废除了 257 项科学技术合作项目[①]。
1960 年 7 月 16 日，苏联突然宣布在一个月内撤走在中国的全部 1390 名
专家，使中国的四十多个重工业、国防工业部门 250 个工厂在建设中途被
迫停顿。面对国家发展尖端武器技术遇到的困难，为了我国能自强自立发
展，党中央提出依靠中国自己的学者专家独立自主发展中、远程火箭，并
在此基础上发展洲际导弹系列。发展导弹需要在靶场上建立大型光学观测

---

　　① 左凤荣：中苏关系破裂原因何在。见：陆南泉等主编：《苏联真相》。北京：新华出版社，
2010 年，第 757 页。

系统，对导弹轨道进行跟踪及精密测量。为了适应这个需要，国家部署了有关现代靶场光学测试设备的工程研制任务。

"150-1"是光机所承接的大型电影经纬仪工程研制项目的任务代号。它是一套在导弹发射过程进行观测的必备仪器设备。薛鸣球在"150-1"工程研制任务过程中主要参与了项目总体论证和光学系统设计阶段工作，并做出了突出贡献，参加该工程任务的研究技术人员达六百人，获得个人奖励的有王大珩、龚祖同、唐九华、薛鸣球、林祥棣等代表。[1]

电影经纬仪是跟踪测量飞行器飞行轨迹的光学测量仪器，它是电影摄影机与经纬仪相结合的仪器，在固定的位置上测量目标的方位角和俯仰角，对飞机、火箭和航天器轨迹进行测量以及对其起飞、着陆与飞行做实况记录。[2] "150-1"指的是大型光学跟踪电影经纬仪的研制，其命名是和其研制的内容紧密相关的。原来，导弹飞行分为主动段和被动段，主动段指的是导弹起飞时由控制系统控制的距离，而被动段指的是控制系统关闭后导弹飞行的距离。当时要求光学观测导弹飞行的主动段距离为150千米以上，"150-1"工程正是反映了光学系统对导弹飞行的主动段进行跟踪测量的要求。

当时国际上只有美国、苏联少数几个国家有这种研制能力，由于技术封锁，我们的技术人员得不到任何相关资料。独立研制这套大型的光学系统难度无法想象，它是一项综合性强、难度高的研究任务。我国那时候只有一个可供远程发射火箭使用的靶场，配备的光学电影经纬仪达不到观测需要。导弹靶场任务需要配备能观测到100千米以上距离的光学观测设备。

这项艰巨的任务由中国科学院负责牵头，并由多个国防科技有关部门协作完成。二十世纪五十年代末期国内的光学工厂很多，如国营298厂、248厂、208厂以及上海光学仪器厂等。但只有光机所具备较强的研究队伍和测试技术，具有光、机、电、控的研究基础，因此国防科委副主任钱学

---

① 林祥棣：王大珩先生与光电所。见：宣明主编：《王大珩》。北京：科学出版社，2005年，第67页。

② 金光等：《机载光电成像跟踪测量系统误差与像移分析》。北京：国防工业出版社，2018年，第2页。

森提出由光机所主要负责完成工程的核心任务——大型电影经纬仪的研究和制造工作。

国家要求这台电影经纬仪必须优于当时同类型的国外进口仪器，达到世界先进水平。二十世纪六十年代国际上对中国实施技术封锁，研究人员能够参考的科技资料几乎没有。那时候国内光学工业的水平尚达不到研制这台电影经纬仪的要求。接到"150-1"工程研究任务，薛鸣球参与了项目总体组的论证工作。论证初期，研究人员感到无从下手，一来没有国外大型仪器可以借鉴，二来能参考研究资料只有国外一般文献中的少许描述和一些仪器的外形照片。有人找来美国生产的 ROTI-II 型经纬仪的图片和简单的指标介绍，科研人员看到图片后估计口径应该在五百多毫米。研究人员对图片和数据做了分析，预测大型电影经纬仪的口径应是六七百毫米，重量为六七吨。后来国家不惜重金，通过非常的途径购进了少量中小型的相似设备，供我国科研人员参考。尽管如此，研制难度依然很大[①]。

经过讨论，总体组首先组织光机电控各方面专家论证争取达成对任务的统一理解，明确分解技术指标。薛鸣球从光学系统角度找参考资料、讨论技术指标、为总体方案的制定提供基础数据。在"150-1"工程上马之前，光机所曾开展过"60 号"任务的工作，那是在 1959 年年底，受国防科委委托，研究所承担的一项研制中小型电影经纬仪的任务。

"60 号"任务开展之际，正值光机所处于"八大件"取得了巨大成功的热情和喜悦中，我国进口了六台瑞士产的 EOTS 型靶场光测设备，并提供了样机供科研人员仿制。这几台仪器的总重量仅三吨，而国家却花费了一吨半黄金的代价。研究所组织科技力量测绘样机，并开展了加工、组装工作，希望以最快的速度完成这项任务。这台经纬仪的第一次光学设计部分是薛鸣球做的，但是整机研制结果却不理想，最终做出来的中小型电影经纬仪电机部分运转不稳定，光学分辨率不高。这令课题组成员感到很沮丧，严重打击了研究人员的信心，对光机所后来承接大型电影经纬仪研制任务也带来了很大的压力。为了总结失败的教训，找出失败的原因，光机

---

① 胡晓菁：《赤子丹心中华之光：王大珩传》。北京：中国科学技术出版社，2016 年，第172 页。

所成立了一个光学小组，组长是邓锡铭[①]，组员包括王之江、薛鸣球、潘君骅[②] 等人，他们把"60号"物镜的光学玻璃切下一小块重新化验，检验材料的牌号是否搞错，又细致测量齿轮的度，从而一点一滴摸清了 EOTS-C 经纬仪的设计思想。潘君骅用刀口法测量了"60号"物镜的光学成像质量。王传基回忆，那时候潘君骅将"60号"对准北极星，用刀口阴影法来看光学系统质量怎么样。在总结薛鸣球参加设计研制的"60号"经纬仪基础上，研究所后来组织人员成功研制了160系列型号经纬仪。[③]

从"60号"任务看出，当时光机所虽然有较强的光学设计基础，但是在光学工艺机械和电子学方面的研究力量比较薄弱，生产加工工艺力量也不足。再加上受经费制约严重缺少加工检测设备，面对"150-1"这一国防重大任务，光机所领导班子统一思想认识，提出三条重要措施，并得到国防科委和中国科学院的大力支持，为后来几十年光机所的发展格局奠定了基础。

首先，1960年11月，经过中科院同意后将光机所与机械所的合并，原机械所大批人员参加到"150-1"工程研究中来，这增强并集中了研究所从事"150-1"工程的技术力量，也影响了研究所后来的发展方向。两所合并后，光机所确定以"150-1"经纬仪、受激光发射、红外、微光夜视技术以及精密陀螺仪为研究所的主攻方向。

紧接着，光机所向国家申请了一百五十万美元的外汇，用于进口部分精密机床。

最后，研究所申请建设光学精密加工试验工厂，这个工厂一度随光机所隶属国防科委归口管理，称为0308厂，0308工厂主要负责大型电影经纬仪光学机械等加工和工艺装调工作。工厂于1960年1月由国家计委批准建设，配备了全套设备，这个厂为长春光机所制造了大批高精尖的科研仪器，令长春光机所光学、机械加工水平闻名全国。当年的0308厂如今已

---

① 邓锡铭（1930—1997），广东东莞人，激光专家，担任过上海光机所副所长，1993年当选为中国科学院院士。

② 潘君骅，1930年生，祖籍江苏常州，出生于上海吴淞，应用光学专家，于1999年被增选为中国工程院院士。

③ 王传基访谈，2018年1月21日，广州。资料存于采集工程数据库。

发展成为长春市有名的上市公司——奥普光电公司。

由于仪器馆建设之初提出的基本任务是"科研、生产、培训、基建"，"150-1"工程任务发展了光机所研产学相互结合的道路，对光机所长期以来发展模式产生了很大的影响。

在"150-1"工程研制过程中，研究所里出现了是否要研究、设计、加工都要同时发展之争，人们形象地将此比喻为"一竿子和半竿子"之争。一部分人主张研究所主要负责解决关键性的技术问题，不负责整机加工制造任务，这样少了很多工艺装调等技术问题。他们认为研究所应以研究性质为主，而非制造为主，应该扬长避短，集中力量做自己擅长的工作，这就是"半竿子"。而以王大珩为首的科研人员主张"一竿子"，即研究生产不能分家。这就是说，研究所除负责研制样机之外，还要负责经纬仪整机的制造和生产，这样一来，压力便大得多了。王大珩的主张一开始并没有得到光机所党委部门的认可。这种争论一时半刻也没有定论。①

考虑到光机所从建成到发展已有多年，具备了一定的技术力量和加工能力，大家对光机所的实力有信心，且在仪器研制的过程中已经配备了工艺检验设备和工具，具备了研制和生产的条件。王大珩认为："我们要提供的是高档设备，技术上的综合性极强，从方案论证、技术攻关到造出产品，有许多问题是相互交叉难以分割的，许多微妙精细之处，从研究到制造生产，如果转手，很难实现"。②

研究与生产紧密结合是王大珩面对国家需求，提出的一项有担当、有大局观的科研思路。1963 年 4 月，国防科委、国防工办和中国科学院在北京召开了讨论会，即"410"会议。会上确定长春光机所全面负责产品的研制和生产，除做出样机外，还要于 1967 年年底提供四台成品机。同年 6 月 15 日，根据"410"会议决定，光机所全面落实了"150-1"工程任务，成立了设计部及设立了"150-1"工程办公室。

①　王大珩：从导弹轨道跟踪与测量到"863"计划。见：科学时报编：《请历史记住他们——中国科学家与"两弹一星"》。广州：暨南大学出版社，1999 年，第 233 页。

②　王大珩：发扬自主开发的创新精神——回忆 150 工程的研制。见：母国光主编：《现代光学与光子学的进展：庆祝王大珩院士从事科研活动六十五周年专集》。天津：天津科学技术出版社，2003 年，第 103-104 页。

　　与此同时，因为大型电影经纬仪的研制工作始于"大跃进"之后，我国经济面临极大困难。为了纠正"大跃进"期间的一系列问题，1961年春天，国家提出了"调整、巩固、充实、提高"八字方针。此后，在听取各方面的意见后，党中央制定了《关于自然科学研究机构当前工作的十四条意见》，即"科学十四条"，规范了科研秩序，鼓舞了科学家的士气。在被誉为第一部科学宪法的"科学十四条"发布以后，知识分子的积极性空前高涨，促进了中国科学事业的蓬勃发展。为了贯彻执行"科学十四条"，中国科学院要求各所进行定方向、定任务、定人员、定设备、定制度的"五定"，在这种情况下，光机所根据所承接的国防科研任务，按照学科发展方向调整、整顿了研究室的建制，组建了研究室。为了保障"150-1"工厂的顺利完成，设置了"光学跟踪研究室"，专门负责"150-1"工程的总体工作，这期间薛鸣球在技术光学研究室负责"150-1"工程光学设计与检验方面工作。在王大珩的主持下，长春光机所调动了所里一半的科技力量，热火朝天地投入到这项任务中。

　　根据大型电影经纬仪的设计要求，王大珩和所领导班子经过研究，将这项庞大的任务分解成了包括工程样机总体设计、光学总体、光学设计、光学玻璃制备及检测、光学工艺及镀膜、跟踪系统、特殊控制元件等六十多个子课题，协调确定了各个子课题负责人员。总体工作由总工程师王大珩负责，具体协调实施由副总工程师唐九华负责，薛鸣球主要负责光学系统总体设计工作。

　　唐九华（1929—2001），浙江绍兴人，出生于上海。中国光学工程总体设计专家。1991年当选为中国科学院院士。二十世纪五十年代，负责研制成功光学测地经纬仪、自动记录红外分光光度计并推广工业生产。二十世纪六十年代，他负责研制成功多种大型光学跟踪测量设备和坐标基准传递设备，均达到世界先进水平，为中国飞行器测控技术作出了重大贡献。作为主要负责人之一，开辟了中国光学动态观测技术领域。二十世纪七十年代后期，他把光学测控系统和光电仪器的设计经验总结为光学工程总体设计的概念、理论和方法，成为指导中国光学工程研究的重要基础理论和方法，并作为教材被高校采用。曾获国家科技进步奖特等奖、国家发明奖二等奖、何梁何利基金科学与技术进步奖等。唐九华长期从事光学工程技术研究并取得了卓越成绩，他为我国国防建设和"两弹一星"发展做出了贡献。

这是唐九华与薛鸣球继地形一号项目之后合作的第二个项目，在长达五年多年合作期间，二人在总体论证阶段接触比较多，业务上他们互相帮助。在长期合作中他们彼此从学术到人品到性格上都互相欣赏，结为了挚友。二十世纪八十年代初，薛鸣球只身赴西安之前，曾带着两个女儿来到唐九华家，他郑重地把孩子交给老朋友照顾。

"150-1"工程项目并不是一帆风顺的，在进行过程中遇到过很多难题，包括仪器的外形模样。曾参与过当年工作的朱云青研究员回忆，1963年，王大珩曾应国防部门的要求，带领长春光机所的研究人员维修了一台KT-50仪器[①]，从而见到与要研制的经纬仪功能类似的一台实物机器。这件事对后来的研制起到了促进作用。他们在维修过程中对经纬仪的构造和功能有了认识。这便是研制初期的基础。

光机所即将研制的这台大型电影经纬仪，预计仪器的总重量将大于五吨，经纬仪望远镜的口径达到 625 毫米，"要求能对弹道轨迹进行跟踪、记录、测量角坐标，并同时摄取导弹姿态，通过两三台[②]经纬仪的同步测角交会以获得飞行目标的空间轨迹。有关作用距离、定位精度、测速精度等性能指标要求远高于当时国内所有的同类型进口仪器"，且这是一项"庞大的工程，是一台包括光学、精密机械和自动控制等综合技术的大型精密测量装备"。[③]

薛鸣球在大型电影经纬仪的光学系统的论证和研究上下了一番功夫，花了相当多的精力。当时这台电影经纬仪在技术上主要有 3 个方面的难度：摄影距离、测角精度和跟踪精度。这也是判断成品经纬仪是否能够顺利交付使用的重要指标。围绕这些难题，薛鸣球等科研人员在光学系统设计方

---

① 胡晓菁、董佩茹：回顾长春光机所与"150-1"大型电影经纬仪的研制——朱云青访谈录。《科学文化评论》，2018 年第 1 期，第 79—87 页。

② 实际至少三台。

③ 王大珩：中国光学发展历程的若干思考。见：宣明主编，《王大珩》。北京：科学出版社，2005 年，第 37—46 页。

面开展了紧张的攻关。参加过"150-1"任务研制工作的潘君骅回忆薛鸣球对"150-1"光学系统的设计思想，他说：

> 在论证阶段，150-1项目没有采用非球面，也不敢采用，怕做不出来，该项目太重要了，只许成功，不能失败。当时设计上最大的困难的是二级光谱，就是色差，初级色差消掉以后，剩余色差很难消除，影响观测质量。结构方案在怎么样使得二级光谱减到最小等问题不停讨论。最后一个球面镜，在球面镜焦点之前采取了一组负的透镜组把它变成平行光束，变成平行光束以后再用透射物镜系统把它聚焦，变成平行光束。负透镜组带的二级光谱符号也和正透镜是相反的，后面正透镜组成像可以补偿掉二级光谱。当然，只能对一个焦距做得比较好，这个系统几个焦距可互换的。这个方案是比较先进的，着实让薛鸣球费了一番脑筋，因为具体实施把设计结果做出来是薛鸣球的主要任务。[①]

薛鸣球在做光学系统设计的过程中，一个指标提出来应该选什么样的结构，怎么把它实现，很快算好。当时光学系统都靠手算，计算量很大，假如没有像差分析理论指导，算一个光学系统要很长时间，像差分析的好处是可以有理论指导，而不是盲目地调整变量，用较短的时间把它设计出来，潘君骅认为像差分析是非常重要的。他说现在光学设计比较偏重反射系统用非球面，那时候光学设计主要是做透射系统。

电影经纬仪的主光学系统即望远摄影的主镜头，它会聚从目标来的光线，把目标形象、背景、十字丝和数据点阵清晰地成像在摄影窗口，记录在胶片上。电影经纬仪的主镜类似于人的眼睛和照相机的镜头，由它去接收和会聚目标的光能量[②]。

研究所为了完成这一国家急需项目，几乎调动了一切可以调动的力量，集中科研攻关，付出了相当多的心血。1964年5月，光机所表彰了一

---

① 潘君骅访谈，2018年6月25日，苏州。资料存于采集工程数据库。
② 赵学颜、李迎春：《靶场光学测量》。装备技术学院编印，内部资料，2001年，第108页。

批在 150-1 任务中表现突出的科研人员，薛鸣球名列其中。研究所对他的评价如下：

①工作中能坚持以任务带学科的方针，指导科研工作和培养人才，使光学设计组几年来在出成果、出人才方面获得很大成绩，在困难时期始终坚持国防任务的完成，并按期做出成果。②在完成150#任务中，他起着全面指导和规划的作用，在一些关键问题上亲自动手，使这项工作能顺利进行。③在光学设计组完成的各项国家任务中，出现的许多问题，都是在他直接参加下解决的。如60#、120#，三片照相物镜、特技电影摄影物镜等。④成果多、质量高，既有具体成果，又有论文报告。⑤工作中一直保持着冲天的革命干劲和旺盛的革命朝气，他工作中任劳任怨，不讲价钱。工作繁重，但每项工作都做得很好。他的身体不好，但始终坚持工作，同志们经常见他出差前一个小时还在工作室内考虑问题，到学院（光机学院，即后来的长春理工大学）讲课回来后说话都很吃力，但仍能立即投入工作，他处处以身作则，从来不迟到不早退，八小时工作时间抓得非常紧。⑥在组内政治思想工作中起很大作用，即时地诚恳向同志们提出批评。他的领导和组织作用很突出，由于他和党支部其他同志一起做了大量细致的思想工作，使每次评功摆好会都开得十分成功。经支部研究，同意评为所先进工作者。[1]

在长春光机所的相关技术人员和其他有关部门的协同努力下，经过五年半的艰苦努力，150-1型光学电影经纬仪样机于1965年研制出来，并一次试验成功。这是中国自主研制成功的第一台大型电影经纬仪，其性能超过了当时苏联的同类设备，与当时美国正在使用的电影经纬仪水平相当。例如，该大型电影经纬仪的技术指标，在观察距离上，远远超过了150千米，实际达到210千米。后来使用单位反馈的材料显示，天气晴朗的时候，

---

[1]　光机所先进工作者材料，存于中国科学院档案馆，案卷号Z382-429。

"150-1"工程电影经纬仪可以观测 300—400 千米。在测量精度上,当时美国是 20 角秒,而我国自行研制的大型经纬仪精度分析是 14 角秒,性能更优越。且在 150-1 型光学电影经纬仪使用长达二十年后,机器仍然稳定可靠,保持了出厂时的精度。

大型电影经纬仪用于测量导弹的飞行轨道参数,记录飞行姿态,将数据提供给导弹靶场,解决了当时国防的急需问题。1966 年 1 月,中科院组织人员对该产品进行了鉴定,1966 年 9 月,"150-1"工程通过了国防科委的鉴定验收[①]。"150-1"工程的研制成功开创了我国自行研制大型精密光测设备的历史,为国家节约了大量外汇,为独立自主地发展我国尖端技术做出了突出的贡献。

150 电影经纬仪的研制成功,在技术上为第二代、第三代、第四代大型经纬仪的研制奠定了基础。它的研制成功摆脱了我国对外国进口的依赖,开创了我国大型光学工程的研制历史的先河。在"150-1"工程的基础上,薛鸣球还参加了 160#、170#、179#、718# 等型号经纬仪任务的研制工作。薛鸣球是 180 电视跟踪变焦距光学系统光学设计的负责人,而这也是应用于远望号上的光学系统。这套使用于"718"工程雷达上的电视变焦距物镜,焦距从 80 毫米到 700 毫米,可扩展到 1000 毫米或连续变焦。利用此电视设备可以有效地、直观地对准雷达方位标和光电标,以满足转达粗调角度的要求。雷达在气球、飞机校飞、星体拍照过程中,可用此设备直接观察目标,并将目标引导到雷达波束内。转达精度校飞时,利用装有这种镜头的工业电视设备监视气球、飞机、星体目标位置,可以指示照像设备开拍的情况。该成果获得国防科委颁发国防科技成果奖。

1987 年 3 月 27 日,长春光机所发公函就薛鸣球曾在"150-1"工程大型跟踪电影经纬仪、160 工程数字电影经纬仪前期、718 工程激光红外电视电影经纬仪 -180 电视跟踪变焦距任务中担任三个项目的光学系统设计工作中发挥了突出作用给予肯定。后来这三个项目由中科院技术科学部定名为"现代国防试验中动态光学观测及测量技术",获得 1985 年度国家级科

---

① 关于 150-1 分工程样机鉴定结果的报告。存于中国科学院档案馆,案卷号 Z382-875。

技进步特等奖，薛鸣球作为项目的重要参与者，也是获奖人之一，得到了荣誉。[①]

若干年后，再次回忆起当年参加"150-1"工程研制过程，薛鸣球深有体会，他认为：我们有很多项目用到光学系统设计都是新的，都是需要自己去钻研，有所发现，有所发明，才会达到项目的要求；就像我们做的导弹飞行轨迹测量的大型经纬仪，我参加了其中的光学系统设计，当时提出的指标是"150"，就是看清测量 150 千米的距离，最后做出来的成品能达到 500 千米，大大超过了指标[②]。

参与 "6711 工程"

苏联第一颗人造卫星于 1957 年上天，1958 年 1 月美国研制的卫星也成功上天。1958 年 5 月 17 日中共八大二次会议上，毛泽东发出"我们也要搞人造卫星"的号召。1964 年 6 月 29 日，中国自己研制的中程导弹再次发射成功，我国已经具备发射人造卫星的能力。1965 年 1 月，党中央正式做出了研制我国第一颗人造地球卫星的决定。1965 年 4 月 29 日，国防科委向中央提出了要在 1970 年至 1971 年发射我国第一颗人造卫星的报告，并建议由中国科学院负责卫星工程。1965 年 5 月 31 日，中国科学院成立了卫星本体、地面设备、生物和卫星轨道四个专家组。王大珩被任命为地面设备组组长，组织光机所科研骨干参加具体设计研制工作。1965 年 8 月，中国科学院召集院内有关单位负责人开会，讨论卫星工程任务的落实和组织实施。会议上成立了卫星总体设计组，赵九章担任组长，郭永怀、王大珩担任副组长。

1970 年 4 月 24 日，随着我国第一颗人造地球卫星在预定的计划中发

---

① 长春光机所公函:(87)所科管字第 15 号。内部资料。

② 魏佳莉、阮骥立：与中国光学发展同行——薛鸣球院士访谈录。见：刘玉玲主编：《追光的人》。浙江大学出版社，2013 年，第 4 页。

射入轨，一曲《东方红》在浩瀚无际的宇宙中唱响，并将这曲象征着民族精神的乐曲发射到地球上无数的角落，在中国航天史册上写下了新的篇章。《人民日报》1970年4月26日发表文章"我国人造地球卫星运行情况良好，从空中发回《东方红》乐曲清晰嘹亮，各种仪器工作正常，遥测仪器不断发回各种数据"，记录了东方红卫星在地球上空的运行情况：

> 我国第一颗人造地球卫星四月二十四日进入预定的轨道以后，一天来运行情况良好，各种仪器工作正常。人造地球卫星上的短波无线电发讯机，循环播送《东方红》乐曲和遥测讯号，乐曲声音清晰嘹亮。每分钟循环一次，首先以四十秒的时间连续播送两次《东方红》乐曲，间隔五秒钟以后，播发遥测讯号十秒钟，又间隔五秒钟，进入另一个循环。人造地球卫星上的遥测仪器不断地发回各种数据。现在，这颗人造地球卫星正在围绕地球继续正常运行。
>
> 我国第一颗人造地球卫星从天空中发回的歌颂伟大领袖毛主席的《东方红》乐曲和遥测讯号，已由中央人民广播电台收录，并从四月二十五日二十时三十分开始广播。这个录音，中央人民广播电台将对国内外连续广播三天。

一曲《东方红》，唱响了华夏大地，将中国的声音传送到了世界每一个角落。东方红卫星上天，预示着中国在空间科学事业的发展上将迎来辉煌。东方红卫星是我国第一颗人造卫星，但并非第一颗返回式遥感卫星。

人类探索太空资源，需要尽可能多获得空间信息，早期由于受到无线电传输技术的限制，需要将信息存储于胶片或者磁带上，通过回收卫星返回舱，获取卫星在太空中拍摄的信息。可以说，返回式卫星是为了适应航天活动的需要而研制的。二十世纪五六十年代，美国和苏联两个大国都在积极发展返回式卫星，早在1960年8月，美国成功从近地轨道上回收了"发现者"号卫星返回舱，苏联也在相近的时间内回收"斯普特尼克"号卫星返回舱。面对如此情况，为了提高国际竞争力，掌握尖端空间技术，在研制东方红卫星和实践一号卫星的同时，我国也把返回式遥感卫星研制提上了日程。

1965 年 7 月，中国科学院起草了《关于发展我国人造卫星工作的规划建议》，其中提到了要发射返回式卫星六颗的计划。中央专委在讨论了该方案后明确指出："我国发展人造卫星以应用卫星为主，应用卫星又以返回式遥感卫星为主。"[1]

研制返回式卫星，一是要掌握卫星的回收技术，另一个就是要研制卫星遥感相机。其中，空间摄影相机是返回式遥感卫星的"主角"，卫星是相机的载体，通过相机，卫星在离地面百余公里的空间轨道上对预定地区进行摄影，完成拍摄任务后，将装有胶片暗盒的返回舱回收，人类通过回收空间相机的资料，获取珍贵的遥感资料。可以说，卫星上所有的分系统的作用，都是为光学系统提供最佳的工作条件，最后回收的光学成像是作为最终检验结果。卫星遥感相机也是我国首颗返回式卫星的研制难点，要赋予卫星一颗"慧眼"，就必须由光学专家对卫星相机的光学系统进行精心设计。

实际上关于空间相机的任务，国家已经在 1965 年年底向长春光机所下达了空间卫星全景扫描缝式相机研制任务。研究所参考了美国月球考察计划的摄影系统，于 1967 年上半年提出了地物相机的方案，即通过卫星相机在高空中拍摄地面上的情景。光机所科研人员在分析我国航天技术的发展形势后提出，在采用地物相机的同时，也要研制星空相机。通过星空相机拍摄恒星照片，以便在事后作为定位的参考，并用来校正卫星姿态误差。

光机所的建议遭到了不小的反对，太空摄影本来就是个难度很大的课题，对地摄影已经是很困难的问题，有距离、光线、卫星运动姿态等各方面的干扰因素，而对空摄影要在烈日当空的太空环境中，在地面日光反射强烈的条件下，把暗背景的星象拍摄下来，还要考虑消除强杂光的问题，在当时的技术条件下要达到良好的拍摄效果，难度很大。光机所的提议等于增加了一个新的攻关项目，加大了原定的研究难度，研究计划中要改变

---

[1] 杨照德：中国返回式遥感卫星研制的艰辛历程。《太空探索》，2015 年第 10 期，第 48-51 页。

的地方太多了。王大珩斩钉截铁：对空相机始终还是要上的！经过讨论，最终还是决定同时研制地物和星空两种相机。1967 年 9 月 11 日，国防科委主持召开了返回式卫星总体方案讨论会，并由八机部第八设计院完善了返回式卫星的设计方案，提出了"两步走"建议：第一步是重点解决相机技术、三轴姿态控制技术和卫星返回技术，这包含了卫星相机的研制；第二步是解决卫星对地观测的效果和应用技术，研制实用型卫星。为了研制卫星遥感相机，长春光机所布置了一个专门的研究小组进行空间相机的设计预研，任务的题目就叫作大画幅相机，薛鸣球、王传基、王金堂、杨秉新都参与了前期的预研工作[1]，他们在这段时间的工作中建立了好的研制基础。

为了完成卫星遥感相机的设计任务，1967 年 11 月，王大珩带领长春光机所十多名技术人员来到北京，并从北京工业学院（现在的北京理工大学）、公安部 811 厂等单位抽调部分专业人才，组成了有三十多人的"6711工程"组，由此诞生了我国第一支航天光学遥感器研制队伍，我国航天光学遥感器研制迈出了第一步。薛鸣球就是这支队伍中的一员。1967 年 11月——这也是"6711 工程"代号的来由。当时在北京成立的"6711 工程"组，也就是今日北京空间机电研究所前身，1971 年划归七机部五院。

王大珩回忆当时在北京组织工作时候的情况：

> 我奉命在北京筹建一个新机构——第十五研究院，由于"文化大革命"动乱，研制工作不宜在长春继续进行，于是我就在北京专门组织一班人马，从事空间相机的研制工作。我们借用北京工业学院四系的教学楼作工作用房，当时在"文化大革命"期间，室内没有暖气要自己生煤炉取暖，我们把光机所有关人员和北京工业学院四系搞过航空相机的教师组织起来开展工作。[2]

王大珩从长春带来北京的人有王传基、王金堂、薛鸣球、杨秉新等技

---

[1] 韩昌元：学习薛鸣球院士努力发展我国应用光学与光学设计事业。2017 年 11 月 18 日。资料存于采集工程数据库。

[2] 王大珩：光学老又新，前程端似锦。见：《回顾与展望——新中国的国防科技工业》。北京：国防工业出版社，1989 年，第 470-473 页。

术骨干。他们的工作点是在北京工业学院教学楼，在这里借了一个大教室作为临时办公室。

曾参与过"6711"工作，已是博士生导师的光学专家张国瑞研究员回忆工程组成立当天的情况："我们11月1日全部到北京工业学院报到了……王大珩讲完话后，宣布这个工作组成立了，大家在这儿要搞返回式卫星！"[①]张国瑞曾在1965年受原单位派遣去长春光机所学习变焦镜头的制造，在那里待了三个月，当时便与薛鸣球熟识了，那时候有问题他就找薛鸣球问。能再次和薛鸣球一起工作，张国瑞也很高兴。张国瑞记得他还对薛鸣球提要求，说："老薛，你没事给我们讲讲课吧！"于是每天下午两点钟，在离下班还有两个多小时的时间里，薛鸣球便给大家上起了小课，从周一到周六从不间断。薛鸣球主要是讲光学设计的知识，薛鸣球讲话带着浓重的江苏腔，他边说话边在小黑板上写写画画的样子给张国瑞留下了深刻的印象。

薛鸣球在北京待了七八个月，白天他在北京工学院的临时办公室里工作，晚上去图书馆看书，等到熄灯时分便回到友谊宾馆住宿。当时办公的条件很简陋，航天遥感器专家、2011年当选为国际宇航科学院工程科学学部院士的杨秉新回忆当时大家艰苦奋斗的场景："办公室没有暖气，室内厕所不能使用，就从七层楼步行到离办公楼约五百米处的临时厕所方便。"[②]

在北京工业学院参与"6711"工作的人员，最初在方案设计阶段，真正参与工作的人不多，有两个人做光学总体，三个人从事电方面的工作，还有三个人负责大相机的研制，薛鸣球是小组的科研骨干，他在总体组里，主要做光学设计的方案。到工作进行到一定阶段，任务难度增加后，五机部218厂派人来了，205所也派人来了，沈阳自动化所来人了，武汉测地所也有人来，工程组人数最多的时候多达四五十人。

---

① 张国瑞访谈，2019年6月19日，北京。资料存于采集工程数据库。

② 杨秉新、庞冰：国家空间光学遥感器事业的开创（1967—1986年）。见：北京空间机电研究所编著：《精确感知空间光学遥感器技术的发展与成就》。北京：北京理工大学出版社，2018年，第6页。

　　薛鸣球从 1967 年冬天一直待到了第二年的夏天，这期间，他没能够回长春探望妻女，并且因为项目保密的缘故，他与家人甚至都没有通过一封信。妻子李品新只知道他被抽调到北京参加项目工作，并不知道他具体在哪儿工作，又在干着些什么事；两个女儿年幼，正需要父亲的关怀和照顾；而那时候长春光机所"文化大革命"的形势已经严峻，李品新因为有亲人在台湾，"成分"不好，随时有可能受到牵连。薛鸣球一闲下来心里就挂念着妻子，想念可爱的女儿们。就在这两地的思念牵挂中，薛鸣球克服着内心的煎熬，想方设法让自己完全沉浸于工作中。

　　薛鸣球参与卫星相机研制，他要考虑的问题是，高空摄影系统由于温度、气压变化引起的离焦，远距离摄影系统的色差，轴外像点的质量；透过率等都是需要科研人员在设计时仔细考虑的问题①。薛鸣球在设计相机的镜头结构时，他所想的始终是要实现相机优质的成像质量，不仅要把相机做成，还要做好，令相机在空中摄影清楚，长焦距摄影既要考虑镜头的焦距问题，还要考虑环境对相机材料的影响，导致对摄影质量的干扰。他思索再三，把研究的焦点放在了高级色差的校正问题上。当时有一件事，在 1967 年 9 月前后，我军在华东某地击落了一架美国 U-2 型飞机，这架飞机上拥有高空长焦距的相机，科研人员对缴获的飞机相机进行了一些研究，这也是后来从事卫星摄影系统的一些参考。经过数月的反复计算，薛鸣球成功设计出一套高质量的光学系统，在这项工作中，他创造性地提出长焦距半复消色差设计，解决了高级色差校正、中心遮拦、杂光防止、工艺实现等难题。

　　在北京工作期间，薛鸣球难忘的是他受到过贺龙元帅接见的往事，这件事令他激动，更令他终身怀念。那是在他刚到北京后的不久。早在 1959 年 11 月 10 日，中央军委常委建议成立国防工业委员会得到中央批准，在庐山会议"反右倾"后，贺龙元帅出任了国防工业委员会主任，后来由他直接主管"6711"等国防尖端项目的工作。薛鸣球等人刚到北京安顿好，

---

　　① 沈字 619 部队（当时的长春光机所）：国外光学设计发展概况。见：第一机械工业部情报所编：《光学设计文集》。1973 年，第 284 页。

突然接到通知，说贺龙元帅将要接见工程组成员①。时隔40多年后，在2013年，已逾八旬的薛鸣球想起当时情景仍然心潮澎湃："二十世纪六十年代困难时期组织上把我调到北京，贺龙元帅还亲自接见我们，请我们吃饭。我到现在还记得佩着腰刀的元帅风度。元帅还说，我们工作做得好，他下次再请！"②

到1968年7、8月间，卫星相机的主要光学设计部分已经基本完成。根据已经设计出来的光学系统图纸，一部分参与卫星相机研制的科研骨干进驻工厂，开始卫星相机的试制和生产工作。张国瑞便是随着图纸进驻工厂的人员之一。他还记得生产中的一件事，卫星相机使用窗口玻璃很大，过去大型的玻璃都是交由长春光机所来加工检验的，但当时不可能把玻璃送到长春光机所检验，便交由218厂来开展工作。实际操作中，工人从没有加工过大口径的窗口玻璃，便询问张国瑞应该用什么样板来检验。张国瑞一时间也回答不上来，便说要回去询问薛鸣球。薛鸣球一听张国瑞的询问便明白问题的所在，立刻就给出了合适的解决方案，这件事令张国瑞对薛鸣球的水平十分佩服。③

1968年下半年以后，随着长春光机所"文化大革命"形势的变化，一部分由长春光机所派来参与"6711"研制的科研人员被下令回长春，薛鸣球、王传基回去了长春。杨秉新、王金堂等人留在了北京，后来在五院工作。1971年后，因为体制调整，"6711工程"组划入七机部五院，研制任务继续进行，经修改设计的十台正式产品后来成功地用于卫星上，实现了空间探测、胶片回收计划。

卫星研制是一项复杂的综合性工程，除相机之外，还有卫星发射、姿态、材料、燃料、动力等多方面的研究工作，需要多部门、多人员的协作。经过数年紧张的筹备和研制，尽管中间遭遇了许多困难和挫折，但在科研人员的齐心协力之下，最终完成了任务。1974年6月，返回式遥感卫

① 刘秉荣：贺龙与国防工业。《神剑》，2001年4期，第6页。
② 魏佳莉、阮骥立：与中国光学发展同行——薛鸣球院士访谈录。见：刘玉玲主编：《追光的人》。杭州：浙江大学出版社，2013年，第5页。
③ 张国瑞访谈，2019年6月19日。资料存于采集工程数据库。

星的第一颗发射星终于完成了总装、测试，很快被运往发射场。但遗憾的是，第一次发射任务因为运载火箭控制系统的导线故障而未能成功。但经过科研人员认真检查，不断调试，1975 年 11 月 26 日 11 时 30 分，我国成功发射了了第一颗返回式侦察卫星。这颗卫星携带一台可见光地物相机和一台星空相机冉冉升上了天空，卫星重达 1800 千克，运行轨道距离地球最近点为 173 千米，最远点高度为 193 千米，周期为 91 分钟，轨道倾斜度为 59.5 度。这颗返回式卫星，既是中国第一种返回式航天器，也是中国返回式遥感卫星系列中的第一颗试验型返回式卫星。卫星在环绕地球运行了三天以后，于 11 月 29 日 11 时 6 分返回大地，回收成功。我国成为世界上第三个能够回收卫星的国家。卫星上搭载的相机也是我国首台胶片型航天相机。在返回地球的卫星相机中，人们欣喜地看到了照相机在太空中拍摄的图像。有资料记载：

> 我们获得了 2000m、65kg 胶片的珍贵影像资料，回收胶片冲洗结果，照片清晰可判。这是中国人从太空拍摄的第一批地球影像，成功地实现了相机"上得去""照得下""回得来"三步走。……毛泽东主席看到拍摄回来的照片，非常高兴并圈阅。[1]

而当时在指挥室坐镇的张爱萍将军得知卫星回收成功的消息后，心情激越，当即赋诗一首："'长征'万里遣'尖兵'，巡行太空战鬼神。力争朝夕越艰险，获锦归来举世惊。"[2]

我国第一颗可回收遥感卫星发射的巨大的成功令全体航天人都倍感喜悦，回首往事，王大珩深情感慨："不仅为以后几十次上天开了个好头，而且锻炼了一支经过磨难和基本训练的队伍，为我国对地观测科研领域的技

---

[1] 杨秉新、庞冰：国家空间光学遥感器事业的开创（1967—1986 年）。见：北京空间机电研究所编著：《精确感知空间光学遥感器技术的发展与成就》。北京：北京理工大学出版社，2018 年，第 9 页。

[2] 杨照德：中国返回式遥感卫星研制的艰辛历程。《太空探索》，2015 年第 10 期，第 48-51 页。

术发展奠定了坚实的基础。"①

1987 年 3 月 27 日，中国科学院长春光学精密机械研究所发出一道公函，其中明确提及薛鸣球曾担任过"6711 工程"一号相机光学系统设计负责人，获得 1985 年度国家级科技进步特等奖。②

"两弹一星"是中华人民共和国科学技术事业发展的标志性成就。"两弹一星"工程之成功，体现了中国科学家在中国共产党的领导下，以实际行动坚持和践行了符合中国国情的科学精神，他们用热血谱写了中国的科学创新之路。四十多年后，薛鸣球在与浙江大学年轻的校友会谈的时候，提起自己曾经参与国防任务的经历，他动情地回忆起当时的情况和研制的过程，说："我们当时根据国家的需要进行研究。比方说美国的 U2 飞机、RB517 侦察机、导弹被我们打下来了，我们就跑去看，那里面的结构怎么样，有没有新的照相机成像系统，有没有新的技术可以参考。当时长春光机所在光学领域是国内最前沿的，国家只要有科研项目都会交给长春光机所，所以我有很多的机会接触到国家最新的项目，像红外导弹头的项目就为国家导弹的研制奠定了根基。我们中国第一个上天的长征一号上面的照相机就是我们根据 U2 飞机上面的侦察相机仿制出来的。当然我们仿制的时候，第一次做出来的那个相机效果也不行，后来一点一点地修正优化。最后还算比较幸运吧，我这辈子都没有离开光电专业，这个是我感到骄傲的地方，当然还是要感谢国家的培养。"③

---

① 王大珩：光学老又新，前程端似锦。见：《回顾与展望——新中国的国防科技工业》。北京：国防工业出版社，1989 年，第 470–473 页。
② 长春光机所公函：(87) 所科管字第 15 号。内部资料。
③ 魏佳莉、阮骥立：与中国光学发展同行——薛鸣球院士访谈录。见：刘玉玲主编：《追光的人》。杭州：浙江大学出版社，2013 年，第 3 页。

第五章
经历挫折，拥抱春天

时至今日，长春光机所的老职工们想起那不堪回首的时代，仍然心有余悸。在特殊的岁月里，研究所遭到了可怖的摧残。当时已经是研究室副主任、科研骨干的薛鸣球也不例外，他遭遇到身心上的双重打击。但他从没有放弃青年时代在心中许下的诺言：为祖国的光学事业奉献终身！尽管经历了挫折，但他相信春天已经不远了。他服从国家和单位的安排，像一颗螺丝钉，哪里有需要，就去哪儿！在困难岁月中，他坚持工作，取得了一系列真真切切的成果，电视、电影会战均取得了圆满胜利，他参与研制的变焦距镜头成功应用到了实际工作中，还总结经验和理论，参与编著了相关的科技图书。随着1978年全国科学大会的召开，长春光机所焕发了新的活力，他也以饱满的热情，张开双臂，热烈迎接科学的春天！

风 雨 如 晦

和那时候中国科技界的许多知识分子一样，薛鸣球在"文化大革命"期间也有一些难言的痛苦往事。

1966 年 5 月，全国开始了"文化大革命"运动，提出了彻底揭露、批判所谓"反动学术权威"的口号，事实证明，这场史无前例的运动给党、国家和人民带来了不可估量的损失。在中国科学院院内，集中全国优秀科学家组成的中国科学院学部被彻底"砸烂"，学部委员几乎无一幸免地被诬为"反动学术权威"，受到批判斗争。曾担任过中国科学院党组书记及副院长的李昌对中国科学院的"文化大革命"进行了总结，他指出中国科学院一开始就是重灾区，到二十世纪七十年代为止，中国科学院大量干部、科技人员被审查、迫害[1]，这是中国近现代史上发生的一次沉痛的灾难。"文化大革命"期间中国科学院遭遇到了很大的挫折。在"文化大革命"初期，中科院的大批研究所或转入国防科技系统，或被下放到省市，甚至有的研究所被撤销，到 1970 年国家科委并入中科院以后，中科院一度仅保留了十个直属研究所，其体制发生了巨大变化。[2]长春光机所在"文化大革命"期间的归属也发生过变化：1968 年年初划归国防科委第十研究院代管，1970 年 5 月底回归科学院，并下放到吉林省，实行院省双重领导。

对于长春光机所来说，"文化大革命"十年中，大量科技人员因为特殊的环境，几乎都被打成特务关进"牛棚"审查批判，本该从事的研究工作受到了严重的影响。就连研究所的创始人、老所长王大珩，也不得不"靠边站"。当时所里搞了个"718 学习班"，名为学习，实则煽动群众"揭发"王大珩等人。某些人的倒行逆施，令王大珩的日常工作、对外出访都遭到了阻碍，他甚至一度被调离长春。这些事对研究所的发展，对科研工作的开展，都造成了很大的伤害。光机所的遭遇，正是当时科技界的典型事件。

1966 年上半年，所里还相对平静，大家都紧张忙碌着国防科研项目。这一年的 1 月 28 日，在党委领导下，研究所确定了新的所务委员会名单，

---

① 李昌：我与耀邦共事。见：中国科学院京区党委：《难忘的 120 天——忆胡耀邦同志在中国科学院的日子》。2013 年，第 152 页。

② 王扬宗：中国科学技术事业的历史性转变——回望 1978 年全国科学大会。《中国科学院院刊》，2018 年第 33 卷第 4 期，第 351-361 页。

薛鸣球成为所务委员会成员，由此他能够参与到所里大事讨论和决策中来。这一年当选的所务委员成员共有二十七人，他们是王大珩、吴学蔺、贾力夫、张作梅、蔡仁堂、罗先河、刘允中、王裕钊、韩景轩、龙射斗、薛鸣球、陈星旦、梁浩明、许连山、龚再仲、刘承烈、孙林治、蔡安源、高佩武、刘正经、单藩圻、唐九华、干东英、杜继禄、李殿文、王守中、张景荣。① 从名单中看出，除王大珩、吴学蔺、张作梅这些老一辈的科研人员外，年青一代的研究人员，像薛鸣球、陈星旦、唐九华、梁浩明等人已经走上了研究所科研、组织管理的前列，所务委员会里研究人员和所行政领导大约各占 50%。可见，当时的研究所对科研人员十分看重的，尊重他们对研究所管理和科研的看法，研究人员在所里的大事决策上有一定的话语权。

实际上，自 1960 年薛鸣球担任光学设计部门的负责人开始，在学术之外，他已参与了科研组织管理工作。光学设计研究室的同事都很佩服他，认为他管理上也很有水平。薛鸣球擅长调兵遣将，一个大项目来了，他便将它拆成很多子课题，按照研究室各人的情况，部署每个人负责不同的工作。用冯秀恒的话来说："他心里有数。像赶车一样，哪个马能拉车，哪个马不能拉车，他心里都有数，力求做到一碗水端平。所里有能干的和不能干的，他给不能干的人分配一个适应他干的活，技术含量比较高的工作就让能干的人干。他会掂量人，用人的艺术不错。"② 这是薛鸣球管理的方法，做到知人善用。同时，多年从事光学设计的经验和才干又令他能准确找到科研攻关的重点和难点所在。数年的科研和管理并举，薛鸣球在实践中已经具备了一定的科研管理经验，这次入选所务委员会成员，正是研究所对他的学术、管理水平的肯定。

1966 年 6 月 2 日，光机所贴出了第一批大字报，在科研系统开展"大鸣、大放、大字报、大辩论"的"四大"活动，此后，平静便被打破了，科研秩序遭到干扰。1967 年 7 月，长春发生武斗事件，并很快就波及光机所，酿成闻名吉林省内的"七二九"武斗事件，致使研究所科研环境和秩

---

① 呈报所务委员会成员，（66）光办字第 5 号。存于中国科学院档案馆，案卷号 Z382-489-23。
② 冯秀恒访谈，2018 年 6 月 7 日，长春。资料存于采集工程数据库。

序遭到了严重破坏。

当时所里有很多国防军工项目已经进行到了关键阶段，如"150-1"工程的大型经纬仪样机已经完成设计和加工研制，经过了国防科委组织的专家鉴定，正在进行定型后的四台经纬仪的最后总装调试。在混乱的环境中，尽管所领导已经组织职工严防死守，但在某一天总装装校车间厂房的窗户玻璃却被人用石头砸坏了。面对混乱局面，所领导和科研骨干都非常着急，如不干涉，多年来的研究心血很容易就顷刻全无，我国的国防科学事业将受到严重威胁。为了保护总装任务的顺利进行，所领导向主抓国防尖端技术工作的聂荣臻元帅请求派驻部队保护，很快得到了批复。1967年7月，中国人民解放军驻长春部队奉中央军委命令进所实行军事保护，12月，长春光机所实行了军管。是当时全国唯一受到军队保护的科研单位。"文化大革命"时期，军管会按军队序列将研究系统编排为三个大队，分别对应光学、机械、光电工程，薛鸣球在第一大队下设的中队，主要对应的是光学设计部门。

军管初期，光机所的情况一度有所好转，但平静是短暂的，1968年开始，军管会主任单某某为了实现其个人的野心，为了让全国都知道他，借着全国"清理阶级队伍"的机会，把光机所变成一个抓阶级斗争的典型，从而使长春光机所陷入了灾难。当时军管会有人叫嚣：知识越多，权威越大，越反动！从而掀起了一片"抓特务"之声。研究所成了"重灾区"，凡是到国外去过的或者过去跟国民党有点关系的人都莫名变成"特务"了，光机所里几乎所有的研究室主任、学术带头人，还有许多科研骨干、科级干部都被隔离起来。所里还成立了若干个专案组[①]，在光机所路东、路西两边的科研大楼设置了"牛棚"[②]，十人一间、五人一排，"特务"们就在这里受审。当时光机所里审"特务"还有个形式是"坐小桌"，就是在一间屋子里的几个角落上放几张小桌子，让被隔离的人坐在那里，彼此不许交流，就在那里写材料。那时候，所里有很多人都不幸坐过小桌。

在这样的情况下，许多人都"遭了殃"，有人被批判成"特务"，许

---

① 潘君骅日记（1967—1972年）。未刊稿。
② 陈星旦访谈，2019年5月22日，长春。

多干部、科技人员举家下乡插队落户，科研骨干被停止了工作，或是去农场接受"劳动锻炼"，或是被发放到车间接受再教育。军管会利用清查军工队伍的名义，短时间内在光机所竟然捏造了二百多人的"特务集团案"，上纲上线，影响全国。职工们心中十分困惑：这样一来，光机所不是成了特务培训所了吗？在糟糕的形势下，许多人心中都感到荒谬，对科研事业失去了信心。王大珩回忆：

> 那是长春光机所历史上最阴暗的一段日子，几乎每天都有人被突然送去隔离审查，不断地有新的特务被供出来，越来越多的人受到了牵连。①

军管会某些人不仅迫害知识分子，干扰科研秩序，而且因为他们的无知和别有用心，居然把"大跃进"期间研制出来的、代表长春光机所成就的"八大件、一个汤"污蔑为"废铜烂铁""白菜帮子汤"，对这些在科技界内举世瞩目的成果实施了全盘否定。他们不懂科研，把所里的研究室和工厂车间完全打乱，编成"中队""大队"，导致工程工作无人能干、长期停滞。甚至在产品的试制和生产上，他们也要插上一脚，胡乱指挥。例如，在生产160B型经纬仪时，当权者无视科学规律，不搞试制便强令投产，导致生产周期拉长，产品质量变差，返修量大，造成了很大的损失。王大珩对研究所遭到这样的破坏深感痛心，他回忆那时候的混乱：

> 合理的规章制度被取消，严重地影响了科研生产的质量。……原来的不少实验室，如精密机械材料、热处理、精密轴承、精密计量等，都被撤销了。整个一座实验楼的试验设备基本上都被扫地出门。如精密材料尺寸稳定性的实验，积累了二十余年的数据，非常可贵，

---

① 王大珩：我的半个世纪。见：梁东元编：《倾听大师们的声音》。武汉：湖北人民出版社，2007年，第104页。

现在已是一无所存。①

在这种环境下，薛鸣球和李品新夫妇也不例外，他们双双被打成了"特务""特嫌"，受到了很大牵连。潘君骅还记得薛鸣球被打成"特务"之前，所里贴出了一张大字报，里面对科研人员的攻击和诋毁的内容，令他十分震惊，他形容自己是完全不相信的：

> 1967年12月5日宣布军代表某人到光机所，12月7日正式接管。一天早晨，我们正在二食堂吃饭，在宿舍区旁边二食堂里面贴满了大字报，大字报上攻击的三个人给我留下很深的印象。一个是薛鸣球，一个是张礼堂，那时候是书记，还有一个陈星旦，陈先生就在我隔壁楼上，这些人我们平常都很熟，我觉得根本不可能的，心里想根本不可能的。②

薛鸣球、李品新夫妻被打成"特务"的原因大致有三条：一是他作为研究室主任和光学领域学术带头人，属于"反动学术权威"；二是薛鸣球的家庭成分有一些复杂性，尽管他的父亲是乡村医生，亲生母亲很早去世，但他的继母张小美曾因涉及一起案件被判过刑；三是李品新的家人在台湾生活，并且有过书信往来。③ 因为这些事，先是李品新在大会小会上遭到批判，被迫写下了许多检查，紧接着薛鸣球从北京"6711"工程组回到长春后就被关押起来，在"牛棚"里隔离审查，他的工作完全被停顿。这期间，薛鸣球除承受巨大的心理压力之外，还受到了身体上的折磨，甚至落下了残疾，他的右手手指再也无法伸直写字。虽然受到不公正待遇，但薛鸣球一直对党、对人民充满信心，他相信自己总有一天会沉冤昭雪。他的感受就是："我那时心里有个谱，组织上尽早会弄清楚，因此我一不自

---

① 《院工作会议简报》第18期：一场触目惊心的灾害——长春光机所王大珩同志在二十五日大会上的发言（摘要）。中国科学院文书档案，案卷号1977-2-33。

② 潘君骅日记（1967—1972）。未刊稿。

③ 沈为民访谈，2018年6月25日，苏州。资料存于采集工程数据库。

杀，二不害人。"① 薛鸣球被隔离审查长达九个月（直到 1969 年 4 月），这期间，尽管精神上和身体上一直不好受，但他在默默地给自己鼓劲，他形容那时候给自己精神上最大的支撑力是年幼的女儿们，每次挨完了批斗回家，女儿们都关切地望着他，看到孩子们稚嫩的脸庞，他便觉得一天的不愉快经历都完全消散了。

20 世纪 70 年代后期，薛鸣球还有一段特殊的经历，那就是他曾在吉林省第七期"五七干校"里劳动了五个月，时间是 1976 年 9 月 6 日到 1977 年 2 月 1 日。②

1968 年，黑龙江柳河干校被命名为"五七干校"，此后大批的干部被"下放"到干校劳动。长春地处东北，与著名的黑龙江柳河五七农场相距不远。1969 年 3 月，光机所党委讨论了干部插队问题，要求五七干校建设与三线建设结合，并派了几路人马到东三省各处选址。首先派人到黑龙江省依兰县、宁安县和吉林省大安县、双辽县、敦化等六个县调研建校地点。经过几个月的调查分析研究比较，最后决定在黑龙江省汤源县鹤立河区建立五七劳动学校，对外代号称"中国人民解放军总字 825 部队五七劳动学校"③。从 11 月起，吉林省（包括光机所）的干部便开始分批下乡，前往五七干校劳动。后来，光机所又在天津和吉林省内科右旗、靖宇县、磐石县、敦化县、榆树县陆续建立了多个插队落户地点。

薛鸣球到汤源县时，这场运动已经进入尾声。五七干校虽然已经衰落、冷清，但尚未撤销。大多数单位仍派干部轮流去劳动、学习。薛鸣球被分配到三大队二区队的二班，和他一起下乡的，有光机所的革委会的领导，担任过光机所党委书记的蔡仁堂。关于当时在"五七干校"的情况，蔡仁堂也有回忆：

> 所党委派我们去五七干校学习，所党委常委、局党组、委党组都

① 张耀明：薛鸣球。见：《中国科学技术专家传略》（理学卷三）。北京：中国科学技术出版社，2006 年，第 262 页。

② 结业鉴定表，薛鸣球人事档案。存于苏州大学档案馆。

③ 革委会会议记录（讨论"五七"干校定点事宜）。存于中国科学院档案馆，案卷号 Z382-526。

同我们谈了话，对我们很关心，我们很受鼓舞。参加了第七期五百人，三个大队，我们是三大队，分了三个小队，前线队，严淑珍是后勤队，做饭、做菜，喂猪，付中林也是后勤队，薛鸣球是在二班，我在五班。这个时期很不平凡，集中悼念毛主席逝世的活动，参加了伐树、种地的；后继参加了收割、做饭，喂猪的工作。接着就开始秋收。以后又备料，盖房子，挖地沟，林场搞了十多天，盖房子搞了二个多月。①

蔡仁堂描述了他们这一批人在五七干校的生活，除必要的政治学习之外，人们主要是劳动，包括砍树、种地、喂猪、盖房子、挖地沟，等等。在这里劳动的近半年时间里，原本的科研人员基本上接触不到业务。之前的那场政治风暴令薛鸣球心有余悸，他抱着在劳动中改造自己的想法，在干校里同大家一起学习和干农活，苦活累活他总是抢着干，即使是病了还坚持劳动。②

研制变焦距镜头

1970年，长春光机所科研人员参加了电影镜头设计会战和电视会战任务。薛鸣球参加了部分工作，他在广角和长焦镜头设计研究方面做了一系列的探索。

这两项任务带有一定的政治色彩。时任中宣部电影处处长的江青，对电影格外关注，她看了很多国产电影和国外电影，比较关注电影画面的色彩、灯光、演技，她对国产电影的摄影技巧、采光技巧不满意，给当时的国防科委写了封信要求改进摄影相关技术，从而经国防科委研究下达了电影会战和电视会战的紧急任务。③ 任务下达后，科研人员协同会战，所取

---

① 党委扩大会议记录（汇报基本路线教育工作情况及"五七"干校情况），存于中国科学院档案馆，案卷号Z382-660。

② 结业鉴定表，薛鸣球人事档案。存于苏州大学档案馆。

③ 黑白电视6X变焦距镜头，存于长春光机所档案室，案卷号Z382-KY-033。

得的成果，在实际意义上促进了电影电视行业，以及色度学、变焦距镜头等的发展。

其中，关于电视会战，不能不提到的一个重要人物，便是我国知识分子的楷模、光机所的重要科技人物——蒋筑英。

蒋筑英，1938年8月13日出生于贵州省贵阳市一个旧职员家庭。七岁时随父母回到祖籍浙江省杭州市。1956年，蒋筑英以优异的成绩考入北京大学物理系，1962年考入长春光机所，是王大珩的研究生，攻读应用光学专业，他的副导师正是薛鸣球。王大珩认为，因薛鸣球在光学传递函数领域有深入的研究，提出过多种光学系统的传递函数评价标准，蒋筑英攻读这个方向的研究生，由薛鸣球来指导他十分合适。蒋筑英是光学设计研究室的科研骨干，他与薛鸣球既有师生之谊，也有朋友之情，关系很好，薛鸣球欣赏蒋筑英的才干和克己奉公的精神。蒋筑英在长春光机所工作期间，先后担任过课题负责人、室秘书、室副主任、室代理主任，除研究室的学术研究工作外，他还为中国光学学会会员、吉林省光学学会理事，为科学研究和学术交流活动做出了很多实际工作。蒋筑英在光学设计、光学加工和光学检验上有很高的成就，1965年他研制出了我国自行设计制造的第一台光学传递函数测量装置，质量达到国外同类装置的一流水平，长春光机所根据他的工作建成了一个现代化的实验室，并发展成了国内光学镜头检验的基地。

蒋筑英把时间和精力都投入到了科研工作上，但事实上他家里的负担很重，既有年迈的母亲要奉养，还有幼小的孩子要哺育，一家人挤在一间十余平米的小房子里居住。尽管家庭条件困难，但他一不要职称，二不要荣誉，三不要所里的补助和分房。就连出国学习，他也是自带咸菜，省下的钱用来给所里购买资料和器材。他多次向所里表示，请组织上不要考虑他的困难，把好的待遇留给其他更需要帮助的人。蒋筑英的行为赢得了所里职工们由衷的尊敬，他被作为研究所的骨干来培养，被赋予了希望和重任。但不幸的是，1982年6月13日，他带病赶去成都工作，由于过度劳累病情恶化，经抢救无效，于6月15日下午逝世，年仅四十三岁。

薛鸣球与蒋筑英关系很好，他们一家都十分怀念蒋筑英，薛鸣球女儿薛凡回忆，1981 年薛鸣球调任西安光学所工作无法照顾家庭，蒋筑英便常常去薛家帮忙；蒋筑英去成都出差时去世，他在出发的前一天还不忘到薛家，帮助他们疏通下水道，[①] 但这也是薛凡最后一次见到蒋筑英。蒋筑英的突然去世震惊了全国知识界，人们钦佩这名真正实现了为科学事业奋斗了终身的科技英豪，钦佩他从不考虑个人待遇、一心扑在工作上的奉献精神。方毅对他的一生给予了很高的评价，聂荣臻题词称他为"知识分子的优秀代表"。通过蒋筑英，人们开始关注知识分子的地位和待遇问题。时任中共中央政治局委员的胡乔木在《人民日报》1982 年 11 月 29 日发表文章，痛心蒋筑英等科学家因为劳累倒在了工作岗位上："我们为什么不能更早地注意到他们的病情，在来得及的时候挽救他们的生命呢？我们为什么不能更多地采取一些严格的'强制措施'，让他们得到稍为好一些的工作和生活的条件，得到比较接近于必要的休息呢？"社会上也举行了很多纪念蒋筑英的活动。各大报纸、刊物对蒋筑英的事迹做了报道，号召人们学习他不计名利、甘于奉献的科学精神。1992 年，导演宋江波还执导了一部电影《蒋筑英》，反映了蒋筑英的思想和先进事迹。

在彩色电视会战中，有两大难题：一是彩色电视的颜色，二是对摄影镜头的设计。关于彩色电视的颜色，二十世纪七十年代之前，我国的彩色电视复原技术不成熟，电视里经常呈现出猪肝色的人脸和长满绿毛的红色衣服，这就要借助色度学的原理来解决颜色复原问题。这个问题由王大珩带领蒋筑英、冯秀恒等人来研究，重点是光度、色度、变光距等问题，同时王大珩还找来了南开大学的母国光等人来一起工作。

在这个过程中，课题组聚焦的是要让彩色电视屏幕上显现出绚丽而真实的彩色图像来，在研究所组织的颜色问题学习组的讨论里，蒋筑英提出来用校色矩阵来解决色复原质量问题的方案，并编写了"彩色电视摄像机校色矩阵最优化程序"。后来北京电视台用这个程序进行了现场试验，当绚丽多彩、清晰逼真的画面在电视屏幕上复现出来时，在场的人都震惊了。电影镜头会战中同样会遇到颜色的问题，于是蒋筑英把自己知道的知

<hr />

① 薛凡访谈，2018 年 1 月 4 日，苏州。资料存于采集工程数据库。

识传授给了电影镜头会战的同事们。他为电影镜头设计组的主讲了"光学检测及光学传递函数"的短期课程,他的讲授令全组人员收获很大,"这些实用性、前瞻性的新知识开阔了设计组每一个成员的思路,调动了每一位成员的学习积极性,为他们以后在其他领域的工作做了充分的技术铺垫。"[1]

关于电视摄像镜头的研究,长春光机所当时成立了 6X 黑白电视变焦距镜头会战组,课题负责人为杨广泽,成员有薛鸣球、沈洪君、高清峰、周爱光。但当时薛鸣球刚走出"牛棚",还属于限制使用人员,因为研究工作的急需,研究所决定让他来做镜头的设计工作。薛鸣球很珍惜这个机会,他全力以赴参加研制。冯秀恒回忆彩色电视会战期间,薛鸣球同时还在北京做电影镜头设计,尽管他要抓的事项很多,但也不忘记指导他们:

> 薛老师有时候去北京也管电视这一摊,电视设计中,比如设计了一个屏幕,但到底用不用,还是薛老师拍板。开始大家都不懂什么叫变焦距,后来他亲自示范怎么解决变焦距问题,要怎么做。他在上面示范,我们在下面做。我们开始按照他的思路来解各种方程,这些个方程都是我们自己建立。变焦距镜头的开创者是薛老师。变焦距镜头,在光学所里,乃至在全国都是影响很大的。[2]

1971 年 10 月 1 日,薛鸣球指导研制的黑白电视 6X 变焦距镜头在北京天安门前金水桥使用,效果良好[3]。1978 年,这项成果获得吉林省重大科技成果奖。1987 年 4 月 7 日,长春光机所科技人员杨广泽在整理该项课题档案的归档说明时候特别标注:"此项成果是集体的努力,薛鸣球同志因当时的历史情况,作为一名主要技术支柱。"

另一个在特殊时期,有薛鸣球参加的项目电影会战,是由军委国防工

---

[1] 童康源:忆电影摄影物镜统一设计会战.《影视技术》,2005 年第 11 期,第 25—29 页。

[2] 冯秀恒访谈,2018 年 6 月 7 日,长春。资料存于采集工程数据库。

[3] 黑白电视 6X 变焦距镜头。存于长春光机所档案室,案卷号 Z382-KY-33。

办牵头开展的。1970 年春节刚过，从全国各地赶来的专家会聚在位于北京城东南角幸福大街永胜巷 2 号的北京电影二厂，他们将要参加电影会战，这也是我国民族电影工业史上的一次准军事化的集体行动。电影摄影物镜统一设计会战任务，开始于 1970 年 2 月，参加单位有长春光机所、西安光机所、中国科学院计算技术研究所、清华大学精密仪器系、北京工业学院、上海机械学院、北京大学数学系、第一机械工业部、第五机械工业部和北京电影二厂，包括光学设计、加工和检测，以及数学、机械、光学材料等各专业的人员。

任务被拆解成短焦（广角）、中焦（标准）、长焦（远摄）三个设计小组，当时国内的变焦镜头刚起步，除长春光机所的人员外，大部分人都不明白什么是变焦镜头，变焦的原理何在？因此薛鸣球到设计组后，不仅要主持 35mm 电影用 10mm × 25mm 及其他 34mm 电影用变焦镜头的设计工作，他还要负责帮助设计组成员的学习，给他们讲授电影变焦镜头的设计方法。薛鸣球便手把手地教，告诉他们原理，并教给他们光学设计的基本方法。设计组普遍认为薛鸣球的教授对实际工作有很强的指导意义。

> 由于设计任务多，涉及的知识面广，课程的内容及深度均超过当时研究生的研究范围，加上通过丰富的实践积累了经验，使我们这些新手回到原单位后，很快成为相关领域的学科骨干。[①]

国家光学机械质量监督检验中心主任、后来担任过载人航天相机项目副主任设计师韩昌元曾也参加了当时的一部分工作，回忆过去的事，他认为实际工作对他的职业生涯有很大的帮助：

> 1970 年，国家根据电影工业生产的需要，成立了电影镜头设计组，薛鸣球主任担任技术负责人。我们室很多人参加，我也参加了这

---

① 童康源：忆电影摄影物镜统一设计会战.《影视技术》，2005 年第 11 期，第 25-29 页。

个设计工作。这次设计工作的特点是：从像差理论求解初始解，初级和高级像差的平衡及像质评价，加工公差的制定，试制镜头的测试及实拍检验等全过程，是在《光学设计理论基础》的指导下进行的。所以，对我来说，参加这次设计工作不是单纯的完成设计任务，更是参加了一次非常难得的光学设计培训班。[1]

这部署名为电影镜头设计组，1971 年由中国工业出版社出版的《电影摄影物镜光学设计》一书，正是电影摄影物镜光学设计会战的实践总结。提及这部书的诞生，实际上是在电影会战临近结束的时候，工作组决定做一次总结，从而推广工作，并因此开设了一个光学设计讲习班。来听课的成员不仅有北京的光学设计工作者，还有来自天津、东北、华东各地的人员，人数多达五六十人。张国瑞也来听了讲课，他还保留了当时的讲义。那时候一周里有两三个下午授课，薛鸣球主讲的是光学系统整体设计和变焦镜头设计。另有长春光机所从事照相机物镜设计的李家英主讲用"鼓形透镜"设计东风相机及广角摄影物镜的经验，还有北京工业学院的袁旭沧主讲如何精密校正镜头像差，上海机械学院的胡士骏主讲长焦镜头消除二级光谱的方法，等等。讲课的笔记最后汇总起来，经过薛鸣球整理主编后，结集出版为《电影摄影物镜光学设计》。这部书中着重介绍光学设计中的初始结构选型，具体设计方法和像差分析，以及质量评价等问题，可以说是毫无保留地介绍了应用光学设计理论基础，指出了具体完成电影摄影物镜光学设计的详细步骤，其内容广泛涉及成像质量评价和像差平衡方案，反远距物镜设计，中焦距物镜设计，长焦距物镜设计和变焦距物镜设计等。该专著叙述浅显易懂，对参加实际光学设计工作有高的参考价值。有材料评价："这本书也成为'文化大革命'期间中国工业界出版的第一本科技书，意义非同小可。"[2] 直至今日，该书仍然被认为是光学设计的必读参考书。

---

[1] 韩昌元：学习薛鸣球院士努力发展我国应用光学与光学设计事业。2017 年 11 月 18 日。资料存于采集工程数据库。

[2] 童康源，《忆电影摄影物镜统一设计会战》，《影视技术》，2005 年第 11 期，25—29 页。

摘录《薛鸣球同志在电影会战中的情况》鉴定书如下：

> 薛鸣球同志在将近两年的电影镜头设计会战中，一直担任副组长职务，分工主管业务工作。能够严格要求自己，自觉地学习马列主义、毛泽东思想，认真贯彻执行毛主席的革命路线，强调世界观的改造，见之行动较有成效。在工作中积极负责，动脑筋，抓重点，照顾一般，作风民主，走群众路线，以身作则积极参与组内的各种实践，因此与全组同志一起较好地完成了上级交给的任务。同时注意总结实践经验，从思想上重视培养新同志，以各种方式积极向同志们介绍自己所知。此外，生活作风简朴正派，能主动和同志们打成一片。总之，在会战过程中起到了一个共产党员的模范作用。希望该同志今后进一步，沿着毛主席的革命路线更为大胆地为人民做出有益的贡献。

电视会战和电影会战均出色完成，但薛鸣球并未停止对变焦镜头的探索。二十世纪七十年代，在前期工作的基础上，薛鸣球参与并指导科研人员完成了变焦距物镜的设计方法课题。[①] 变焦距镜头是一种焦距可连续变化而像面位置保持稳定的镜头，他领导研究小组开展了电影摄影与电视摄像物镜的设计研究，系统地研究了机械补偿法变焦距物镜的高斯光学，像差平衡以及色差的校正匹配问题，对双组连动型变焦距物镜何时有解问题作了新的物理解释，对变焦距物镜进行了多种类型与参数的设计，形成了我国变焦距光学系统的新的一套设计方法。该方法基于初级像差理论，以各焦距位置的初级像差相等或较小为设计原则，求得结构的半径与玻璃组合，对于高级像差，则采用判断光线形式的方法，选择合理的玻璃组合或使得高级像差大的半径相互匹配。该方法提出了设计的具体步骤，其要点是焦距分配、像差校正、质量判断、公差制定等，清晰明了。薛鸣球组织长春光机所光学设计与光学检验研究室完成了微缩镜头、广播电视变焦距镜头、制版物镜等光学设计，并编制了计算机自动设计程序。1978 年

---

① 项目负责人是薛鸣球，参与人员有林大键、翁志成、冯秀恒、尤英奇、沈鸿钧等。

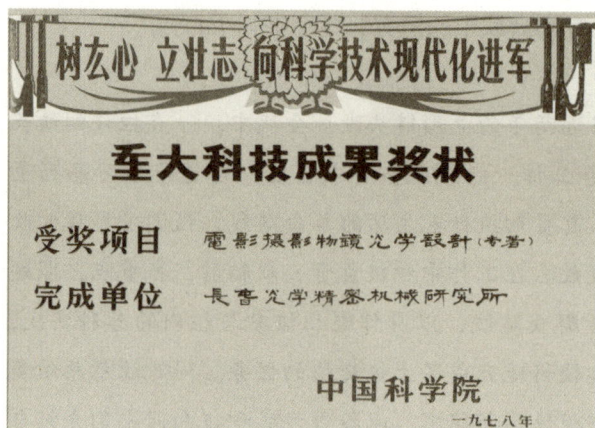

图 5-1 《电影摄影物镜光学设计》专著获奖

该项成果获全国科技大会奖、中科院重大科技成果奖、吉林省重大科技成果奖。

1976 年，在薛鸣球的组织下，长春光机所的光学设计和光学检验部门以"常群"为笔名，总结出版了《光学设计文集》（科学出版社，1976 年 3 月），这部文集共收录了六篇光学设计方面的文章，三篇介绍了微缩镜头、变焦距镜头和制版物镜设计的一些问题和方法，另三篇文章介绍了用电子计算机自动校正像差方面的问题、以光学传递函数作为控制光学系统质量的自动校正像差方法和对国外的光学系统自动设计的介绍和评述。这项成果反映了国内尚没有广泛使用先进的光学设计软件 CODEV 和 ZEMAX 年代的光学设计水平。同时，该书也是我们国家唯一的一本变焦距领域的专著。[1] 正是因为这段从业经历，薛鸣球在业界打响了名头，并有了"变焦王"的美誉。

科 学 之 春

"文化大革命"中科学和教育是"重灾区"，长春光机所和其科研人员也遭遇到沉重的打击，研究所损失惨重，光机所里正义的群众纷纷向上级反映情况，终于引起了科学院的重视。1977 年 6 月 25 日，王大珩在中国科学院的工作会议上，以《一场触目惊心的灾害》为题，对某些人的胡作非

---

[1] 耀眼的星光——访应用光学专家薛鸣球院士。见：赵致真：《科学家，您好》。北京：中国文联出版社，1998 年 3 月，第 173 页。

为做了一番控诉，他提到，尽管"四人帮"已被粉碎，但某些人仍居台上，阻碍光机所的行动，他诚恳请求上级派工作组进驻研究所，帮忙解决问题。

1977年8月，王大珩在北京参加了科教座谈会。他向小平同志汇报了研究所的情况，包括"文化大革命"十年来研究所遭遇的摧残，以及所里残留的错误思想造成的危害。邓小平听后当即表示，一定要解决问题。这次科教座谈会具有历史性意义，邓小平对"文化大革命"之前十七年的科学和教育工作的成绩作了客观估价，并对调动知识分子积极性、科研和教育的体制、教育制度和教育质量、后勤工作及学风等问题做了重要指示。这次会议也为全国科学大会的召开做了积极的准备。

1978年3月18日，党中央国务院召开全国科学大会，王大珩作为来自全国科学界的六千名代表之一参加了这场空前的盛会。回顾这次全国科学大会的召开，史学家、科学界，无一例外用"科学的春天"来形容。

邓小平在这次拨乱反正、气势恢宏的科学大会上发表了一场载于史册的重要讲话，揭开了中国科学发展新时代的序幕，他给全国的知识分子打了定心针，告诉大家："'四人帮'肆意摧残科学事业、迫害知识分子的那

图5-2　薛鸣球（前排左四）参加光学设计讲学（1977年10月）

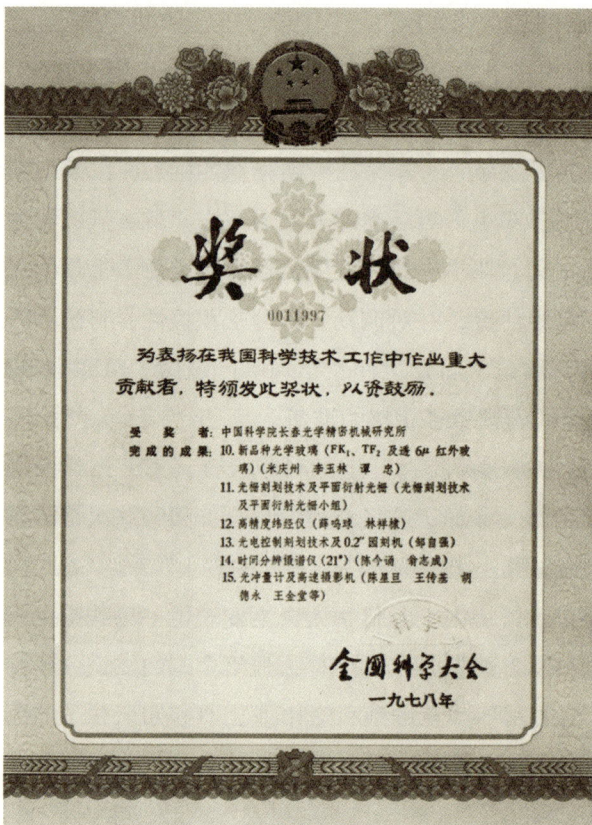

图 5-3　光机所在 1978 年全国科学大会所获奖状

种情景，一去不复返了。科学技术工作受到了全党和全国人民前所未有的重视和关怀。……一个向科学技术现代化进军的热潮正在全国迅猛兴起。在我们面前展现了光明灿烂的前景。"他的话令在场所有的科学工作者兴奋、幸福，掌声如雷在会场热烈响起。小平同志继而又说："在二十世纪内，全面实现农业、工业、国防和科学技术现代化，把我们的国家建设成为社会主义现代化强国，是我国人民肩负的伟大历史使命。""四个现代化，关键是科学技术现代化，没有现代科学技术，就不可能建设现代农业、现代工业、现代国防。没有科学技术的高速度发展，也就不可能有国民经济的高速度发展。"在讲话中，邓小平重申了"科学技术是生产力"这个著名论断，为我国面向经济建设的科技体制改革奠定了思想理论基础。邓小平在会上明确指出："知识分子是工人阶级的一部分。"①

王大珩一字不漏聆听了邓小平的讲话，这番讲话令全国的科技英豪们树立了信心，王大珩感到这次大会"给我们从事科学技术的工作者指明了

————————

① 邓小平，《邓小平文选》（第二卷）。北京：人民出版社，1983 年，第 85—99 页。

努力的方向，确实感到科学的春天到来了"。①

在这次会议上，来自全国的科技界代表争相发言，王大珩斗志高昂，他在会议上代表长春光机所的职工们在科学大会上介绍了研究所里的情况，他再次强调了全所职工将为实现四个现代化而努力奋斗的坚定决心！

> 长春光机所正在发生着深刻的变化，广大科技人员欢庆获得了第二次解放，精神振奋，斗志昂扬，科研生产逐步上升。最近，我们已经拟订了一个远景发展规划。我们设想要在八年内，把光机所建成一个包括四个分所和一个相对独立的实验工厂的光学和光学工程的研究基地。在本世纪末，光机所将要发展成为具有世界第一流水平的光学研究中心。我们决心响应华主席和党中央的伟大号召，为把我国建设成为伟大的社会主义现代化强国而奋斗。我们决心乘这次全国科学大会的东风，奋勇前进，为我国实现四个现代化作出新的贡献。②

全国科学大会上，还通过了《1978—1985 年全国科学技术发展规划纲要（草案）》，这实际上是我国第三个发展科学技术的长远规划。在此之后，在党中央的全面部署下，在全国发展科学和教育空前高涨的积极性中，科学界里焕发着一片浓郁的建设社会主义的热情和勃勃生机。在这片高昂的欢歌中，在经历一系列的拨乱反正后，王大珩和长春光机所的科技人员，以雀跃的心情、崭新的面貌，迎着朝阳，热烈欢迎着科学春天的到来！

在这次会议结束前，国家对全国先进个人和先进集体进行表彰，奖励了一批优秀的科技成果。全国共有 826 个先进集体、1192 名先进科技工作者和 7657 项优秀科技成果的完成单位和个人受到表彰。长春光机所有多项成果获奖，这些成果中，如高精度经纬仪、折反射望远系统、

---

① 王大珩：美好的回忆和感受。见：宣明主编：《王大珩》。北京：科学出版社，2005 年，第 19 页。

② 长春光机所在全国科学大会上的发言稿及相关贺信等。中国科学院档案馆，案卷号 Z382-688。

"6711"的光学系统、变焦镜头等，薛鸣球都是重要的参与者。

全国科学大会带来的影响是巨大的，对中国科学院的影响更是深远。从会议筹备到会议结束，中国科学院党组做出了一系列重要举措，这些举措对各个研究所影响巨大，奠定了中国科学院体制改革的基础。1977年7月，中科院党组决定院属各单位实行党委领导下的所长负责制，令科学家走上领导岗位来管理研究所。这一年，院工作会议还决定在院、所两级建立学术委员会，并向各单位转发了《学术委员会试行条例》。1978年3月，中央任命周培源、童第周、严济慈、华罗庚和钱三强等著名科学家为中科院的副院长[①]，不久后中科院恢复了学部，选举了新的学部委员，在1981年建立了以优秀科学家为领导核心的新体制，这一年，化学家卢嘉锡出任院长，这也是中科院领导体制的历史性转变。[②]就在这样的形势下，长春光机所清除了"文化大革命"带来的坏影响，科学家走上岗位，参与到研究所的所务和学术工作中来。

1978年12月，在中国科学院的领导下，长春光机所成立了临时学术委员会，这是自"文化大革命"以后，所里恢复正常秩序以来，抓学术、发展科学的重大举措。薛鸣球当选为学术委员会的委员，这是在新的时期里，他参与到所务工作和研究所学术工作的一件大事。这一届学术委员会任期从1978年12月到1982年8月。摘录临时学术委员会名单如下：

主任：王大珩

副主任：吴学蔺、张作梅、唐九华、龙射斗

常委：王大珩、蔡仁堂、张作梅、吴学蔺、唐九华、龙射斗、刘承烈、薛鸣球、赵周伦、蒋厚震

委员：王大珩、张作梅、吴学蔺、唐九华、龙射斗、蔡仁堂、刘承烈、薛鸣球、赵周伦、蒋厚震、王之江、袁幼心、蒋筑英、蒋潮

---

① 名单为李昌、周培源、童第周、胡克实、严济慈、华罗庚、钱三强。

② 王扬宗：中国科学技术事业的历史性转变——回望1978年全国科学大会，《中国科学院院刊》，2018年第33卷第4期，第351–361页。

江、梁锡炎、王守中 [1]

不仅如此，薛鸣球继 1966 年以后，于 1980 年再次当选为所务会议成员。同时，他继续担任光学设计及检验研究所的主任职务。作为研究所里中青年科学家，薛鸣球已在学术上和所务管理上展露了出色才干，他已进入到研究所的领导层面和决策核心，在研究所的发展方向和科研部署上实际发挥了作用。随着社会风气的巨大变化，研究所紧锣密鼓发展科学，作为一名科学家，他实实在在感到了被尊重、被信任、被使用，这也是自"文化大革命"以来，薛鸣球感到最舒心的一段时光。

在所务会和学术委员会的领导下，长春光机所一步步对其研究方向进行了调整，主要是破除"文化大革命"中不遵守科学规律带来的坏影响。1980 年，研究所进行了机构改革，按照光学材料、光学设计和检验、激光、计量、光电学、机械、光学镀膜、化学分析等学科部署，设置了十九个研究室和一个情报资料室。[2] 1981 年又根据实际工作开展的需要，组合激光光谱技术研究室、光谱技术研究室和光栅刻划研究室的资源，形成了光谱技术研究部。到 1982 年，对研究所进行进一步调整，增设太阳模拟器研究室和计算中心，全所按照研究方向划分为六个版块，共二十二个研究（技术）室，两个中心。[3] 在此基础上，1983 年以后，根据中国科学院体制改革要求，长春光机所把各研究室纳入"部"进行管理，全所陆续被分为应用光学部、光谱技术部、精密机械部、光学材料部、光电工程部、

---

① 《中国科学院长春光学精密机械与物理所所志》。长春：吉林人民出版社，2002 年，第 355 页。

② 十九个研究室分别是：光学材料、化学分析、电真空器件、光学设计及检验、光学信息处理、精密齿轮及传动、轴承及摩擦磨损润滑、激光光谱技术、光学镀膜、金属材料及加工工艺、光学晶体、光学仪器、光电工程、光度与遥感、光谱技术、精密刻划、光电编码技术、光栅刻划、机构学。此外还有情报资料室。

③ 技术光学：光学玻璃研究室、光学设计及检验研究室、光学镀膜研究室、光学晶体研究室。现代应用光学：光电器件研究室、光学信息处理及全息术研究室、光学遥感仪器与技术研究室、光学遥感地面实验与色度应用研究室。精密机械与机械学：精密机械传动研究室、精密机械润滑研究室、精密机械材料研究室、机构学研究室。光谱技术与光谱仪器：激光光谱技术研究室、光谱技术与仪器研究室、衍射光栅研究室。光电工程：光电跟踪测量研究室、精密刻划技术研究室、数字化测角技术研究室。技术系统：情报、图书资料研究室，化学技术研究室、太阳模拟器研究室和测试中心、计算中心、工程技术室等。

精密仪器部，并筹备成立国家重点实验室等。合理的机构布局充分调动起科研人员的积极性，长春光机所翻开了新的一页，科研生活一步步走上了正轨。

1982 年，长春光机所迎来建所三十周年庆典，薛鸣球代表研究所的光学设计部分，发表了"我所光学设计工作的发展"一文，对长春光机所光学设计工作做了阶段性总结。他说："回顾三十年来我所光学设计工作在老一辈科学家的关心与指导下取得了可喜的成就，也为国家培养了大量的人才。"薛鸣球在文章中指出，由于承担国家各方面的任务，长春光机所在光学设计领域取得了显著成绩。研究所做工作极为广泛，包括显微物镜、望远物镜、目镜、摄影系统、光谱仪系统、光刻系统、照明模拟系统、光学信息处理系统、投影系统等，从简单的到近代的光学系统，都曾有所涉及。研究所的光学设计部门已经牢牢掌握了前人的已有理论和设计方法，并且密切结合实际的光学仪器成像理论，进一步从理论上推陈出新，在一些复杂的近代化的光学系统上有所创见。在建所以来的科研实践基础上，光学设计部门不但有实际的设计成果，还总结科研工作的经验和理论，编著了《光学设计理论基础》《应用光学》《电影摄影物镜光学设计》，以及《光学设计文集》和《光学设计概论》等多部教科书和论文集。[①] 这篇文章，不仅是对研究所光学设计的总结，其中有很多项目也是薛鸣球曾参与过的。这也是他对自己在研究所连续工作的二十多年中，在光学设计方面取得成果的一次全面总结。

---

① 薛鸣球：我所光学设计工作的发展。《光学机械》，1982 年第 3 期，第 32 页。

第六章
继续西行，激情创业

1981 年，一纸调令，薛鸣球离开了奋斗了二十余年的长春光机所，前往西安赴任。从副所长到所长，再到科研工作者，无论是在哪个岗位上，他都干得特别有劲头。二十世纪八十年代，在中国科学院的体制改革中，他带领中国科学院西安光学精密机械研究所的全体职工克服困难，寻求一条适合的发展道路。在卸任所长职务以后，他全心全意投入研究，领导团队钻研项目，发挥特长，解决了一系列科研上的难题。由他主持的 CID 广角电视光学系统研制课题，不但解决了令加拿大同行困扰的问题，为我国相关行业的发展奠定了基础，还为国家争取了大量外汇。他既为国争了光，又为所争了荣!

西安光机所

薛鸣球从长春调到西安，是在 1981 年 4 月。他还记得那时长春乍暖还寒，一大早他刚到研究室，便接到所长办公室打来的电话，让他尽快去一趟，所长王大珩要见他。薛鸣球心里想着，所长这样着急地来找，一定是有重要的事情，放下电话，他便一路小跑着去了王大珩那里。

王大珩找薛鸣球，确实是有一件重要的事。他开门见山地对薛鸣球说，西安光机所所长、光学专家龚祖同要求调一位可靠的同志去西安协助工作，拟定的职位是副所长。他还给薛鸣球看了龚祖同先生写的一份报告，上面说希望将薛鸣球调到西安去工作。王大珩表示，组织上想调薛鸣球去西安，担任西安光机所的副所长，这也是经过一番考虑的。他和龚祖同都认为，薛鸣球业务能力强，是光学设计方面的骨干，从事过高速摄影方面的研究工作，在高速摄影领域具有一定的影响，去西安以后，通过指导工作、带学生，可以带动西安光机所相关学科的发展；而且组织上在调查后，认为他为人踏实可靠，资历深，群众基础也好，与西安许多同志也熟识，有利于工作快速上手和开展。而且当时的实际问题还包括龚祖同所长长期患病，身体不太好，需要一位了解情况的同志前去协助他，龚祖同信任薛鸣球，所以他提出了这个人选。为了解决薛鸣球的后顾之忧，王大珩进一步说，组织上已经考虑到薛鸣球一家都在长春，所以会尽快帮助他解决家属的工作调动和孩子上学的问题。他还笑着说，已知道薛家的孩子们还在长春上学，在没有办理转学之前，他和爱人顾又芬会帮忙照顾薛家的孩子们，他还说，以后孩子们放学后就上他家去吃饭。薛鸣球丝毫不怀疑王大珩的话，他相信王所长一定会解决他家的实际问题。后来王大珩也信守了承诺，薛鸣球去西安以后，他和妻子都很关照薛家的孩子们，在薛家的孩子们毕业后，他又派人前去西安，将孩子们的工作给落实好。

薛鸣球当时并没有马上答应王大珩，他还是要仔细考虑一番，毕竟自己年已五旬，已经是知天命之年了，在长春安家多年，去西安工作，且不说要面对新的人事关系和新的工作领域，他和家人在生活上能不能适应也是个大问题。这可真是艰难的决定！但他没考虑多久便决心前去西安。一来，他尊重王大珩和龚祖同两位老领导，这两位先生对他的情况都很了解，他相信他们对他调往新工作岗位的考虑一定是符合现实需要的；二来，西安光机所当时的情况他也清楚，作为以高速摄影起家的光学机构，这个单位与长春光机所有千丝万缕的联系；加上这个所地处西部要塞，资源丰富，也是一个较好的发展平台。于是薛鸣球决定接受挑战，去新的单

图 6-1　王大珩（右）与龚祖同（20 世纪 80 年代）

位开创一番新的事业。

　　初到西安，薛鸣球孑然一身，他只带了一个手提箱，装了几件衣服和日用品就来了。那时候他的孩子们还在上学，妻子李品新的工作还没有交接好，无法立刻随调去西安，照料他的生活。薛鸣球初来西安尚不适应，他暂时住在单身宿舍里，日常里他过着简朴的生活。曾任过西安光机所所长的赵葆常[1]研究员深情回忆往事，那时候薛鸣球日子过得很艰苦，"一把小青菜，一个鸡蛋，加挂面就是他一天的主食"。[2]在西安光机所期间，薛鸣球给德高望重的老所长龚祖同做副手。他很敬佩龚所长的学术水平，也感激龚所长对他的赏识，亲自把他从长春要来西安。他到西安以后，尽心尽力辅助龚所长处理所务。

　　龚祖同（1904—1986），1926 年考入清华大学，后去往德国柏林技术大学深造，1938 年回国工作。抗战期间，他研制出我国第一架野外望远

---

　　[1]　赵葆常（1939- ），浙江杭州人，1962 年毕业于浙江大学机械系光仪专业，曾担任过西安光机所业务副所长（1986-1995）、所长（1995-1999）。2003-2013 年担任嫦娥一号干涉成像光谱仪及 CCD 立体相机、嫦娥二号 CCD 立体相机主任设计师，获多项国家及省部级奖励。

　　[2]　赵葆常：记薛鸣球院士二三事。未刊稿，2018 年，西安光机所提供。

镜。他曾参加过我国第一个光学工厂——昆明光学仪器厂（昆明兵工署二十二厂）的组建，后又参加创建贵阳兵工署五十三分厂，担任了秦皇岛耀华玻璃厂的总工程师。新中国成立后，中国科学院筹建仪器馆，王大珩希望能找一个志同道合的帮手来实现发展中国光学的远大理想。他首先想到的是自己在清华的学长、秦皇岛耀华玻璃厂的龚祖同。龚祖同比王大珩年长十岁，新中国成立前二人曾经短时间共过事。王大珩敬佩龚祖同在光学事业上做出的诸多工作，希望借助龚祖同多年从事光学玻璃研究的实际经验，来领导仪器馆开展光学玻璃研究。王大珩邀来龚祖同，他二人在长春共创事业。1952 年，仪器馆建成了光学物理、机械、光学玻璃三个试验室。王大珩邀请龚祖同任光学玻璃试验室的室主任，当时共有研究人员十八人，主要从事光学玻璃的研制和化学分析方法的建立。[①] 仪器馆渐渐走上正轨，所取得的第一大成就便是熔炼出了中国第一炉光学玻璃。中国第一埚光学玻璃的诞生与龚祖同的名字紧紧相连。

早在仪器馆筹备期间，王大珩和龚祖同便关注过光学玻璃试制的事情，他们都希望能把中国的光学玻璃事业发展起来。龚祖同受王大珩之托，在 1951 年 2 月，曾前往上海考察当地仪器事业的发展。他特意去了中国科学院工学实验馆（中国科学院上海硅酸盐研究所），了解工学馆对光学玻璃试验的情况，为将来仪器馆开展工作做了一些先期准备。发展光学玻璃是龚祖同的志向之一，他形容自己："一生有两大愿望，一大愿望是做出光学玻璃，一大愿望是修改秦皇岛耀华玻璃厂的大炉（可提高生产率百分之四十）。"[②] 王大珩回忆龚祖同在仪器馆指导熔炼光学玻璃的过程：

　　我知道龚先生除具有应用光学专长以外，他还有搞光学玻璃的夙愿。我特地邀请他到仪器馆，使他有机会搞光学玻璃。我在国外已经搞了五年的光学玻璃了，因此我对研究光学玻璃的许多技术细节比较

① 武衡主编：《东北区科学技术发展史资料解放战争时期和建国初期二科研管理卷》。北京：中国学术出版社，1986 年，第 14 页。

② 中科院仪器馆关于龚祖同等知识分子改造工作具体材料。中国科学院档案馆，案卷号 Z382-94。

清楚，如对玻璃配方及玻璃熔炼后处理工艺，等等。但是我缺少熔炼玻璃设备的工程知识，如炉子的建设等。龚先生在这方面是下了功夫的，当时做光学玻璃能如此顺利，全靠他有这方面的知识，亲自设计了炉子以及光学玻璃熔炼的后处理设备等。[①]

龚祖同以铁北的大烟囱为基础，先是在 1952 年初指导修建了烧制玻璃所需的炉窑，建了一个配套的煤气厂，并设计出光学玻璃的后处理设备，还指导搭建起了光学玻璃的熔制车间，他的一系列指导性工作为熔炼我国第一炉光学玻璃奠定了基础。

1953 年，仪器馆光学玻璃熔制车间获得了三百升 K8 玻璃液，龚祖同激动不能自抑："1953 年的新年真是我的一个欢欣鼓舞的新年。一生的重担从此获得解脱，这是我毕生最幸福的日子。此生此世永志不忘。"[②] 在第一炉光学玻璃熔炼成功后，时隔近半个世纪，1981 年龚祖同回忆起当初试制光学玻璃的过程：

> 从 1951 年春提出试制车间的设计任务书后，奔走联系设计与施工，当年动工，当年完成。1952 年建筑炉窑，同年 7 月制造大坩埚，到 10 月中开炉，其中几次坩埚破裂而失败。我精神上受些打击，但责任在身，绝不能知难而退，日夜生活在炉旁，全心全意地将心神灌注到炉内的坩埚玻璃上去。直到 1952 年除夕，第一次获得了三百升一大埚 K8 光学玻璃。接着又成功了两埚。[③]

光学玻璃是一切光学仪器的基础，正是有了我国自己熔炼的光学玻璃，中国的光学事业从此能够兴旺发达起来。除了光学玻璃，龚祖同后来在夜视技术、电子光学、大型天文望远镜、纤维光学、梯度折射率光学等新方向的开拓上也做了很多创新工作。

---

① 中国光学事业的先驱者和创业者。中国科学院长春光学精密机械与物理研究所资料室。
② 龚祖同：誓为祖国添慧眼。《中国科技史杂志》，1981 年第 2 期，第 62-65 页。
③ 龚祖同：誓为祖国添慧眼。《中国科技史杂志》，1981 年第 2 期，第 62-65 页。

西安光机所，全称是中国科学院西安光学精密机械研究所。关于西安光机所的成立，以及其与长春光机所的关系，在《中国科学院长春光学精密机械与物理所所志》上是这样记载的：

> 第一次搭建是 1961 年，中国科学院党组和第二机械工业部联合决定以"大跃进"期间在西安建立起来的物理研究所为基础，由长春光机所分出科技骨干人员，组建光机所西安分所，并由龚祖同任所长。当时除龚祖同副所长赴西安外，随行的有喻薰以及从事高速摄影技术研究的陈俊人、袁祖扬、杨秀春、佟恒伟等人。①

西安光机所是以高速摄影起家的，这也是基于"两弹"任务中核爆试验的研究需要。

1950 年 5 月，中国科学院组建了近代物理研究所，主要任务在于建立核科学技术基础，为核能的应用和发展做准备。1955 年，中央做出了发展原子能的决定，我国核工业开始进入全面建设时期。1958 年 7 月，北京建成了核武器研究所，开展原子弹的研究和设计工作。1960 年春，随着硬件设备相继就位，原子弹研究工作正式展开继就位，原子弹研究工作正式展开。核爆试验是一项综合性的任务，涉及的研究和课题任务是多方面的，其中，进行远距离长焦距高速摄影是很重要的一个环节。早在高速摄影研究任务下达时，钱三强曾建议成立一个专门的机构，从事这方面的研究。他提道，"科研任务还需要很多仪器，特别是光学仪器，例如高速摄影，还要调中国科学院的一些人去"。②

关于西安光机所的成立经过，考察中国科学院的档案，这件事是在1961 年提出的。1961 年 9 月，中国科学院在对西北地区的自然科学机构调整便有建立光学机构的设想："以西安原子能研究所为基础，加上西安光学研究所和西安电子学研究所的有关部分力量，成立一个西北光学精密机械

---

① 《中国科学院长春光学精密机械与物理所所志》。长春：吉林人民出版社，2002 年，第 16 页。

② 中国科学院西安光学精密机械研究所。见：王扬宗、曹效业主编：《中国科学院院属单位简史》（第二卷下册）。北京：科学出版社，2010 年，第 883—904 页。

研究所，所址设在西安。"[①]1961 年 10 月 25—26 日，关于在西安设置光学精密机械研究机构的几个问题的座谈会在长春举行。会上讨论了该研究机构的体制与所名、编制与组织机构、方向和任务等内容。[②]1961 年 12 月 6 日，中国科学院党组向科委副主任韩光和科委党委发函，对自然科学研究机构调整方案做出补充说明，并报告了第三次修改后的机构调整方案。同年 12 月 16 日，国家科委复函，同意该调整方案。在"自然科学研究机构调整方案的补充说明"中提道："西安原子能研究所，原方案是下放西北大区分院。经与兰州、陕西分院联系，拟以西安原子能所为基础，加上西安光学研究所和西安电子学所的有关力量成立了一个西北光学精密机械研究所（设西安），作为我院光学精密机械研究所的分所，建制直属科学院。"[③]

根据曾任西安光机所所长的侯洵（中国科学院院士）回忆，西安光机所的成立过程是在二十世纪六十年代国家整体进入"调整、巩固、充实、提高"时期以后，基于国家科技发展与国防建设的需要：

> 1961 年 5 月中国科学院陕西分院向上级写报告建议在西安组建中国科学院光学精密机械研究所西安分所。同年 11 月 8 日，在北京起草了"关于成立光机所西安分所的设计计划任务书"。之后，中科院党组和二机部党组会同有关方面研究决定：在西北大后方建立第二个光学精密机械研究基地（注：位于长春的中科院光学精密机械研究所为第一基地）。1962 年 3 月 3 日，由中国科学院陕西分院党组书记、副院长崔哲宣布：以中国科学院西安原子能所、中科院陕西分院应用光学所、机械所和自动化所部分人员为基础，并从长春光机所选调五名助研和工程师，组建中国科学院光学精密机械研究所西安分所。1962 年 3 月 27 日中国科学院正式下文成立该所，任命中科院光

---

① 关于西北地区自然科学研究机构的调整意见（草案）（1961 年 9 月 26 日）。中国科学院文书档案，案卷号 1961-3-7。

② 根据中国科学院文书档案，案卷号 1961-3-5。

③ 根据中国科学院文书档案，案卷号 1961-3-33。

学精密机械研究所副所长龚祖同研究员为西安分所所长。龚所长随即率喻焘副研究员、郭乃竖助研、杨秀春工程师、楼绍江工程师等五人到任。中科院调任其新技术局副局长苏景一为西安分所副所长，同年5月到任。当年11月，分所成立临时党总支，苏景一任书记。一个为中国原子能事业服务的完整的光学精密机械研究基地就此建立起来了。①

西安光机所的老职工、亲历过西安光机所组建的光学专家李育林回忆②，大约是在1962年2月25日，他曾参加过一次讨论成立西安光机分所的会议，当时是在北京府右街的老科学院大楼开会，主持会议的是时任新技术局局长的谷羽，参加会议的有长春光机所的副所长龚祖同、应光所所长汪勇和机械所所长卓博文，另外还有三个秘书，邹宝骥、奚徐州和李育林，等等。他清楚地记得，当时会议上还提出来，长春光机所将对新成立的分所提供一些科研条件。

1962年3月27日，中国科学院决定以由原中国科学院西安原子能所、中国科学院陕西分院应用光学所、机械所大部分和自动化所部分人员合并，组建中国科学院光学精密机械研究所西安分所。1962年6月25日，中国科学院给西北分院的通知［（62）院计字第401号］指出：经1962年第一次院务常务会议审查通过，并经国家科委批准，在原西安原子能研究所的基础上，经调整后，作为光学精密机械研究所的分所，定名为"中国科学院光学精密机械研究所西安分所"，建制直属科学院。③1962年11月23日，经由中国科学院党组和二机部党组研究决定后发文，令长春光机所的龚祖同副所长兼任中国科学院光学精密机械研究所西安分所所长，他率领了原长春光机所的部分科研骨干来到西安参加工作。同年，委任原中科院新技术局副局长苏景一为研究所的副所长。

---

① 干福熹等：《中国近代和现代光学与光电子学发展史》。上海：上海科学技术出版社，2014年，第168页。

② 2018年10月16日，李育林访谈，西安。资料存于采集工程数据库。

③ 批准成立中国科学院光学精密机械研究所西安分所的通知［（62）院计字第401号］存于中国科学院档案馆，案卷号Z382-384-022。

关于早期西安光机所的人员，除龚祖同所长从长春带来的人之外，还有来自原应用光学所、机械所、西安原子能所、物理所和半导体室的人员。新组成的研究所以应用光学所为主，人员有六七十人，整合之后新所达到二百多人。接着在1963年从西安市的钟表仪器厂又调来一批干部和工人，有一百多人，所里的规模就壮大了，有三百多人。[①]

除上述人员之外，根据曾任西安光机所所长的光学专家赵葆常回忆[②]，西安光机所成立之初，原合并所里的许多人都是物理专业或者机械专业出身，并不是搞光学的，为了发展光学，所里从大学里要了一批人来。赵葆常大学毕业以后，于1962年7月15日来西安报到，和他同一批来的有九个大学生，其中有三个和他一样，是浙江大学的校友，也就是从1962年开始，西安光机所开始大批引进光学专业的人才。

西安光机所早期的研究方向，主要是为了研制发展核武器所急需的光学观测和耐辐射光学观测设备等，研究所承担了高速摄影机、耐辐射特种光学玻璃以及光导纤维等和观测设备的研制任务，重点发展高速摄影、光电子学、纤维化学和变折射光学。光机所西安分所逐渐调整、确立主要研究方向，包括以原子能工业、原子能科学研究所需要的光学仪器设备任务是开展高速摄影机的研究试制和摄影光学的研究；抗辐射和防辐照纤维观测设备的研究试制；纤维光学器件及其应用研究。并以高速摄影为研究试制的重点。研究所初建时，成立了四个研究室和一个试制工厂。这四个研究室分别为精密机械及工艺研究室、技术光学研究室、电控制研究室和核物理光学研究室[③]。

高速摄影是西安光机所成立初期到二十世纪九十年代的重要发展方向，也是上级部门给研究所定下的任务。关于高速摄影的发展，早在二十世纪初，关于高速摄影，国际上采用的是用高速摄影"冻结"运动图像的办法来研究物体的运动状态，但在一段时间内，其发展受到技术水平的限

---

① 2018年10月16日，李育林访谈，西安。资料存于采集工程数据库。

② 2018年10月15日，赵葆常访谈，西安。资料存于采集工程数据库。

③ 中国科学院西安光学精密机械研究所。见：王扬宗、曹效业主编：《中国科学院院属单位简史》(第二卷下册)。北京：科学出版社，2010年，第886页。

制，取得的摄影速度有限。在第二次世界大战以来，出于对尖端武器研究的需要，这一学科发展很快，被广泛应用于军事和许多工业和科学技术领域。关于高速摄影机的研制，这也是个多单位合作的课题。

西安分所为核爆试验研制的是克尔盒高速摄影机，是每秒二十万次转镜等待型高速摄影机，该机器是利用高速旋转的反射镜达到高画幅频率，底片固定不动，常用于每秒几十万幅至近千万幅的范围。为了完成这个任务，研究所党委书记苏景行下了军令状："砸锅卖铁也要完成任务。"[1]1963年10月6—13日，国防科委二局主持在西安召开"每秒二十万次等待型高速摄影机"设计方案论证会并商定协作事项，来自中国科学院、国防科委二十一研究所、五机部二四八厂、第三研究所及光机所西安分所等单位共二十七人参加了会议，这次会议上，明确了分工，组织了以龚祖同为组长的七人总工程师小组，加强技术领导。1963年11月20日，中国科学院党组向长春光机所西安分所下达研制每秒二十万次半周等待型高速摄影机、单片光电快门高速摄影机和克尔盒等任务。西安分所抽调了全所60%以上的研究力量投入该项目的研制中，从此开始了研究所"边筹建、边科研、边培干"的艰苦创业历程。

经过八个月的努力，研究所1964年6月研制成功的每秒二十万次等待型高速摄影机、单片光电快门高速摄影机，在1964年7月16日通过了国家级鉴定，鉴定材料对这套装置做了高度的评价："这套装置是根据国家重要任务的迫切需要，在短短八个月内，仅参考了外国文献，全然缺少技术资料的情况下研制成功的，在国内是首创产品……无论在设计和工艺上，都表现了革命化和科学化相结合的精神，争取了时间，满足了使用要求。"[2]

1964年10月16日，西安分所研制成功的高速摄影装备与长春光机所改装的每秒三千次高速摄影机，在第一次原子弹爆炸试验现场拍摄到了核爆炸的重要图像。关于那次载入史册的核爆试验，"有关各所的参试项目皆

---

① 干福熹等：《中国近代和现代光学与光电子学发展史》。上海：上海科学技术出版社，2014年，第170页。

② 中国科学院西安光学精密机械研究所。见：王扬宗、曹效业主编：《中国科学院院属单位简史》(第二卷下册)。北京：科学出版社，2010年，第888页。

获得成功。长春光机所、西安光机所两所改装、研制的 3 种高速摄影机分别拍摄了原子弹爆炸早期的火球在不同时刻的照片。其他所成功地进行了光热辐射测量和各种力学参数测量，并用测量数据估算了这颗原子弹的爆炸当量。现场的专家断定：原子弹爆炸成功"。①

1965 年 12 月，经中科院（65）院新综字第 1203 号文批准，研究所更名为"中国科学院西安光学机械研究所"。1970 年 11 月，再次更名为"中国科学院西安光学精密机械研究所"。至此，"中国科学院西安光学精密机械研究所"所名沿用至今。关于西安光机所的发展方向，从 1972 年 10 月王大珩给周恩来总理写的一封信中提到希望国家能加强国防光学力量可以看出。信中，他曾对光学系统的几个所的任务方向做了一番规划：

（a）长春光机所（1018 所）作为这个系统的综合研究所。

（b）大邑光机所（三线）逐步建成为从事光学跟踪仪器的专业所。

（c）西安光机所按照过去传统以面对二机部及 21 基地所需光学装备为主攻方向。

（d）安徽光机所从事大能量气体激光的研究及大功率固体激光的热冲击试验。从事大气光学等基础科研以及上述激光试验有关的工程技术项目。

（e）上海光机所按现在开展的激光科研项目，继续作为所的方向，可与上海市同共领导。

……②

其中，按照王大珩提到，西安光机所主要是继续发展高速摄影的传统，以及提供国防光学所需装备为主。西安光机所以高速摄影起家，1964 年完成核爆所需的高速摄影机研制任务后，1967 年，该所研制成功每秒二百五十万幅高速摄影机。二十世纪七八十年代研究所继续大力发展高速

---

① 樊洪业主编：《中国科学院编年史》。上海：上海科技教育出版社，1999 年，第 155 页。

② 王大珩给周总理关于国防尖端光学技术方面的若干问题的信（1972 年 10 月）。中国科学院长春光学精密机械与物理研究所资料室。

摄影事业，取得了一系列的成果。例如，关于常规靶场试验记录及通用型的光学测量设备，西安光机所 1975 年研制出 LBS-2000 型 35 毫米、1978 年研制出 LBS-70 系列 70 毫米、1980 年研制的 LBS-16 系列 16 毫米棱镜补偿式高速摄影机批量生产，被应用于导弹及常规武器试验靶场、矿层爆炸、风洞试验、纺织工业、体育运动等行业，取得了好的效果。关于用于火箭、卫星发射回收的高速摄影机，包括 1971 年研制成功的我国第一台拍摄频率高于 200 幅 / 秒的间歇式高速摄影机 GS240/35；1984 年 6 月，西安光机所研制成功 BGW-1 型变像管瞬时高温测量仪；等等。为了扩大影响，1988 年，西安光机所还承办了第十八届国际高速摄影与光子学会议，薛鸣球是组织委员会的成员，他还参与主持了会议，这也是西安光机所二十世纪八十年代发展高速摄影的一个高峰时代。

除了为国防科学和民用领域研制一系列的高速摄影设备，西安光机所成立初期，在其他的学科发展中也取得了大量成果，例如 1962 年 12 月，西安光机所研制出我国第一根玻璃光学纤维，开创了我国纤维光学的研究历史；1964 年 4 月，西安光机所研制成功的热室潜望镜设备是我国第一台原子能反应堆用潜望镜；1964 年 10 月，西安光机所研制成功中国第一炉耐辐照光学玻璃，为我国核试验的光学测试设备、核工业中的光学观测仪器的研制发展作出了贡献。

如今，西安光机所是中国科学院在西北地区最大的研究所。研究所主要研究领域包括基础光学、空间光学、光电工程，主要研究方向包括瞬态光学与光子学理论与技术、空间光学遥感技术、干涉光谱成像理论与技术、光电信息技术。截至 2015 年 5 月，西安光机所共有在职人员八百七十四人，其中科技人员六百九十二人；中国科学院院士一人，国际欧亚科学院院士一人；研究员及正高级工程师八十五人、副研究员及高级工程师二百人，科技人员中博士学位一百七十人，硕士学位三百八十二人。研究所有一个国家重点实验室、两个中科院重点实验室，另有若干研究单元，以及检测中心、系统工程部等完整的技术支撑体系。

从所长到科研工作者

　　薛鸣球到西安以后的工作，1981 年 12 月，他担任西安光机所学位评定委员会副主席。1983 年 4 月，他分管西安光机所学术委员会的工作。1984 年，西安光机所老所长龚祖同身体情况不佳，卸去了所长的重任，只担任西安光机所的名誉所长。1984 年 1 月，薛鸣球被任命为西安光机所的代所长，当年 5 月，他被任命为西安光机所所长，他一直干到 1986 年 5 月卸任。这期间，也是西安光机所发展过程中比较困难的时刻。

　　二十世纪八十年代也是我国改革开放初期，中国科学院在这一时期，也强调科学技术促进经济建设发展，从而探索改革的途径。伴随着中科院的一系列体制改革的步伐，薛鸣球带领全所职工响应国家关于科学研究面向国民经济主战场的号召，积极开展工作。

图 6-2　西安光机所学术委员会增补新委员留念（1982 年。前排左二薛鸣球，左四王大珩，
　　　　　　　　　　　　　　　　　　　　　　　　　　　　　　　　　　左五龚祖同）

1984 年开始，中国科学院实施改革，将研究所分为三类：从事基础研究类、从事社会公益事业类和从事高新技术研究与应用开发类。研究所性质划分和事业经费的划拨紧密挂钩。西安光机所被划为 20% 从事基础研究，80% 从事技术开发工作。也就是从这一时期开始，所里变得困难了，因为院里的拨款少了，所里需要自筹 80% 部分的经费来解决职工们的科研工作和生活需求，所里的领导们必须调动一切可调动的资源，积极从外面争取项目来解决所里的科研和日常生活问题。从"大锅饭"、由国家下达任务到迫使自己去找任务、找生计，这在人们的思想上是个很大的跨越，当时很多人的思想上一下子转不过弯来。但现实环境如此，研究所必须尽快转变办所思路。最大的问题就是拨款少了，研究所的经费一下子紧张起来了，那时候真是恨不得一分钱掰成两半来花。但困难和挑战也意味着机遇和发展。

1985 年 5 月中国科学院批准西安光机所实行所长负责制，薛鸣球感到自己身上的担子更重了。作为所长，他需解决全所上下大大小小的科研、管理问题，他几乎没有多少时间关注工作以外的事，他把对生活的要求降到了最低，他几乎把所有的精力都放在所务管理上了。但幸运的是，这一时期，得益于研究所多年从事军工研究的积累，已经建立了门类齐全的研究部门，培养了许多科研人才，有较好的科研思路，研究所的工作能够有条不紊地进行。西安光机所此时也把目光看得更远，除了为国家的国防光学服务，也开始开发民用产品，这期间，西安光机所研制出电热膜、半导体玻璃粉、光纤测温仪等各类民用仪器设备，有的技术转让给国内同行，有的实行小批量生产，取得了很大的效果。

在二十世纪九十年代担任过西安光机所所长的赵葆常回忆[①]，当年所里情况艰难的时候，薛鸣球带着全所职工想办法解决经费问题。那时候所里运营所需的经费，科学院拨款一部分，还需要研究所自己解决一部分。这样就需要研究所里的科研团队到外面去找项目，例如和市场上的公司或者其他单位合作完成科研项目，从而累积一部分资金。赵葆常记得困难的时

---

① 赵葆常：《记薛鸣球院士二三事》。未刊稿，2018 年，西安光机所提供。

候发生过一件事，是由薛鸣球带队，前往南京江南光学仪器厂考察，和厂方研究讨论提高国产显微镜性能问题。江南光学仪器厂生产的显微镜，虽然技术指标都到位了，但与德国蔡司产品相比，视场发黄，图像不清晰，厂方对此一筹莫展，专门请来了西安光机所的专家，共商问题。薛鸣球听取了厂方的介绍后，观察了显微镜产品的结构，很快便指出了原因所在。原来，国产显微镜使用的

图 6-3　薛鸣球参加西安光机所第四届党员大会
（1985 年 7 月 1 日）

是和滤光片一样是呈现出黄颜色的重铅玻璃，视场便会发黄；而且显微镜的透光率不够高，反射率太大，所使用的消光涂料性能不佳，造成极大散射光使图像不清晰。薛鸣球的意见令在场人员深感钦佩，厂方随即与西安光机所签订了协议，由西安光机所负责设计新一代显微镜，由江南光学仪器厂负责研制，从而为研究所拉来了一大笔经费，解决了所里"缺钱"的燃眉之急。

1986 年 5 月，薛鸣球因身体不好等原因卸任了所长职务，在他之后，接替他担任所长的是侯洵（1986—1995），而后是赵葆常（1995—1999），

图 6-4　接待来西安光机所的日本理化学所中岛俊典博士
（1988 年 5 月左一薛鸣球）

他和后继的几位所领导时有互动，为研究所未来发展付出心血。赵葆常回忆，后任所长侯洵很尊重薛鸣球，请他担任研究所学术委员会、学位委员会主任，还有第 18 届国际高速摄影与光子学大会组织委员会主任。[①] 赵葆常在担任所领导期间，凡是所里要出台重大政策，他都会到薛鸣球办公室征求意见；薛鸣球也常把自己的管理经验传授给他，告诉他在重大问题上不要犹豫不决，要敢于承担责任。在 1997 年赵葆常担任所长的中期考核中，薛鸣球还做了一个发言，说西安光机所这几年发展不错，几个光机所在中科院的排名中都很靠前。赵葆常与薛鸣球同为浙大毕业生，且都从事光学设计，有很多共同语言，他常回忆自己在走上领导岗位之前和之后，都受到过薛鸣球的帮助。1985 年赵葆常在日本名古屋大学留学期间改学干涉光谱，付出了很大努力，因为这一专业当时在国际上还没有多少人做。薛鸣球访问日本，特意前去看望他，还与赵葆常的指导老师吉原邦夫教授见面。吉原邦夫对薛鸣球说，赵葆常是名古屋大学最努力的学者，做出了很多出色的工作，薛鸣球听了之后非常高兴，回所以后在全所大会上表扬了赵葆常。赵葆常回国后，薛鸣球也大力支持赵葆常在研究所内开拓干涉光谱技术的研究。在他的支持下，"干涉成像光谱技术"发展成为西安光机所的一个特色学科。薛鸣球还推荐了多名优秀的学生攻读这一领域的博士研究生。

　　在卸任所长职务以后，薛鸣球松了口气，这下他可以回到心爱的科研岗位上来了，不再耗费精力在行政事务上了，可以一心一意做研究了。也

---

　　①　赵葆常提供材料，2019 年 10 月 30 日。

正是在 1986 年，国家开展"863"计划，其中提出重点发展我国的航天、信息等多领域的高技术，薛鸣球感到在国家大力支持科研工作的大政策、大环境下，西安光机所的科研方向大有可为。这一时期，通过参与课题，也带动了西安光机所年青一代的科研能力。西安光机所的老职工、光学专家李英才回忆，薛鸣球对西安光机所的光学设计提高做了很多工作，他说："西安光机所光学设计以前水平不够，薛老师来了之后，带动起来了。他在西安做了梯度测试光学系统设计，当时有一篇文章发表在 1985 年的《光学学报》，叫'轴向梯度折射率光学元件的设计'，所里面还有好多同志参加了。后来我们一直做到微透镜，所做的工作都是从这里来的。这一部分我们西安光机所在国内走在比较前面的，后来做应用的单位不少了，包括在《物理学报》上发表的'光学元件衍射理论分析'，像这个领域也是薛老师来了以后推动的。从他来了以后，我们西安光机所光学设计水平有很大提高。"[1]

二十世纪八十年代末，薛鸣球科研硕果累累，统计这一阶段他的部分获奖科技成果如下：

1986 年薛鸣球与赵葆常等人研制成功九十倍投影物镜，提供总参测绘局使用，并于 1987 年获中科院科技进步奖三等奖。

1987—1989 年薛鸣球与赵葆常等人完成了国家自然科学基金项目"研究光谱线结构的新方法——多光束干涉光谱技术研究"，1991 年获陕西省科技进步奖二等奖，论文发在 1988 年《物理学报》上。

1987—1989 年，薛鸣球与刘德森等人完成了国家基金项目"MGE—1 微型自聚焦内窥镜"研制，由国家安全局验收，第四军医大学使用，该项目 1990 年获中国科学院科技进步奖三等奖，并申请专利，专利号：90222783.1。

1988—1990 年，薛鸣球与刘德森等人完成了国家高技术计划和自然科学基金资助项目"自聚焦复合透镜面列阵理论及器件研究"，并

---

① 李英才访谈，2018 年 10 月 16 日，西安。资料存于采集工程数据库。

于一九九一年获中国科学院科技进步三等奖；先后发表十六篇论文。

1987—1990 年，薛鸣球与李育林研究员等人完成了国家高技术项目"光电混合式视觉信息获取和处理技术"，提供给南开大学、天津大学和北京物理所等单位应用，并于一九九一年获国家科委高技术司和自动化领域集体奖一等奖；中科院七五科研重大课题先进集体一等奖。

1989 年，在西安光机所的部署下，薛鸣球主持指导完成了"西光所军工科研选编"，对全所科技成果、专利管理要求纳入国家科委组稿的"科技成果大全"中，西安光机所共有二百六十项成果进入十二个分册中，上报科学院，获国家科委两次二等奖。

解决国际难题

1988 年，薛鸣球应邀前往加拿大做了短期的访问交流，应加方要求，他选择了"特殊变焦系统"作为研究题目，二十世纪八十年代末到九十年代初，在计算机尚未得到普及，光学设计软件也并不完善的条件下，薛鸣球凭借自己扎实的光学理论水平，对算法精通、熟悉光学设计软件编制和丰富的工程经验，仅用了两周的时间，设计出一套复杂的变焦镜头的结构设计图，并在之后的工作中，完成了四项光学设计和结构设计方案。在这样短的时间拿出这样高水平的成果，不仅令加拿大同行刮目相看，而且也让加拿大同行认识到了中国学者在变焦镜头方面的研究水平，立起了中国光学工作者的良好形象。薛鸣球还多次应邀到多个国家做特邀学术报告或专题讲学，进行学术交流，在国际上有着广泛的交往与影响。

曾担任过西安光机所空间光学研究室的负责人的刘新平回忆这件事的始末：

在八十年代末九十年代初，计算机不是很普及和光学设计软件还不是很完善的情况下，只有像薛院士这样真正的光学理论水平高、对算法精通、熟悉光学设计软件编制和有着丰富的工程经验的专家才能够在较短时间内成功地设计和研制出高难度光学系统。他先后应邀到多个国家做特邀学术报告或专题讲学，进行学术交流，在国际上有着广泛的交往与影响。在1991年，加拿大的孔庆仁博士特地找到薛院士合作研制加拿大军用CID广角电视光学系统。这个光学系统需要有大的视场，并且使用环境恶劣，对聚集点位置和弥散斑的大小以及像面照明的都有非常苛刻的要求。在薛院士的领导下，西安光机所1991年成功地研制出了具有国际领先水平的光学系统产品并且出口给加拿大长达十多年。薛院士因为成功地解决了加方高精度位置探测技术难题，多次受到加方的赞誉。①

最早是1990年11月，加拿大英特尔（Indal）公司联系过薛鸣球，向他求助研制适应恶劣环境的广角、高透过率CID电视光学镜头光学系统研制的可能性。这种镜头光学系统研制需要适应恶劣环境，使用要求很高，设计的技术难度很大，当时国际上只有加拿大与法

图6-5 适应恶劣环境的CID相机镜头

国有研制结果。当初加拿大科学协会物理研究所与加拿大应用物理公司曾合作研制这种镜头，但不能满足用户的使用要求。

薛鸣球带领他的团队人员张耀明、苗兴华这二位，他们仅用了一个月的时间，对加拿大方原有的技术指标进行了研究，指出了首次研制不成功的问题所在，即由于该系统的弥散盘太大和杂散光较大等原因，导致设计出来的镜头成像质量不高。加拿大方认为薛鸣球指出了此前失败的关键所

① 刘新平：回忆薛鸣球院士。未刊稿，2018年，西安光机所提供。

在，对他们的研究表示满意，他们在传真中提道："你们能提出'到点'的问题及指出错误，已令这边的人对你们有信心。"紧接着，薛鸣球等人提出了初步的镜头设计方案，在多次与加拿大方的接触中，英特尔公司对我方人员深感钦佩，两方人员在近半年的时间里，多次对设计方案进行了论证，并于 1991 年 4 月，决定请西安光机所的薛鸣球团队负责该光学系统的研制工作，并在当年 6 月，英特尔公司在邀请薛鸣球、张耀明访问加拿大期间，双方明确了技术指标，加拿大方决定以每台五千加元的价格向西安光机所订购研制品十五台，从而也为西安光机所、为国家创下了一笔可观的外汇收入。

薛鸣球团队承接了远距离目标定位系统中的广角镜头设计工作，决定承接这个任务的过程，用薛鸣球的话来说："经历了一个对我们逐渐了解、逐渐信任，到最后终于委托我们研制的过程。从 1990 年 11 月 16 日第一份传真电报开始到 1991 年 6 月决定我们承担项目，历时七个月。"[1]

对这套复杂的光学系统，薛鸣球有自己的设计思想，从技术指标和应用环境来看，这套光学镜头有工作距离长，成像质量高的要求，他采用像方远心光路，利用特殊的滤光片和高透过率的普通光学玻璃来完成，考虑到环境影响，例如在恶劣工作环境下有较大的温差，并存在振动冲击等，在加工装配上要尽量精细，在设计中要充分考虑镜筒结构刚度、镜片和隔圈的膨胀系数等条件。薛

图 6-6 CID 光学镜头获奖证书

---

[1] 薛鸣球、张耀明：适应恶劣条件 CID 广角电视光学系统研制报告（CC91 研制组），1991年 9 月。资料存于采集工程数据库。

鸣球带领研究人员仅用了五个多月，于 1990 年 9 月便完成了高透过率的广角 CID 电视光学系统的设计任务。所研制出来的 CID 镜头光学系统为大视场、长后工作距、高透过率、高成像质量的光学系统，由保护窗和光学镜头两部分构成。保护窗由 K9 光学玻璃和 HB780 红外滤光片胶合组成，两个空气面的反射率小于或等于 0.25%。

薛鸣球设计的这套光学镜头系统技术指标很高，是一个很特殊的光学系统。这套光学系统设计难度大，设计思想新颖，有创造性，研制过程严密，工艺性好，技术水准在当时已经达到国际先进水平。检测后发现，其成像指标完全达到理想，且比原来加拿大研制的同类系统有明显改进。西安光机所一共研制了十五套光学系统，总价值七万美元，这套高技术出口创汇产品，为国家争取了大量外汇，按照重量来称，玻璃和普通金属达到了相同重量黄金的价格。同时，在研制过程中积累的技术经验，也为我国开展同类研究打下了好的基础。

薛鸣球团队研制的 CID 镜头光学系统成像质量理想，解决了困扰加国的广角镜头的畸变校正问题，赢得了加拿大方面的好评。薛鸣球本人也因为很高的学术水平和认真尽责的态度，赢得了国际同行的信任和尊敬。加拿大方面多次给西安光机所来信，对薛鸣球及其团队表达了感谢，并要求今后继续合作，西安光机所凭借这个产品出口给加拿大长达十多年。薛鸣球的研究，也为我国从事这方面工作打下了好的基础，目前这项光学系统在国内相关行业也有很广泛的应用。该项目获得中国科学院科技进步奖三等奖。

摘录西安光机所 1992 年的一份简报如下：

1991 年 12 月 18 日中国科学院西安光机所收到了加拿大英特尔公司执行部主任给薛鸣球研究员的感谢信，特为感谢西安光机所和薛鸣球领导的科研小组为他们研制的 CID 电视光学系统。该光学系统已在 1991 年 10 月 8 日通过了陕西省科委主持的技术鉴定，与会代表及同行专家对此项成果作了充分肯定，并给予高度评价，一致认为该项成果已达国际领先水平。

CID 电视光学系统，在 1989 年 4 月曾由该公司委托加拿大国家科学协会物理研究所和该国应用物理公司，并与美国合作研制，但由于技术指标上存在错误，成像质量不好，杂散光太大不能用。西安光机所研制的光学系统，以优异的质量、最短的研制周期提供给英特尔公司，解决了他们的一个技术难题，加方对此十分高兴，一再表示"十分满意"，"比起其他合作者，你们实在十分合作"。这次共研制十五套光学系统，总价值七万美元。该项科研成果的胜利完成，不仅有重要的科学价值、经济效益，而且有极好的国际影响。赢得了国际信誉，为国争了光，为所争了荣。①

_____

① 为国争光，为所争荣。中国科学院西安光学精密机械研究所 1992 年 1 月 9 日简报，西安光机所内部资料。

第七章
遨游太空，孜孜探索

从远古时代嫦娥奔月的美丽传说到明代万户飞天的悲壮实践，华夏儿女对神秘太空的好奇和探索从不曾止息。飞出地球，遨游太空，探索未知不仅仅是中国人的梦想，也是世界人民共同的远景，但载人航天，是一个异常庞大复杂并带有很大探险性、系统性的科技工程。为实现人类这一宏大愿望，世界各国加大了彼此之间的合作力度。从二十世纪七十年代以后国际间的合作日益增多，到今天国际空间站的搭建，充分说明了载人航天技术的发展正成为整个人类的事业。

爱思考的薛鸣球从学生时代起就对太空充满了好奇。从二十世纪六十年代，他参与过卫星光学系统研制后，他便心系这一事业。进入二十世纪九十年代以后，随着我国科学技术的进步和科研条件的改善，他终于把自己的梦想与科学研究结合到一起，创建空间光学技术研究室，聚焦空间技术。

创建空间光学研究室

1993 年，西安光机所在学科建设中确定了三个学科方向：空间光学、微小光学和半导体光电器件。[①]2 月 2 日，研究所正式下文，新成立了三个研究室，即半导体光电器件研究室、空间光学研究室、微小光学研究室。经过学科整合，西安光机所科研机构调整为光电子部、光学工程部、瞬态光学室、空间光学室、光学室、微小光学室、光材部、图像室、光电器材室、光机电中心、固化器组、传感器组等。

　　西安光机所建立空间光学研究方向，是由薛鸣球首次提出的，他也是这个研究室首任室主任。当时研究所里认为空间光学将是很重要的一个发展方向。而在此之前的，西安光机所其实已经参与到我国空间光学的科研工作了，例如二十世纪八十年代，研究所研制成功"空间长焦距对地遥感系统"，为我国米级／亚米级分辨率侦察卫星光学遥感相机奠定了基础。这项研究成果后来用于载人航天工程、遥感 12 号卫星等多种空间 CCD 相

图 7-1　薛鸣球（一排左一）当选为国家应用光学实验室室学术委员会委员（1987 年）

① 1993 年 2 月 2 日，中国科学院西安光学精密机械研究所下文［西光办字（93）第 06 号］，"关于成立半导体光电器件三个研究室的通知"，提道："经元月十三日所长办公会议讨论通过，并征得党委同意，决定成立'半导体光电器件研究室''空间光学研究室''微小光学研究室'。上述研究室分别由侯洵、薛鸣球和刘德森同志根据双向选择的原则组建。研究室人员组成报所人教处备案。"资料来源于西安光机所档案材料。

机。薛鸣球也多次参加过卫星相机和空间站相机的预研、论证工作。如"空间站高分辨率可见光摄影系统关键技术研究"项目的论证工作，他提出了多个可行的光学系统方案，并首次采用光学传递函数对影响成像质量的各个因素进行分析，得出相机各项指标的技术要求，他的工作为以后的各项空间光学相机方案论证打下了良好基础。不仅如此，薛鸣球还开展过全反射长焦距光学系统在空间相机中的应用研究，根据空间应用光学系统特点，详细讨论了反射式光学系统像差校正方法，并认为空间光学技术的应用与发展将是未来高技术发展的一大重点。

关于西安光机所确立空间光学的方向，由研究所自己培养出来的光学专家、担任过研究所副所长的高立民认为："西安光机所的空间光学学科是薛老师一手创立的。空间光学学科的创立是研究所发展史上具有里程碑意义的事件。该学科方向经过多年的发展，已成为西安光机所体量最大、影响最大的研究领域，不仅推动了我国空间光学遥感技术的发展，也使得西安光机所的发展走上快车道，成为我国空间光学领域一支重要的战略研究力量。"[1]

1993 年在很多西安光机所的老职工眼里，是一个很重要的时间节点，在空间光学研究室成立以后，薛鸣球便领着团队不停地向前走，作为学科带头人，他孜孜追求，不断奋进的形象已经牢牢扎进了每个人的脑海中。

薛鸣球早年从事过与"两弹一星"相关的国防光学工作，他对卫星相机的研制已有一定的研究基础。再加上"863"计划中促发展高技术的春风，令他敏锐捕捉到了国家的需求。他提出要在研究所发展空间光学学科，这是对研究所未来发展大有益处的一项建议。

关于西安光机所成立空间光学研究室的基础，从参与过空间室工作的、西安光机所的老职工、光学专家李英才于 2018 年的一段回忆中可以看出，薛鸣球的光学设计基础，和他在长春光机所工作多年积累下的学术和科研管理经验，是起到了决定性作用的，且薛鸣球到西安以后，培养了不少人才，这也是研究室启动时的基础：

---

[1] 高立民提供材料，2019 年 12 月 26 日。

回顾薛老师从事仪器光学和光学设计的基础，从他参加工作开始，就做了很多工作。前期特别是在长春光机所，他做了大量地面仪器的光学设计，包括 150、160、718 的仪器，一直到后来空间这一块。

当时国内光学设计上最早是薛老师和王之江这两个人，王之江写过光学设计的书，的确王之江的书很难看得懂，从方程出发必须有很好的基础和足够经验才能够理解。但是薛老师的思想不同。他在仪器光学设计有很多想法，他在长春、西安、苏州讲过光学设计的课，他的书比较容易懂。在空间光学这个领域里面，薛老师在他的后半生，在接近六十岁时把这样一门技术推到了一个高度。

在薛鸣球的指导下，我们发展空间光学研究，提出了详查普查相机思想，还申请了国防发明专利，后来得到了"863"计划的支持。从 1994 年做实验开始，1996 年题立起来，做了原形样机、工程样机，这个基础上才有高分辨率多光谱卫星上天，这个路也是这么走过来的。[①]

空间室初成立的时候，所里正处于艰难的时刻，经费紧张，前景未明。但研究所仍然尽可能支持了研究室的启动。所务会讨论后，提供给空间室一万元的启动经费，这笔钱不多，主要用来购买研究的基础设施，其他的运作经费，还需要研究室通过争取合作项目来获得。所里拨给空间室使用的办公室是一间会议室，屋里一半堆了一些废旧的桌椅板凳，另一半用木板隔出一间房子来，便是改建给空间室办公所用的场地。空间室创业初期开展工作困难重重。为了缓解经济上的困境，扩展办公条件，建立实验室基础设施，薛鸣球一边想方设法拓展研究室的业务范围，一边思索研究所的发展方向。

空间室早期人员、与薛鸣球共事长达二十年的余建军回忆，那时候薛鸣球经常带着年轻人出差，去和长春光机所、五院等单位谈合作，去院里找高新技术局批课题，薛鸣球"身体不太好，他不停地在跑项目，还带着

---

① 李英才访谈，2018 年 10 月 16 日，西安。资料存于采集工程数据库。

我们一起跑，空间室成立第二年，他得了糖尿病"①。为了节省经费，他出差总是和大家一起坐硬卧火车，他还买过硬卧的上铺。薛鸣球个头很高，他在狭窄、难以翻身的火车床铺上过一晚，到达目的地后，他也不休息，立刻便投入工作中。余建军回忆：空间室成立初期跑项目，多是去长春和北京，一起去的人除她之外，常有张伯珩、刘家齐，那时候交通不便利，从西安出发，先到长春，再去北京，最后回到西安，要花九天时间，实际上有四五天是在绿皮火车上

图 7-2　薛鸣球在西安光机所

度过的，十分辛苦。② 那时候令人难忘的休闲时刻是，在出差的间歇，薛鸣球带着跑项目的一行人去住宿地附近的公园简单转一转，和年轻人谈谈天，放松一下心情。余建军记得，北京的紫竹院公园，他们出差的时候去过两次，印象非常深刻。③ 薛鸣球通过这样的活动关心团队成员，消除大家旅途的疲劳，也加深了同事间的情感，拉近了团队成员的距离。

空间光学室刚成立的时候，人手不多，连工作人员加上学生，一共只有十三个人。在这样一个以年轻人为主的新方向、新研究室里，存在的问题很多，尤其是在科研工作步入正轨，科研任务逐渐加重以后，对科研人员要求就更高了。西安光机所过去以高速摄影研究为主，许多科研人员都

<hr />

① 余建军访谈，2018 年 6 月 26 日，苏州。资料存于采集工程数据库。

② 余建军提供材料，2019 年 11 月 10 日。

③ 余建军访谈，2018 年 6 月 26 日，苏州。资料存于采集工程数据库。

不是光学专业出身，青年人又缺少实际工作的经验，为了弥补科研人员专业上的不足，薛鸣球抓紧时间为青年人授课，他利用晚上的时间，为空间实验室的研究人员系统讲授仪器光学课程。当时没有现成的教材，他便自己回去编写，研究室里流传着一本由他亲自印刻的油印小册子，里面凝聚了薛鸣球多年来光学仪器设计经验与成果。除了本研究室的工作人员，他还对研究生开课。当年在空间光学室工作过的朱传贵回忆："薛老师曾经满怀深情地回忆说，当初他从浙江大学毕业刚到长春光机所时，王大珩院士也是亲自编写教材，亲自利用晚上的时间给他们这些刚毕业的大学生讲课的。"① 薛鸣球关心研究室人员的工作情况，他每天一大早就来实验室里守着，看大家是否有什么问题要解决，并安排好当天的工作。每次一看到薛鸣球过来，大家都争着把自己的最新设计给他看，请他指导，向他询问解惑，他也能马上就从一大堆设计图纸和数据中找到问题所在。

空间光学室初期的人员回忆起薛鸣球在的时候，虽然工作紧、任务重，但研究室人员相处融洽，大家上下一心，努力做课题，争相奉献，都想着要把研究室搞好。这真是一段十分舒畅的时光。为了增强课题组成员的凝聚力，逢年过节，有集体活动，或是研究室工作上取得了阶段性成果，薛鸣球就要自掏腰包，带课题组成员出去吃饭。余建军回忆，二十世纪九十年代薛鸣球的工资不很高，但他请课题组吃饭都是自费，从不报销，有时候请人吃了几顿饭，工资就花没了。② 每次薛鸣球带同事们去吃饭，大家都很高兴。薛鸣球是南方人，有生活兴趣，也喜欢美食，每次活动，他都建议找一个性价比高的地方，他们去过的地方有西安的小贝壳、友谊宾馆等，青年人想起往事：薛老师还请他们吃过自助餐，跟着他开了眼界！③ 为了确保课题组里每一个人都能参加聚会，薛鸣球还给大家一一发放打车费。在发放课题奖金的时候，薛鸣球也从不偏私，他虽然是课题的总负责人，但很少为自己考虑，总是按照全室总人员数来发放，无论是

① 朱传贵：《仪器光学设计中的系统思想——薛鸣球院士学术思想回忆》。未刊稿，2018年，西安光机所提供。
② 余建军访谈，2018年6月26日，苏州。资料存于采集工程数据库。
③ 杨建峰访谈，2018年10月17日，西安，资料存于采集工程数据库。

图 7-3　兵器部微机用光学设计软件鉴定会（二十世纪八十年代。薛鸣球右二，王大珩右四）

工作人员还是学生，只要参与了工作，就人人有份。他发放奖金的方式是按照参与人在项目中的角色、对项目的贡献来的，既透明又公平，奖金不但体现了大家的工作量，又切实照顾到了每一个人，大家拿到奖金后都要由衷地赞一声"好"，人人对薛鸣球都心悦诚服。正是在薛鸣球的带动下，时隔多年，当年的课题组成员回忆起过去，心中都充满怀念，那一段时间，人们干事业的心都是热乎的，累也不说累。

空间光学室成立后，薛鸣球对研究所空间光学的发展方向有一些设想和展望，他提出了可变焦距遥感相机的构想，并组织课题组开展了关键技术预研。在薛鸣球的指导下，空间研究室成立以后主要的科研方向是可见光空间信息获取、光学遥感、高分辨率成像及稳像等研究。在一段时间以来，空间光学研究室承接了大量高精尖任务，在这一领域内形成了"对地观测技术"和"干涉成像光谱技术"的研究优势。2005 年，薛鸣球参加的"SZ-5（神舟五号）CCD 相机及研制"获国家科学技术进步奖二等奖。这也是西安光机所参与取得的一项重要荣誉的，是研究所契合国家需要的结果，也是空间光学室在成立以后取得的一项值得载于所史的优秀成果。

经过二十多年的发展，如今空间光学已成为西安光机所的一大特色研究方向，建立了很强的科研队伍，先后承担了一百二十余项"863""973"、国家自然科学基金、中科院重大前沿研究、重大工程项目，取得优异成绩。随着航天工程项目的研制和空间光学学科的发展，空间光学室形成了以老带新，老中青结合的科研队伍，并取得了从原理创新、关键技术到系统集成跨越式发展，形成中科院可见光对地观测、深空探测、空间天文探测等领域的创新团队和核心竞争力，并成为我国在光学遥感及空间天文等领域的重要研制力量。但回顾当初，空间室刚成立的时候，项目并不多，通过"载人航天工程"的项目，研究室逐渐打开了局面，一步一个脚印，在空间光学领域扎下了根基，并越走越远。

聚焦空间技术

"载人航天相机"与非球面

"中国载人航天"工程，是我国进入二十世纪九十年代以来的一个重大项目，启动于 1992 年 9 月 21 日，这是我国在二十世纪末期至二十一世纪初期规模最庞大、技术最复杂的航天工程，对我国空间科学技术发展影响深远。

开展载人航天研究的目的在于，"突破地球大气的屏障和克服地球引力，把人类活动范围从陆地、海洋和大气层扩展到太空，更广泛、更深入地认识地球及其周围环境，更好地认识宇宙，充分利用地球及其周围的环境，充分利用太空的特殊环境从事各种试验和研究活动，开发丰富的太空资源"。[①] 这是人们美好的愿望和未来的目标。

---

① 李成智：《中国航天科技创新》。济南：山东教育出版社，2015 年，第 153 页。

空间站，又称太空站、航天站。是一种在近地轨道长时间运行、可供宇航员巡访、长期工作和生活的载人航天器。国际上当时已有苏联、美国等国家在进行空间站的研究，尤其是关于空间站的对地相机研究。早在二十世纪六十年代，苏联就开始了照相观测卫星的研究，但其早期的普查卫星分辨力较低，地面分辨力仅有 3—3.7 米。1963 年，苏联研制出地面分辨力达 0.9—1.5 米的第一代高分辨力详查光学成像遥感器。到了二十世纪八十年代，苏联的空间技术有了进展，其研制的"礼炮 -3"和"礼炮 -5"号航天器上，也已经装载了折返式焦距为十米的对地观测相机。与苏联不同，到二十世纪八十年代末为止，美国的空间照相观测设备共研制了六代，其技术水平在 1971 年有了较大突破，研制的卫星相机兼具普查和详查两种功能。1989 年 8 月 8 日，美国研制的图像数字传输型卫星相机经由哥伦比亚航天飞机进入轨道，其对地分辨力达到 12.5 毫米，这标志着美国空间相机技术的飞跃式进步。

　　事实上，我国开始探索载人航天之路是在二十世纪六十年代中期，早在 1965 年，我国制订人造卫星发展计划时，有关部门便探讨了中国的载人宇宙飞船计划。进入二十世纪八十年代后，中国的空间技术取得了长足的发展，具备了返回式卫星、气象卫星、资源卫星、通信卫星等各种应用卫星的研制和发射能力，我国这一阶段把发展航天事业的重点放在了研制各种应用卫星和运载火箭方面。1975 年中国成功地发射并回收了第一颗返回式卫星，使中国成为世界上继美国和苏联之后第三个掌握了卫星回收技术的国家，这为中国开展载人航天技术的研究打下了坚实的基础。1992 年 9 月 21 日，中共中央政治局十三届常委会第一百九十五次会议讨论同意了中央专委《关于开展我国载人飞船工程研制的请示》，正式批准实施我国载人航天工程。

　　我国政府在"载人航天工程"设计之初，便确定了发展载人航天要实现载人飞船——空间实验室——空间站"三步走"的发展战略。第一步是发射载人飞船，简称初步配套的试验性载人飞船工程，开展空间应用实验；第二步是突破载人飞船和空间飞行器的交会对接技术，利用载人飞船技术改装、发射空间实验室，解决有一定规模的、短期有人照料的空间应用问题；第三步是建造空间站，解决有较大规模的、长期有人照料的空间应用问题。①

回顾"载人航天"工程的实施过程，一期计划包括发射六艘飞船，从"神舟一号"到"神舟六号"。随着1999年11月"神舟一号"发射升空，接着在2001年1月，在2002年3月又相继发射了两艘飞船。2002年12月，"神舟四号"无人飞船在酒泉卫星发射中心成功发射。在经过四次"神舟"无人飞船成功发射的经验积累后，2003年"神舟五号"载人飞船的成功发射则使中国载人航天工程取得历史性突破。中国一举成为世界上第三个，也是世界发展中国家中第一个能够独立开展载人航天飞行活动的国家。在"神舟六号"发射后，中国载人航天工程第一阶段即告完成。

载人航天工程是一项由多单位、多部门协作的大工程。空间站和飞船，有极其复杂的结构，要在遥远的太空中进行科学实验，也需要制造许多仪器，再加上制造材料、通信、火箭燃料、动力，涉及多个学科领域的研究，既有飞船系统、火箭系统、空间应用系统、发射场系统、工程测控通信系统和航天工程着陆场系统，也有航天员系统。与光学研究相关的就包括空间遥感相机，其研制难度极大，是一项技术复杂的现代光学工程任务。

> 在载人航天工程第一阶段中，应用系统的领域分为三块，一个是对地观测，利用飞船这样一个太空平台对地球进行观测，涉及陆地、海洋和大气观测者对我们国家国民经济的发展，社会发展关系飞船密切，需要发展对地观测的新技术、新设备。②

用于神舟飞船上的光学观测系统，需要在高空离地三四百公里的地方，看清地面上的情况。而我国虽然已经有了卫星相机研制的基础，但是当时已有的卫星相机技术与国外相比技术上还存在差距，且地面分辨力只有10—15米，使用寿命短，无法满足空间站的使用要求，因此，研制空

---

① 温飞:《守望航天：神舟七号群英访谈录》。北京：中国对外翻译出版公司，2008年，第2页。

② 温飞:《守望航天：神舟七号群英访谈录》。北京：中国对外翻译出版公司，2008年，第142页。

间站上使用的详查相机系统既是一项难度很大的研制任务，也是空间站研究工作中迫切需要解决的重大问题。

其实早在二十世纪八十年代，相关部门就开始了有关空间相机的预研工作。例如在 1987 年由长春光机所、西安光机所、中科院感光化学研究所、总参二部技术局等单位，联合申请了一项"863"项目，调研了研制空间详查相机的可能性，也是后来应用在神舟五号上空间相机的前身。这个项目的用户单位是总参二部技术局，长春光机所和西安光机所负责光学相机部分，感光化学研究所负责研制航空胶片。项目参加人员包括长春光机所的王家骐、史光辉等，西安光机所的薛鸣球、赵葆常等，感光化学研究所的周本茂，总参二部技术局的李晖和卞国良等人。尽管各单位已经具备了一定的人才和技术基础，但要研制成功难度更高的空间站所需光学设备，要解决的难点包括摄影窗口和主反射镜的高强度、低膨胀系数、大尺寸、高质量的光学玻璃的熔炼、退火和光学性能检测，长寿命快门，高精度像移补偿系统以及整机装调和像质评价等一系列周期长、精度高的关键技术研究课题。这还需要科研人员再投入心血。这个项目光学系统总体方案论证与光学设计是以薛鸣球为主。在项目结束后，西安光机所以"可见光对地摄影系统"为题，申请了陕西省科技进步奖，获得了陕西省科技进步奖一等奖。[1]

二十世纪九十年代，我国定下要发展高分辨率空间详查相机的科研任务，关于这项国家任务的部分重要科研项目落实到中国科学院，韩昌元回忆说，这正是在王大珩的支持下争取到的，王大珩代表中国科学院技术科学部，支持中国科学院空间总体部、长春光机所、西安光机所等单位协作，从而争取到这项任务。[2]

载人航天高分辨长焦距大视场可见光详查相机系统研制项目在立项以后，西安光机所承担了模样阶段相关任务。长春光机所负责总体，西安光机所完成了光学系统中消杂散光用光拦的设计和杂光测试设备的研制任

---

① 赵葆常提供材料，2019 年 10 月 30 日。

② 韩昌元：学习薛鸣球院士努力发展我国应用光学与光学设计事业，2017 年 11 月 18 日。资料存于采集工程数据库。

务。时任长春光机所所长的光学工程专家王家骐①是相机系统的主任设计师，负责载人航天相机结构总体及设计，西安光机所薛鸣球担任副主任设计师，负责相机光学系统的论证。

国家有关部门对研制提出的要求是需要相机达到一米的地面分辨力。飞船将要在离地高度为大约三百公里的轨道上运行，既要适应运行，更要保障航天员的安全，因此要求飞船装载的相机重量小于三百公斤，这"两个三百"在当时难住了很多人。最开始提出的相机方案以球面光学系统为主方案，非球面光学系统为备用方案。但使用球面光学系统的难点在于，要满足消除像差的要求，球面系统必须使用两个五百毫米口径的校正镜，这两块玻璃的重量加起来就有好几十公斤，再加上其他的配件，整个相机的总体重量就超过了三百公斤。

围绕这两个光学设计方案，总体单位组织了多次论证，薛鸣球提出用重量更轻的共轴双反非球面系统取代球面系统中的两块孔径补偿透镜，这样一来无须使用球面系统中两块大校正镜，不但简化系统，而且可以极大减轻重量。但过去因为加工测试技术存在局限性，我国非球面加工和装配效果都不佳，已有的非球面系统只能做小型的电影镜头，难以运用于载人飞船上的大型系统。对于非球面系统，薛鸣球虽然提出了设计思想，但是也遇到了很大争议。大多数人认为因为受到材料和加工技术的限制，再加上任务重、时间紧，加工出来的玻璃不能保证质量，可靠性没有球面的好，担心这个方案实现不了。对于球面和非球面的问题，当年的争论情况，有材料记载："载人航天相机项目启动于1993年，当时对于该项目是否采用非球面光学系统曾引起很大争议。在长春召开载人航天详查相机方案论证评审会时，国防科工委神舟系列总工程师王永志等四十二人参加了会议，会上争论很激烈。"②

争议进行了一段时间，双方的考虑都有道理，既要解决相机的重量，

---

① 王家骐，1940年生，苏州人，光学仪器专家，2005年当选为中国科学院院士。王家骐担任相机系统的主任设计师，他负责总体方案、总体设计，协调各分系统之间的技术问题，他在研制过程中取得了多项填补国内空白或达到国际先进水平的研究成果。

② 叶青、朱晶：《聚焦星空：潘君骅传》。北京：中国科学技术出版社，2019年，第144页。

也要考虑相机的质量。薛鸣球坚持使用非球面，用他的话来说，非球面迟早都是要做的！他在论证后，认为以当前的加工技术，也是有能力把非球面系统做出来的。他向载人航天工程评审专家组的组长，也是载人航天应用系统论证、设计阶段评审组的主要负责人王大珩汇报了自己的想法。王大珩关注中国航天技术的发展，曾多次到承担任务的研究所去检查工作和参加评审，他一直密切关注着空间相机的研制工作。在全面了解方案内容后，王大珩也支持非球面系统。薛鸣球告诉王大珩说，现实问题都存在，但也都能从技术上来解决问题！王大珩听取了薛鸣球的汇报，他赞同薛鸣球的设计思想，并站在更高处，着眼长远意义和应用前景，经过几次论证，两个方案又修改设计，又细化技术途径。最后，王大珩等专家组讨论决定将非球面技术方案作为主方案。

方案确定后，总体部门部署长春光机所和西安光机所各自负责研究设计加工一套非球面系统。长春光机所紧跟国际前沿，研究设计了计算机控制加工系统，根据王家骐的回忆："余景池等研究人员，设计研制成功了第一台 FSGH-1 非球面数控加工中心，在长春光机所开创了大口径非球面镜的研磨和抛光工艺技术。长春光机所设计加工的非球面镜，设计结果也能满足使用要求，并且这个方案，在整体布局上，考虑了非球面和球面两个方案的机械结构部分的一致性及互换性，所以被采用了。"①

西安光机所则由薛鸣球带队，负责设计了模样的一套光学系统，并请南京天文仪器研制中心潘君骅使用古典加工技术完成了一套光学系统。西安光机所在薛鸣球的指导下对长焦距、高分辨、大视场折反光学系统展开了设计和检验的探索工作，取得了突破性成果。

在这个项目中，两个单位的科研力量都得到了锻炼。长春光机所派出了近一半的科研骨干参与项目，在项目攻关期间，参与的光是技术改造项目就有四十六个，发表论文三十八篇，获得专利十二项。西安光机所也通过这个项目，锻炼了人才，并在空间光学领域获得了长远发展的技术基础，对推动有关学科的深入发展也有很大的现实作用，这个项目对西安光

---

① 韩昌元：学习薛鸣球院士努力发展我国应用光学与光学设计事业，2017 年 11 月 18 日。资料存于采集工程数据库。

机所来说可谓是意义重大。

余建军回忆，1993 年西安光机所空间室刚成立不久，一有了办公地点，薛鸣球便组织成员开会。在 4 月 17 日一次会议上，薛鸣球提出国家要开展载人航天工程，这是一项任重道远的工程任务，空间室要争取参加应用系统部分的工作，当时他围绕这个问题提出了十二个可开展研究工作的项目。余建军形容自己第一次听到这件事，要开展相应的高技术研究工作，心中感到十分惊奇和振奋。薛鸣球把会上提出的十二个可开展研究工作的项目写成了一份简要信函，报送给时任中科院新技术局局长的张厚英，请求参加载人航天项目光学部分的应用系统研发工作。在任务落实以后，他围绕任务内容，提出技术思想、调研、制订方案，根据专业分派任务，每周举办进展汇报会、课题研究方向学术报告会。那时候空间室学术气氛很浓，大家加班加点干工作，不到半年，相应的子项目便逐一落实。①

西安光机所的科研骨干、曾参与过部分工作的李英才研究员回顾研制的收获："在空间光学领域取得成就，现在西安光机所参与了二十几颗卫星相机研制工作，其发展完全是从这儿开始的！"②

关于非球面光学系统的部署和研制，担任过中国载人航天工程空间应用系统总指挥兼总设计师的航空航天系统工程专家顾逸东院士回忆：

> 我们按照他（指王大珩——注）的意见，部署了两个攻关小组，经过两年多时间，终于攻克并系统掌握了非球面设计、加工、测试、装调等一系列关键技术。在此期间，王老多次约我们到他家里，了解情况，提出指导意见。③

用顾逸东的话来说，研制非球面光学系统，这相当于增加了一个项目，也为研制使用在神舟六号飞船上的球面光学系统争取了时间——有薛

---

① 余建军提供素材，2019 年 11 月 10 日。余建军回忆，当时空间室的研究员苗兴华、张伯珩、李英才、查冠华、刘家齐都有任务。

② 李英才访谈，2018 年 10 月 16 日，西安。资料存于采集工程数据库。

③ 顾逸东：心系空天——王大珩先生与我国航天航空事业。见：相里斌主编：《光耀人生——王大珩学术思想与创新贡献》。北京：科学出版社，2011 年，第 146 页。

鸣球参与的神舟五号空间相机使用的是非球面光学系统，神舟六号相机采用的是球面光学系统，神六空间相机相当于是走的原订老方案继续研制。[1]

在空间光学中使用非球面系统，虽然这是一项创新，但更是一个艰难的尝试，因为没有先例，设计结果又将要应用于我国当时最重大的一个科研项目上，事关重大，到底能不能把事情做好？项目实施单位心中都很忐忑。对于西安光机所承担的工作来说，更是没有先例可以借鉴。关于薛鸣球率领西安光机所科研人员参与工作的过程，光学专家李英才回忆，当时处境艰难，主要是非球面的难度太大了：

> 1992年，我国开始了载人航天工程。已过了花甲之年的他（笔者注：薛鸣球）担任可见光详查相机项目副主任设计师。经过深入思考、反复论证，他提出了采用非球面代替球面光学系统方案，带领项目组完成了非球面光学系统设计。不仅像质优良，相机的体积重量大大减轻，能更好满足载人飞船的要求。当时对此争论激烈，有人认为口径500mm的长焦距光学系统，又是第一次应用于空间，采用非球面的难度太大。[2]

西安光机所空间室承担的载人航天详查相机非球面光学系统优化设计和加工任务[3]，在定下使用非球面方案以后，西安光机所决定与南京天文仪器研制中心合作，配合完成非球面加工的检测方案论证，也是因为这里有著名的光学专家潘君骅，他是薛鸣球的老搭档，曾经一起在长春光机所光学设计室共事二十多年，是国内光学加工检测领域的首席专家。

潘君骅与薛鸣球是很好的朋友。他们在1960年相识，到2013年薛鸣球去世，其间有过多次科研合作，用潘君骅的话说，他们是不打不相识，在事业上又谁也离不开谁的终身挚友。潘君骅在光学领域钻研了一辈子，有很高的学术水平，他的学术经历如下：1952年毕业于清华大学，1960年

---

① 顾逸东访谈，2019年7月22日，北京。资料存于采集工程数据库。

② 李英才：《薛鸣球院士与空间光学》。未刊稿，2018年，西安光机所提供。

③ 项目参与人是薛鸣球、潘君骅、苗兴华、李新南和余建军。

获苏联科学院普尔科沃天文台副博士学位。回国后在光机所的光学检验组工作。他在长春光机所期间为大型靶场光学设备建立了一套光学加工和检测技术，对各种光学非球面的设计、精密加工及检验方法进行了卓有成效的研究，解决了光学加工的关键技术难题。他主持完成了我国最大的"2.16米光学天文望远镜"大型光学设备。1980年他调到南京天文仪器厂。潘君骅和薛鸣球的友谊历久弥长，他回忆自己在申报院士的时候，第一次落选了，本想打退堂鼓，但薛鸣球鼓励他再申报一次，最终取得了荣誉。后来，薛鸣球调到苏州大学以后，邀请他一起去苏州大学创业。2000年，受薛鸣球邀请，他来到苏州大学共同创建现代光学技术研究所，为苏州大学空间光学的发展做出贡献。2018年，潘君骅回忆起与薛鸣球的交往情况，他说：

> 1960年，我从苏联回国以后和薛老师才认识，他在光学设计组，我被分配到光学检验组，这是王大珩先生的安排，因为我在苏联论文题目就是光学检验方面。在一个研究室，他做光学设计，我做光学检验，常常在一起交流讨论。他喜欢打桥牌，我也喜欢，空闲时我常到他家打打桥牌。
>
> 薛老师的特点有二条：一是他心算能力特别厉害；二是他在光学设计方面逻辑分析能力特别强。
>
> 九十年代，他找我一起论证空间载荷项目，当时国内都在做球面光学系统，没有人敢做非球面，他想把非球面光学系统应用到空间载荷项目上，这有点像第一个吃螃蟹的人，阻力和困难都很大，那段时间我们接触比较多。论证时，大方向一致，学术问题我们常有争论，有时争论的还比较激烈。不只动动嘴，也经常"动手"——是动手做试验，用科学试验结果证明自己的论点。[1]

薛鸣球知道老朋友潘君骅最擅长"磨玻璃"，在非球面检测和精密加工上有非常丰富的经验。在载人航天相机研制遇到难题时，他首先想到的

---

[1] 潘君骅访谈，2018年6月25日。资料存于采集工程数据库。

人就是潘君骅，他认为潘君骅能够帮助解决技术难点，他邀来了潘君骅共同商议。1995 年 1 月，西安光机所对载人航天相机拟用非球面光学系统的计算结果进行了审定，并和潘君骅共同对非球面问题进行了商讨，潘君骅回忆当时的情况："收到西安苗兴华寄来的评审会之后的数据（手抄），增加了一块透射非球面。"[1] 在载人航天详查相机的非球面光学系统研制确定下来后，1995 年 7 月，西安光机所和南京天文仪器研制中心二十一世纪新技术公司签订合同，研制载人航天详查相机非球面校正透镜加工项目。

从载人航天项目在西安光机所立项到项目研发和完成，作为副主任设计师，为了协调各方，解决问题，薛鸣球多次往返长春和西安两地，与长春光机所的研究人员讨论项目进展，赵葆常记得那段时间，薛鸣球光是长春就去了二十多次：

> 为了空间站详查相机的研发，我曾陪他多次去长春光机所讨论载人航天详查相机光学方案与光学设计。从西安到长春及从长春返回西安单程二十多个小时（当时没有直达车），连坐票都买不到，一路站到长春。他当时已年过六旬，就带一个米口袋，坐在二节车厢间开水炉旁边。在北京换车时也不出站。从西安到北京的火车下来后，在站台上等从北京到长春的火车，同样连个座位都没有。冬天到长春时天还没有亮，天气又冷，他就到车站小饭店去喝一碗豆腐汤，说暖暖身体。在长春讨论时，他带着设计好的结果在会上介绍，说服大家采用他提出

图 7-4　薛鸣球的获奖证书

---

[1]　叶青、朱晶：《聚焦星空：潘君骅传》。北京：中国科学技术出版社，2019 年，第 144 页。

的共轴双反非球面系统，多次得到王大珩院士的赞扬，在载人航天详查相机研发中，他负责光学设计、地检设备的研制，为载人航天工程项目做出了重大贡献。①

经过多方面工作，最终确定使用在载人航天光学系统研制项目中使用非球面系统，共有三块非球面镜，即主反射镜、次反射镜、高次非球面校正镜。主镜和次镜的加工采用古典抛光法，在高精度单轴机上修磨，用激光干涉仪检测。高次非球面镜，因对波长有特殊要求，加工难度很大，只能在专门设计的无级调速机器上进行，并设计了专用补偿器来检测，经过反复修磨，最终达到设计要求。在薛鸣球和潘君骅的努力下，加工出来的非球面镜组装成的载人航天详查相机光学系统，经过实验室检测成像质量良好，能够满足观测要求。但作为相机整机，要在太空中实现良好的使用效果，还需要进行环境测试，如冲击、震动试验，令相机具备机械稳定性。由于原系统使用的玻璃反射镜材料的机械刚度不够，在当时的条件下，难以通过环境模拟试验，后经过讨论，改用炭化硅材料作为反射镜材料，才达到了使用要求。最后应用在"神舟五号""神舟六号"相机都采用的是碳化硅材料的反射镜。②

应用于"神舟五号"上的详查相机使用了非球面光学系统，这也"成为中国在重要领域使用非球面的转折点，此后国内都开始做非球面"③。中国的大口径特殊光学镜，使用非球面系统也逐渐成为一种趋势。经过多年的发展，如今，我国非球面的加工和检测技术有了很大的发展，非球面的市场扩大，不仅应用于空间相机设计上面，并带动了相应的检验、测量、加工、装调技术的发展。

2003年10月15日9时，中国首次载人航天飞船"神舟五号"从酒泉卫星发射中心成功发射，将航天员杨利伟及一面具有特殊意义的中国国旗送入了浩瀚的太空。"神舟五号"在轨运行14圈，历时21小时23分，顺

---

① 赵葆常：记薛鸣球院士二三事。未刊稿，2018年，西安光机所提供。
② 韩昌元提供资料。2019年10月22日。
③ 叶青、朱晶：《聚焦星空：潘君骅传》。北京：中国科学技术出版社，2019年，第144页。

利完成各项预定操作任务后，于 2003 年 10 月 16 日 6 时 23 分安全返回主着陆场。"神舟五号"的成功，标志着中国成为继苏联和美国之后，第三个将人类送上太空的国家，这也是中国航天事业在新世纪的一座新的里程碑。而应用于"神舟五号"上的空间详查型相机，自 2003 年 10 月 15 日发射升空入轨以来，相机全系统一直处于正常工作状态。相机在留轨工作期间完成 CCD 推扫摄取地面景物，并准实时传输摄取的数字影像至地面接收站，圆满完成了高分辨力详查地面目标的试验。这台空间相机的创新点在于，是国内首次采用了非球面光学系统，碳化硅主、次镜，实现了高成像质量、轻量化、高力学稳定性和热稳定性等创新技术。其研制和应用取得的突破性进展，标志着我国的航天相机水平从普查向详查的跨越。薛鸣球作为副主任设计师参加了项目总体方案论证、光学系统方案论证，他在国内率先提出将非球面光学系统应用于航天相机。①

顾逸东回顾应用于"神舟五号"飞船上的空间相机："神五飞船是具有一定划时代的意义的。应该说对于空间光学来说，也是第一次使用这个东西（非球面）……是第一个吃螃蟹。大家都觉得这个东西可用了，后来的设计也越来越好了。"② 相机的非球面光学系统，在空间相机轻量化方面也具有里程碑意义。"研制团队十年磨

图 7-5　薛鸣球获得载人航天总指挥颁发的证书

一剑，采用了一系列新技术新方法，研制出了当时最轻量化最高质量的高级空间光学系统，并圆满地完成了空间飞行任务。非球面光学核心技术的掌握和延伸，在我国后续的一系列任务中开花结果，推动了我国空间光学

---

① 杰出科技成就奖（集体）推荐书，2005 年 6 月 15 日，存于长春光机所档案室，案卷号 KYK1-12-87-11。

② 顾逸东访谈，2019 年 7 月 22 日，北京。资料存于采集工程数据库。

的跨越发展。"①

"神舟五号"的成功上天，及成功应用于飞船上的空间详查相机光学系统，促使了非球面光学系统在空间光学中的广泛应用。2003 年，薛鸣球获载人航天工程总指挥颁发"中国首次载人航天飞行任务纪念证书"。

详查普查两用相机

薛鸣球在探索空间光学技术中，很重要的一个思想，是提出详查普查两用相机的研制思想。

航天侦察相机可以分为普查和详查两种。普查相机地面分辨力为 3—5 米，详查相机的地面分辨力为 0.5—2 米。这些相机又分为胶片型与 CCD 实时传输型。

当时在国外实现详查和普查的途径，以美国为例，要么在卫星上放多台相机，既有详查相机又有普查相机。或者是采用多颗卫星，这颗卫星是详查用的，那颗卫星用于普查。尽管我国既有详查相机，也有普查相机，但是在使用过程中，不能够兼顾两种功能。要么相机只能看到很小一块地方，要么看到的范围大但分辨率不高。如果要同时安装两台相机，在卫星空间上来说，占的地方太大，并没有这样的技术。且在我国当时的情况下，采取美国发多颗卫星的方式也并不现实，那么能不能让这两种相机合二为一，使其既能够普查，又能够详查，以此简化卫星上相机的数量。1994 年，在一次由总参二部举办的项目研收会议上，薛鸣球提出了详查普查结合型遥感相机的设想，这也是根据当时空间相机的需要提出来的，他的想法是，采用变焦距的方法，扩大相机的视场，这就是普查；再把焦距拉长，这就是详查；既可以看到大视场的范围，也可以看到小视场的图像。当时并没有变焦距的思维，空间相机使用的都是固定焦距的镜头，薛鸣球的提议一下子把大家的思路都打开了，他的想法得到了总参二部的赞同，随后申请到了"863"计划的支持，该项目的名称即是小卫星轻质

---

① 顾逸东：心系空天——王大珩先生与我国航天航空事业。见：相里斌主编：《光耀人生——王大珩学术思想与创新贡献》。北京：科学出版社，2011 年，第 146 页。

CCD 光谱相机详查、普查两用结合型相机任务，经费不多，只有不到十万元，但是契合了国家高科技发展的需求。西安光机所空间光学研究室对承担的"863"项目"详查、普查结合型相机"进行了可行性方案论证，圆满完成了高精度普查、详查切换装置的研制。变焦系统在空间上的特殊应用，这是薛鸣球首次提出的，展示了他的前瞻性和创新性。

2001 年，国家"863"高技术航天领域举行十五周年表彰大会，对1986 年以来十五年为我国航天事业作出贡献的二十一个先进集体和六十二个先进个人进行了表彰，西安光机所以"详查普查结合型两用相机"和"轻型无动镜干涉成像光谱技术"两个项目获得先进集体的称号表彰，榜上有名。相关新闻报道如下：

> 在国家"863"高技术航天领域专家委员会的支持下，西安光机所承担了"详查普查结合型两用相机"项目的研制。项目组在李英才研究员的带领下，遵照"863"跟踪前沿。有所创新的思想，根据我国国情和用户需求提出了一种新型相机。这种相机，兼有详查普查两种功能，可迅速实现详查普查同轨切换。该项目于 2000 年 4 月 25 日通过由国家"863"高技术航天领域专家委员会组织的转阶段评审，认为该项目"总体方案可行，关键技术已得到解决"；它是目前我国同类相机中焦距最长的相机，代表了我国目前空对地航天可见光观测研究领域的最高水平。[1]

2003 年，有薛鸣球参与的"详查普查结合型侦察系统原型样机和关键技术"，获国防科学技术奖二等奖。

星敏感器光学镜头

空间室刚成立不久，1993 年 3 月至 1998 年 7 月，西安光机所承担卫

---

[1] 王峰：国家高技术航天领域举行十五周年表彰大会中科院西安光机所榜上有名。《科学新闻》，2001 年第 7 期，第 18 页。

星星敏感器镜头研制项目，参与人员有刘新平、薛鸣球、苗兴华、刘家齐。这也是"863"项目中的多项空间光学科研任务其中之一。空间室为航天科技集团公司北京控制研究所研制成功"星敏感器光学镜头"六套。1995年6月用户来所实际抽测验收，认为该镜头在像差平衡方面有独特见解，指标合格，达到了预定效果。

星敏感器是对恒星辐射敏感，并借此获取航天器相对于惯性空间的姿态信息的光学敏感器，适用于航天器的轨道控制和高精度的姿态控制。星敏感器也分为星扫描器和星跟踪器两类。星敏感器是目前航天卫星必需的测控设备之一。但在当时，国内卫星上使用的星敏感器主要是依靠进口。尽管当时国内许多相关单位已经在着手策划研制星敏感器，如航天科技集团公司北京控制研究所、北京天文台等单位，都已在该领域作了许多前期调查与研究工作。然而，由于星敏感器工作原理及拍摄目标的特殊性，该光学系统不能用常规摄影镜头来替代，星敏感器所用的光学系统没有专门单位研制。研制星敏感器也是我国发展卫星事业急需，不能让关键技术受制于人！

关于星敏感器光学系统研制的情况，北京卫星控制研究所对该镜头有急需，恰逢赵葆常到该研究所出差，了解到情况，便给薛鸣球打电话询问此事，征求他的意见。薛鸣球认为西安光机所空间光学研究室完全有能力接下这个任务。此后，北京卫星控制研究所派人前来接洽，薛鸣球表示，西安光机所将全力以赴，保证如期完成研制工作。他亲自指导了整个光学系统初步设计、工程化、研制报告的编写和装配检测方案。当时一同参与研制的还有成都光电所。使用单位卫星控制研究所对多家单位研制的光学系统进行了测试，结论是西安光机所的星敏感器光学系统的性能是最好的。

薛院士根据光学系统的基本特征和用户要求，提出了该光学系统的设计思想，包括系统的结构选型，材料选择，像质评价等。按照这个设计思想，我们设计的结果通过了用户的设计预审。在具体研制过程中，我们在加工镀膜、装校等环节都十分认真，在某些方面按照航天产品要求采取了一些新的工艺，使我们的产品完全达到了用户要求。

当时为北京控制研究所研制镜头的还有成都光电所。北京控制研究所把我们两家的产品进行了比较测试，认为我们的产品更好，完全满足他们的要求，最终选择了我们的产品。[1]

图7-6　薛鸣球在西安光机所办公室
（二十世纪九十年代）

这是由我国科研人员独立自主研发出来的首套星敏感器光学镜头，这套镜头成功应用于我国的卫星发射中，并为西安光机所以后进行星敏感器光学系统的研制打下了好的基础。西安光机所研究员、空间光学研究室主任、空间敏感器光学技术学科带头人王虎回忆：

薛老师是空间敏感器光学技术的奠基人。空间敏感器光学技术的研究最初是从1993年薛老师指导刘新平老师设计的卫星用星敏感器光学系统开始的。该类特殊的光学系统，需要探测弱暗的恒星目标，这与以往的成像系统有截然不同的设计思路。薛老师通过他坚实的理论知识与博学广识，为此类高精度重心定位系统的设计提出了理论设计思想。在薛老师的精心指导下，首套星敏感器光学系统于2010年9月1日随资源二号卫星发射升空，该套光学系统不仅是我国国产星敏感器首套产品，也是西安光机所历史上首个上天产品。[2]

---

① 苗兴华：回忆薛鸣球院士往事。未刊稿，2018年，西安光机所提供。
② 王虎：薛老师印象记——谨以此篇纪念薛鸣球院士。未刊稿，2018年，西安光机所提供。

当选院士

图 7-7 薛鸣球在光学设计与 CAD 学术讨论会上发言

1978 年 3 月，邓小平在全国科学大会上提出"科学技术是生产力"，这一论断空前激发和提高了全社会对发展科学技术重要性的认识；同年 12 月，党的十一届三中全会决定，把全党工作的着重点转移到社会主义现代化建设上来，以经济建设为中心。在此背景之下，工程技术开始引起关注，许多人士开始冷静思考、热烈讨论，并且形成共识：从长远着想，中国有必要建立一个以工程技术为主体的最高学术机构，以提高工程技术和工程师在国家建设中的地位，加强责任制，调动积极性，更好地发挥工程技术的整体作用。

1992 年春，王大珩与张光斗、师昌绪、张维、侯祥麟、罗沛霖六位科学家联合署名的《关于早日建立中国工程与技术科学院的建议》建议书登在了中央办公厅 5 月 8 日编印的《综合与摘报》（第 54 期）上，建议书从世界工程技术和技术科学发展的历史和现状，讲到我国的差距，再讲到为了提高工程科学技术研究、设计、建造能力，提高产品竞争能力，增强综合国力，而后提出建立中国工程院，以提高工程技术和工程师地位的建议；他们还就这个新建最高学术机构的性质、任务，以及它与中国科学院（主要是技术科学部）的日后关系等，提出了构想。这份建议书，对于中国工程院的建立和中国实行院士制度，被认为起了历史性的作用。经过王大珩等人的有效工作，1993 年 2 月 4 日，由中国科学院和国家科委联署的建立工程院的第一份请示报告正式呈报国务院并党中央，中国工程院进入筹建阶段。

1994 年 6 月，中国工程院成立，我国同时实行院士制度，中国科学院学部委员改称为院士，首批中国工程院院士九十六人。1995 年，中国工程院增选一百八十六人，薛鸣球名列其中。

提到薛鸣球当选为中国工程院院士这件事，他此前并没有把参评院士放在心上，也没想过要获得"院士"的头衔，所以并没有提交参评院士的各项材料。王大珩对薛鸣球十分关心，他询问了之后发现薛鸣球并没有申报，便问他为什么不申报，要求他马上申报，薛鸣球这才准备了一番，提交了申报材料。研究所对薛鸣球申报院士也是支持和重视的，所长侯洵特意嘱咐同年申报的其他人员，说，大家不要都申报一个学部，避免票数分散。①

实际上，王大珩对薛鸣球评价很好。1978 年，薛鸣球晋升副研究员的时候，王大珩便给他写了一份鉴定书，提道：

> 该同志较全面的光学仪器基础理论知识，特别是在光学设计理论与镜头设计方面具有扎实的基础理论和专业知识，丰富的实践经验。他所进行过的高精度经纬仪系列，各种镜头，变焦距镜头系列等光学系统设计，标志着我国光学设计的一定水平，著作有光学设计概论、光学设计论文集、应用光学讲义等，对国内同行很有影响，能指导中级研究人员开展工作，英语课流畅阅读专业书籍，有一定听说读写能力。②

王大珩密切关心着薛鸣球的学术成长，薛鸣球刚到长春的时候，仪器馆的光学设计部分正是在王大珩的直接领导下开展工作。薛鸣球跟随王大珩在多项与"两弹一星"相关的国防科研项目中参加过工作，王大珩还推

---

① 赵葆常提供材料，2019 年 10 月 30 日。
② 科学技术干部提职呈报表，薛鸣球人事档案，1978 年，资料存于苏州大学档案馆。

图 7-8　薛鸣球获得陕西省劳动模范奖章

荐薛鸣球到西安光机所工作。在王大珩眼里，薛鸣球不仅是下属和晚辈，也是他的学生，王大珩对薛鸣球的工作和水平了然于心。1986 年，薛鸣球晋升研究员的时候，王大珩又欣然写下评语：

> 薛鸣球同志从事光学系统设计研究已卅年，有很深造诣，能独立解决国家需要的各种实际光学系统的设计，对国家建设，特别是国防建设作出了相应的重要贡献，在八项各级科技成果奖中都有他的贡献。他在光学设计理论及其与应用上有创见。他是建国后成长起来的我国第一代光学设计学科代表人物之一。他积极关心光学人才的培养，编写及主编了几本光学设计方法的专著，在国内应用光学界有一定影响，目前已招收研究生十三名，其中五人已以优异成绩毕业，获得硕士学位，现已由科学院推荐为博士研究生导师。[①]

　　作为中国光学界最重要的奠基者王大珩，他对薛鸣球多年以来在光学科研上取得的成果表示了赞誉，他给予了薛鸣球很高的评价，称他是"光学设计学科的代表人物之一"。

　　不仅如此，光学专家、中国科学院院士、曾担任过长春光机所所长的唐九华认为，薛鸣球是我国第一代光学设计学科代表人物之一[②]，他与薛鸣

　　[①]　中国科学院专业职务聘任呈报表，薛鸣球人事档案，1986 年 3 月 13 日，资料存于苏州大学档案馆。

　　[②]　唐九华评语。资料存于采集工程数据库。

球是多年的同事关系，比薛鸣球早几年到长春工作，他们二人在"150-1"工程和卫星系统的总体设计上，有过很多合作，他对薛鸣球的学术情况十分了解，1985年6月18日他为薛鸣球写过一篇学术鉴定评语。他认为：

薛鸣球同志长期从事光学设计研究工作，设计了大量的各种类型的光学系统，所构成的仪器在国民经济和国防建设中起到了应有的重大作用，如大地测量仪、前线监视（指大倍率军用望远镜）、导弹弹道测量（指150-1工程任务）、核爆记录（指210工程）、卫星侦察摄影（指6711工程）、电视电影摄影镜头系列等，因此多次受到奖励。

薛鸣球对光学设计学科的贡献表现在高级色差、二级光谱校正理论上有创新，把P.W法概念深入梯度折射率光学元件设计中。更主要的是运用国内外发展起来的理论基础，解决了涉及面很广的多种光学系统设计的具体方法，突出的是变焦距系统的设计。他编写的重要专著和教材有《电影摄影物镜》《仪器光学》等。薛鸣球同志的研究工作一直处于当时我国光学设计的前沿，从而被公认为建国后成长起来的第一代光学设计学科代表人物之一。

无论是王大珩还是唐九华，都认为薛鸣球是中华人民共和国成立以后，在实践中成长起来的第一代光学设计学科的代表人物。薛鸣球也是当之无愧的。也正是如此，1995年中国工程院院士增选的时候，薛鸣球毫无意外当选了。在成为中国工程院院士以后，他并未因此而享受或使用过任何特权，他认真工作，在空间光学领域、在光学设计学科上发挥自己的特长，作出一项又一项突出的成果。

第八章
缘来苏州，再谱新篇

1999 年，薛鸣球被调到苏州大学。年已七十的他在东北、西北漂泊了近半个世纪，他想的是"叶落归根"。他思念着故乡，时常回忆起儿时在家乡的往事。苏州离他的故乡宜兴很近，气候和饮食都是他熟悉的，相似的乡音令他倍感亲切。回归故土，他心里安稳、踏实。然而在苏州大学工作的十几年间里，他并未抱着"就在这儿养老"的想法，而是感怀于学校对他的信任期望，不顾自己年事已高，尽心尽责工作。他殚精竭虑，只为学校培养更多的优秀人才；他兢兢业业，为学校争取课题、建设学科、设立博士点、促进产业转化，苏州大学是他追光事业的另一个起点。

苏 州 大 学

苏州大学历史悠久，坐落于素有"人间天堂"之称的古城苏州。这所学校的前身可追溯到创建于 1901 年的东吴大学、创建于 1920 年的无锡国学专修学校和创建于 1928 年的江苏省立教育学院，以及创建于 1941 年的国立社会教育学院。1952 年，由原江苏教育学院和中国文学院（原无锡国学专修学校）及国立社会教育学院合校而成的苏南文化教育学院与东吴大学等校有关文理系科合并，在东吴大学旧址上组建了苏南师范学院，同年定名江苏师范学院，1982 年该校更名为苏州大学。1995 年苏州蚕桑专科学校、1997 年苏州丝绸工学院、2000 年苏州医学院先后并入苏州大学。苏州大学经历百余年的发展，如今已经是国内知名的高校，拥有哲学、经济学、法学、教育学、文学、历史学、理学、工学、农学、医学、管理学、艺术学等十二大学科门类，基础雄厚，规模较大，是国家"211 工程"重点建设高校、"2011 计划"首批认定高校，为江苏省属重点综合性大学。学校现有天赐庄校区、独墅湖校区、阳澄湖校区三大校区，占地面积四千零五十八亩，建筑面积一百八十余万平方米。

东吴大学是苏州大学办校的主要基础。追溯东吴大学的源头，学校由美国基督教监理会（美国基督教新教的重要差会之一）开办，是一所教会大学，主要由上海中西书院、苏州博习书院、宫巷中西书院构成，这三所学校对东吴大学的创建有很大的贡献。其中上海中西书院（Anglo-Chinese School）是监理会在中国重要的代表人物林乐知[①]于十九世纪八十年代创办的。这所学校在创办之初是希望成为监理会办"大学"的基础，强调中学西学并重，在课程设置上采取 2-4-2 的方式，即初级教育两年、中级教育四年、高级教育两年，创办人林乐知希望青年学者在学习过程中能够对东西方思想都有认识，参与未来的世界文化。但在实际办学中，学校更注重对学生自然科学各门知识的教学训练，学生为了在上海滩中涉外商务中谋求职位而更重视掌握英语，由此，也渐渐背离了书院创办的初衷。但其作为未来东吴大学创办的基础之一，仍然是有积极意义的。

苏州博习书院则是监理会最早的书院，其前身可追溯到 1871 年曹子实[②]创办的主日学校，并于 1879 年改名为存养书院，1884 年，存养书院

---

① 林乐知（YoungJohnAllen，1836-1907），字荣章，翻译家和教会教育家，美国监理会传教士，清末来华。担任过上海广方言馆首任英文教习，参与过江南制造局翻译馆译书工作，译作有《欧罗巴史》《万国史》《格致启蒙化学》《格致启蒙天文》《列国陆国制》等。

② 曹子实，（查理·马歇尔，Charley Marshall）1847 年生，浙江嘉兴人，幼时被在上海的美国基督教传教士蓝柏夫妇收养，1869 年回国后前往苏州传教。1871 年春夏，曹子实在苏州葑门内十全街开办了主日学校，以固定的讲学形式传播信仰，即苏州最早的教会学校——存养书院（东吴大学的前身）。

图 8-1　林乐知雕像

改名为博习书院，博习书院的校址，也正是东吴大学初创办时的基础建筑。这所书院创办以来重视基础教育，有独特的教学计划，主要采用中文教学，不教授外语，主要讲授圣经、西学和儒学。在成为博习书院以后，学校增设了自然科学的课程，并建设了实验室、实习车间，配备了大量化学和物理的器材和设备，学校在办学中基础理论与实验操作并重，并逐渐以理科见长，为未来的东吴大学建校培养了较好的师资力量。1899 年春，在监理会的决定下，苏州博习书院迁入上海，并入中西书院。

宫巷书院则开办于 1895 年，由监理会传教士孙乐文 [①] 创办，初办时候只有二十五个年轻人，这些人大多数是已经通过科举考试的秀才，他们懂得儒家学说，但不懂自然科学和外国的历史文化，这所书院主要是学习英语、汉语、数学、初等自然科学，包括地理、宗教等课程。书院创办以后，规模不断扩大，创办不到五年，注册学生已经超过一百人。因其招收的学生基础好、起点高，且因学生多数是来自上层社会的士绅，在社会上影响力很大，书院创办的势头良好，其成功和前景，逐渐成为监理会在苏州创办高等教育的基础。

1899 年，美国监理会酝酿创办东吴大学，至 1900 年，监理会决定以

① 孙乐文（David L. Anderson，1850-1911），美国监理会传教士，1882 年来华，东吴大学首任校长（1901-1911）。

已有的学校为基础，在江苏建立东吴大学①。1901 年春，东吴大学正式运作起来，并以 1901 年 3 月 8 日，宫巷书院从宫巷迁至天赐庄博习书院原址办学为学校正式开办的日期。同年 6 月 24 日，东吴大学在美国田纳西州注册。

东吴大学建校之初，主要设立了三个系科：文学系、神学系和医学系。之后的发展过程中，逐渐增加法学、工程学、社会学、新闻学等学科和课程。学校师资力量基础较好，曾在这里任教过的最有名的教师，当属著名学者章太炎，1901 年至 1902 年，他在东吴大学教授国学，任教时间长达一年。这期间，他为学生讲授国学知识，也宣传反清的革命思想，东吴大学成为他的一个阵地。这所学校培养的学生，有知名的社会学家费孝通、遗传学家谈家桢、社会活动家赵朴初等人。

在百余年的发展中，苏州大学创造了很多中国高校历史上的"第一"：中国第一家西制教育大学，东吴大学创办时是一所西式的教会大学；中国第一份大学学报，即 1906 年 6 月创办了《东吴学报》（初办时名为《学桴》），早于创办于 1917 年的《复旦学报》和创办于 1919 年的《北京大学月刊》，对学校乃至苏州地区，影响深远；开展了中国最早的研究生教育，1917 年学校就颁发过文学和理学的硕士学位文凭；有中国第一所法学院，1927 年学校成立东吴大学法律学院……这些是学校的辉煌历史，也是苏州大学教师和学子引以为豪的谈资。

苏州大学不但有可圈可点的历史源流，作为一座园林式的学校，学校本部环境优美，令人难忘。首当其冲的是，校园拥有许多百年建筑，尤其是老东吴大学的校门，始建于二十世纪初期，为"入德之门"，因抗战期间学校建筑损坏，到 1948 年 5 月，由 1928 级校友捐资重建，并在当年完成。这是一座巴洛克风格的建筑，正上方书写着"东吴大学"四字，原字为清末帝师翁同龢所题写。学校旧大门南面原有"UNTO A FULL GROWN MAN"字样，这也是东吴大学的英文校训，来自《新约》，意思是"为社会造就完美的人格"。校训反映了东吴大学初建时为一所教会大

① 初建时名为东吴大学堂，英文名为 Central University of China，实际使用名为 Soochow University。

图8-2　东吴大学老校门（2018年6月26日摄）

学。1935年以后，学校在校门上加刻了"养天地正气，法古今完人"，这是学校对师生的要求，也是师生们谨守于心的一条规范。中英文校训，都揭示了学校教书育人的初衷——培育有全面文化素质的栋梁君子。新中国成立以后"UNTO A FULL GROWN MAN"这条英文校训被"全心全意为人民服务"所覆盖，激励师生努力教学、学习，用才识为中华民族之崛起而奋斗。无论是老校训还是新校训，学校都表明了为社会培养有用之才的决心。走过这座老校门，校园中的主体建筑钟楼、红楼、精正楼、维格堂、子实堂等便依次映入眼帘，这些欧式建筑华丽坚固，历经百余年，至今存在，并还在使用着，它们是苏州大学校内有名的景观地标，承载了历史和文化，每位到来苏州大学的访客都会在此驻足，欣赏、品味这些百年建筑之美，惊叹、赞赏学校丰厚的历史底蕴。不仅如此，学校还有曲径通幽的小河道，栽种了许多数十年乃至百年以上的古木，在树木建筑的掩映之中，苏州大学校园美丽又幽静。这所学校如今已经是苏州市的一张靓丽的名片。

　　进入新时代以后，苏州大学立志发展，学校在规模上扩展，合并其他

190

学校院系，成为一所综合性院校，并大规模建设新的校舍。为发展，学校求贤若渴，四处招揽人才。时任苏州大学副校长的朱秀林教授[①]，回忆起薛鸣球来苏州大学的过程，一方面是学校的盛情邀请，另一方面是薛鸣球自己有"落叶归根"的情怀。他是宜兴人，大半辈子漂泊在北方，他希望能在离家乡附近安度晚年。尽管当时浙江大学光学学科也邀请薛鸣球前去指导工作，但他最后还是选择了苏州大学。

朱秀林和薛鸣球同为浙江大学校友，他们的头一次会面是1998年在浙江大学召开的一次学术会议上。会上，他代表学校，诚恳地邀请薛鸣球会后来苏州大学访问交流，他向薛鸣球介绍了苏州大学的历史和现状，告诉他说苏州地区有很强的光学传统，苏州有一条眼镜街，为全国输送了很多磨镜片的老师傅，可以说是中国近代光学技术之乡，学校还希望在未来大力发展光学学科。薛鸣球对此很感兴趣，不久后便应邀来到苏州大学考察。这次调研中他深入了解到学校的历史，他知道这是一所有着悠久历史的老牌学校，他对学校的地理位置以及学校的学风、传统都很赞赏。也就是在和薛鸣球接触后，苏州大学动了引进他作为学校光学工程学科的带头人，发展这门学科，促进学校长远发展的念头。

苏州大学很快组织起了一个团队，由朱秀林牵头，和薛鸣球沟通人才引进的事。朱秀林回忆说，当年诸葛亮三顾茅庐，自己为了请到薛鸣球，先后去了西安四次，诚挚邀请薛鸣球加入苏州大学。[②]朱秀林先是全方位了解薛鸣球一家人的情况，知道他和老伴都是南方人，很想念年少时候在家乡的生活，心中挂念着老家的亲友，希望与他们常常来往，朱秀林心里对引进薛鸣球来苏州大学工作便有了一些把握。朱秀林谈到了学校未来的设想，他告知薛鸣球，苏州大学有长远发展光学工程学科的决心，为了发展，学校愿意给予来学校的人才好的科研和生活条件，并希望在引进人才方面得到薛鸣球的支持。薛鸣球一开始对去苏州还有些疑虑，毕竟自己年纪大了，已经是快要养老的年龄了，去新的单位先不提能不能发挥作用，主要是会不会给别人带去麻烦？并且自己拖家带口，要搬家去苏州也不是

---

① 2006—2016年担任苏州大学校长。

② 朱秀林访谈，2018年6月25日，苏州。资料存于采集工程数据库。

一件容易的事，但是考虑到学校的诚恳邀请，他决定先动身前往苏州大学考察一番。

在朱秀林的记忆中，薛鸣球前后来苏州大学考察了三次。除做学术报告以外，他还带了几位中青年骨干来苏州调研，不但考察了苏州大学，还去看了苏州其他地方，他们仔细了解了苏州乃至江苏省的情况，以及国家的科技政策和对地方的远景规划。这样一番精细考察之后，他心中有了数。

薛鸣球决心前往苏州大学创业，他还有一颗不老之心，一来他从年轻时就喜欢给年轻人上课，他推崇教书育人，高校有注重教学的传统，且与研究所体制不同，他可以把大部分精力放在教学上，从而能够发挥余热，踏踏实实培养一批光学接班人；二来苏州大学承诺提供好的条件。他希望能够指导年轻人做点课题，发挥自己的作用，多干一些工作。他还有一个小小的私心，那就是苏州离他的家乡比较近，熟悉的气候、亲切的乡音，令他能在阔别故乡半辈子之后重新亲近老家。在祖国的东北和西北生活了大半辈子以后，薛鸣球年纪越大，思乡情便越浓厚，他想念着儿时的故乡，想念幼时候的乡邻街坊，想念家乡纵横交错的水道，想念江南四月的梅雨天，想念家乡那口纯正的餐食风味。他的夫人李品新是常州人，夫妻二人有同样的心思，都怀念南方的生活。加上薛鸣球和李品新的身体都不太好，薛鸣球身患糖尿病多年，李品新也有甲状腺疾病，西安的气候冬季寒冷干燥，吃喝以面食为主，他们不太习惯。他和老伴都想看，如果能去气候温暖湿润的南方生活，饮食习惯都适应，对身体健康也更好一些。这些都是薛鸣球愿意来苏州再次创业的原因。

薛鸣球正式调动来到苏州大学是 1999 年国庆节前后。时任苏州大学校领导的周炳秋、钱培德十分重视薛鸣球的到来，并看作是学校工作的一件大事。学校在 10 月 6 日还专门办了一个座谈会，欢迎薛鸣球等来到苏州大学。座谈会后，薛鸣球便着手组建苏州大学现代光学技术研究所（挂靠物理科学与技术学院），他亲自担任所长，负责研究所筹办、运作。

薛鸣球不仅自己来到苏州大学，他还带来一个团队，包括曾长期在长春光机所工作过的光学专家余景池、在西安光机所从事过高速摄影工作的张耀明、他在西安光机所空间光学研究室的得力助手余建军，等等，这些人都是和他一起来学校的中青年人才。他们相信薛老师的眼光，在来学校考察过以后，清楚看到了学校领导发展的雄心，了解到苏州对人才招徕的力度和眼光，他们相信苏州将提供给人才好的发展环境，愿意和薛鸣球一起开创新事业。这个团队来到苏州大学以后，把精力都投入学校的办学、学科的建设中来，做出了许多科研成果，成为苏州大学光学工程学科的中坚力量，为学校发展做了大量工作。

学校重视薛鸣球一行人的到来，在办公用地紧张的情况下，专门拨给了一栋楼作为他们开辟新事业的基础。而这栋楼，因为接纳了薛鸣球和潘君骅两位院士在此办公、科研，苏州大学师生们也亲切地称之为"院士楼"。薛鸣球带领着手底下的年轻人，从无到有，在这栋楼里一点一滴，建设起了苏州大学现代光学技术研究所。

余建军回忆初创业的艰难，说：

> 1999年9月初我和张耀明来到苏州大学报到，薛院士不久也正式来到苏州大学，我们人事关系归口物理学院，薛院士办公室暂时设在苏州大学原"东吴之家招待所"一间客房中，那时实验室大楼正在建造中，正式进入实验室大楼（现院士楼）是2000年5月。当时的工作条件是我没有预料到的，没有工作基础，实验室大楼在筹建，办公室是临时的，设备没有，正式到位人员只有三人，苏州大学当时没有光学工程学科，没有研究所的各种检测实验室，没有科研队伍，没有实验设备，一切从零开始。[①]

那时候要建设研究所，但除了一栋楼，几乎一无所有——没有项目，人员短缺。余建军跟着薛鸣球来到苏州大学，她感慨薛鸣球总是亲力亲为，全心全意投入新工作，她佩服他挑战新岗位的决心和毅力。余建军记

---

① 余建军：回忆薛鸣球院士初建苏州大学现代光学技术所片段，2019年11月29日。未刊稿。

得，光学检测实验室刚建成的时候，要安装五米光学大平台，薛鸣球一直关注安装进展，不断打电话询问，直到晚上九点多安装到位，余建军电话告知薛鸣球情况，他才算放下心来。苏州大学现代光学技术研究所筹建初期，薛鸣球频繁出差参加各种会议，争取项目，引进人才，对外宣传苏州大学，那时候"随时出差，加班加点"是工作的常态。余建军感慨：薛鸣球承受的工作压力太大了，以至于他身体紧张疲劳，他付出的辛劳实在是超出了一名七旬老人的体力。①

发展光学工程

据曾担任过苏州大学校领导的高祖林教授回忆，薛鸣球来到苏州大学以后，对苏州大学光学工程学科的发展起到了巨大作用，他令苏州大学的光学部分与中科院系统的研究所，乃至全国光学界的联系紧密起来；借助薛鸣球的影响力，苏州大学每年都能邀请来很多专家学者，在苏州大学举办学术报告以及开展研究合作。

2000 年 5 月 17 日，经过半年多的紧张筹建工作，苏州大学现代光学技术研究所和江苏省现代光学技术重点实验室建成，并在这一天，举办了隆重的揭牌仪式。此时，也正值苏州大学百年校庆的好时机，薛鸣球邀请了他的学术朋友们，像母国光、金国藩、林祥棣、范滇元、姜景山、黄尚廉、姜文汉、庄松林等中国科学院或中国工程院院士，还有卞国良、唐晋发、李立峰等著名的教授专家来到学校，一来参加校庆典礼活动，参观校园，考察新成立的苏州大学现代光学技术研究所和重点实验室，以共襄盛事；二来他借助苏州大学百年校庆的好时机，与学校一起举办了一场隆重的"两院院士与学生见面会"，他请来宾们与苏州大学师生们尽情交流，

---

① 余建军提供素材，2019 年 11 月 10 日。

图 8-3　苏州大学光学技术重点实验室成立（右一薛鸣球）

共同讨论学习和为人处世方面的经验和体会。有薛鸣球的盛情邀请和苏州大学的热情款待，会议让与会者都牢牢记住了美丽的苏州大学，宾主彼此留下了美好的印象，同时也为苏州大学未来争取与其他单位的合作建立了基础，这件事在苏州大学的发展历史上写下了浓重的一笔。

薛鸣球是苏州大学引进的第一名院士，学校重视薛鸣球的到来，希望能够发挥院士专家的作用，帮助学校发展。薛鸣球感怀学校的信任，在学校工作的日

图 8-4　薛鸣球（左二）与老校友在厦门开会（2001 年 10 月 26 日，右一潘君骅、左一李剑白、右二韩昌元）

子里，他时刻把学校的利益放在心头的首位，为了学校的发展，他忘我工作。他说，自己到苏州大学以后，在建设苏州大学现代光学技术研究所的过程中，要实现四个目标：建立一个高水准的光学工程学科；争取至少一项国家重点科研工程项目；争取至少一项国家重点基础研究项目；利用光学工程领域的科研成果，成立一个为地方经济有所贡献的高新技术企业。薛鸣球进一步提出，要以光学设计，光学非球面加工与检测，微纳加工和光学仪器四个方面作为研究所的发展目标。[①] 二十年后，总结薛鸣球来学校以后的工作贡献，苏州大学的人都说，他有"四个一"，即发展了一个学科、创建了一个平台、建立了一支团队、形成了一个支撑。

人才队伍

薛鸣球在苏州大学工作期间，很重要的工作便是促进了苏州大学的光学工程学科的发展，他帮助创建的平台便是他领导建设起的苏州大学现代光学技术研究所和各类中心、实验室，建立的团队是引进的各类人才，形成的支撑是在研究所里已经形成了完整的科研、管理体系，并通过科研成果的转化，促进产学研的发展。这些工作要开展，最离不开的就是建起一支可靠、钻研的人才队伍。

薛鸣球深知一人之力渺小，他要在学校把光学工程学科发展起来，就需要组建起一支有实力的团队，通过这个队伍，来带动学科的方方面面，把工作布置、扩展起来，并促进学科的持续性发展。他来到苏州大学以后，请来了他的老搭档、老朋友，曾同在长春工作过的光学专家潘君骅院士为学校发展助力。

潘君骅院士是我国光学工艺方面唯一的院士，他来到苏州大学以后，全心全意投入工作，二十年如一日，他不顾年事已高，无论寒冬酷暑，每天坚持去办公室工作，指导科研、培养学生，在学校建立了完善的光学工程学科研究方向。

---

① 余景池：老有所求、壮心不已——忆薛鸣球院士，2019 年 12 月。未刊稿。

薛鸣球引进的人才中，余景池研究员是长春光机所培养出来的，在研究所工作过多年，有丰富的光学非球面数控加工经验，也是这方面的著名学者，他的到来为建立具有苏州大学特色的光学非球面加工学科方向奠定了基础。余景池在苏州大学担任过博士生导师，后来接过了薛鸣球的班，担任过苏州大学现代光学技术研究所的所长职务，为研究所的发展花费过不少心血。他在苏州工业园区参与创建的苏大明世光学有限公司，已成为国内高档渐变多焦点眼镜片的著名产生企业。

薛鸣球主持引进的另一位人才是从加拿大回国的王钦华教授。他从2006年至2014年一直担任苏州大学现代光学所所长、江苏省现代光学技术重点实验室主任，为学校培养学生、发展光学事业作出了很大贡献。

薛鸣球来校以后帮助引进的人才还有著名光学测试专家、美国Veeco仪器公司首席科学家、美国亚利桑那大学光科院兼职教授、美国R&D100奖获得者韩森教授前来苏州大学担任客座教授，在苏州创建了苏州慧利仪器公司。先后入选苏州工业园区科技领军人才、姑苏创新创业领军人才、江苏省高层次创新创业人才以及中组部第六批国家千人计划。

图 8-5　薛鸣球与潘君骅共庆八十寿辰（2010 年）

薛鸣球在苏州大学锻炼人才队伍的一件有意义的事是从 2007 年 10 月开始，指导以沈为民等青年学者组成的科研团队，承接了由南京航空航天大学委托的"天巡一号微小卫星可见光 CCD 相机"项目任务。

天巡一号是一颗小卫星，身高不到一米。这颗卫星是由南京航空航天大学的在校学生和青年教师组成的设计队伍设计的。作为一颗微小卫星，天巡一号在太空中，通过编组工作，在单轨道或多轨道平面上构建起应急卫星体系，从而完成大卫星难以完成的重任。这也是十分重要的空间科学实验任务，是某项卫星在轨特性在国内的第一次测试。同时，天巡一号还要验证面阵CCD 相机成像技术等。

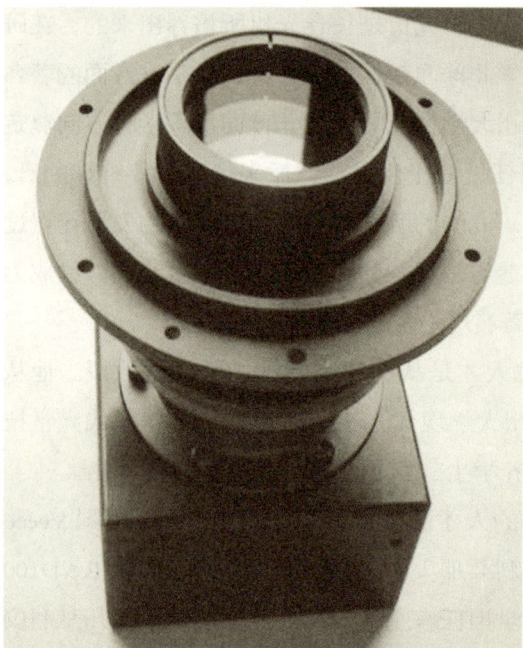

图 8-6 天巡一号微小卫星可见光 CCD 相机

图 8-7 薛鸣球在考察卫星照片

薛鸣球把自己多年来从事空间相机研制的经验传授给了年轻人，以实例操作来指导他们进行卫星相机的光学设计工作。他通过授课、答疑和讨论等方式，向苏州大学的科研团队传授自己的经验和知识。这项任务要求的相机系统，需用于天巡一号微小卫星上，研究人员在设计中采取了画幅式成像方式、折反式光学成像系统和工业级元器件，各项技术指标和产品质量均达到要求，并具有成像质量好、成本低、体积小、结构稳定、适应空间能力强、可靠性高等优点。最终研制的产品交付给南京航空航天大学后，于 2012 年 11 月 9 日成功发射并运行，该卫星于 2016 年 2 月进入大气层烧毁。这一团队在薛鸣球指导下研制出的相机在轨工作运行良好，能够获得清晰的对地遥感图像，使用寿命超出了预期。通过这项任务，在研制过程中，年青一代的科研人员通过实践，成长起来，并令苏州大学成为国内少数几个能够独立研制高质量、高性能卫星载荷的高校之一，同时也对提升我国微小卫星光学遥感器的能力和水平做出了贡献。

薛鸣球在苏州大学创建科研团队，为学校光学工程的可持续发展打下了坚实的基础。在他的带领下，苏州大学现代光学技术研究所拥有包括院士在内的各类专业技术人才四十余名，人才层次包括千人计划、百人计划的优秀人才，教育部新世纪人才，国家和省部级突出贡献专家，学科带头人，中青年人才，形成了一个年轻而富有创新性的科研队伍。不仅如此，研究所经过二十年的发展，培养研究生多达百余人，为高等院校、研究机构、企事业单位等社会各界输送了一批优秀技术人才。

学科建设

由薛鸣球一手建立并担任了首任所长的苏州大学现代光学技术研究所正式成立于 2000 年 5 月，坐落在苏州古城区苏州大学校本部院士楼内，主要从事前沿光学技术领域的高技术创新研究、产业化研究及高科技人才的培养。研究所以现代光学系统设计与制造、光学自由曲面加工检测与装备、微纳结构光子器件与制造、先进激光技术以及新型光子学材料为主要研究方向。

研究所经过十余年的快速发展，在学科建设、人才培养、科学研究、成果转化以及服务社会等方面都取得了优异成绩，在国内外获得了良好的声誉。在薛鸣球的主持下，2002 年，苏州大学光学工程学科被评为江苏省重点学科，2003 年，学校获得了光学工程一级学科博士点的授权。2003 年年底，苏州大学与航天科技集团公司五院五〇八所联合建立了空间精密光学工程中心。被国家总装备部航天局有关负责人评价为"是一次强强结合的好模式"。国务委员陈至立一行到中心视察时对这一成果给予了很高的评价。

薛鸣球到苏州大学以后，承担和指导了十多项重要的科研项目，包括国家"863"项目、"973"项目、"十一五"重大课题、国家自然科学基金项目，如"高分辨率空间相机光学系统研制"中的光学系统设计项目和大口径光学非球面的加工与检测项目，等等。除此之外，还有多项重要军工、航天合作研究开发项目，包括我国激光点火装置的光束诊断系统优化设计项目、武器系统科研课题、微小卫星相机研制项目等。在他的直接指导下，为学校争取科研经费多达数千万元，极大提升了学校的科研层次。在薛鸣球的带领下，光学工程学科团队取得了大量优秀的科研成果，不仅获得多项授权发明专利，在国内外知名学术刊物上发表多篇论文，团队还取得了多项奖励，如国家科技进步奖等国家和省部级奖，很多成果和专利已在行业产业化和技术进步中取得良好的经济和社会效益。

2010 年下半年，江苏省启动"优势学科和创新平台"建设工程，重点任务包括建设高峰学科、培育杰出人才、产出重大成果和引领经济社会发展，江苏省拟每年安排不低于十亿元的专项资金，用于实施江苏高校优势学科建设工程。由于该工程的经费支持强度大，对省内学校和学科的建设发展具有重要的意义，但该工程支持的学科数量有限，而江苏省内的传统优势学科又非常多，因而各所学校为了争夺经费，竞争十分激烈。薛鸣球意识到这件事对学校有关学科发展有很大益处。在学校的大力支持下，苏州大学现代光学技术研究所积极组织力量进行申报。为了引起各方重视，薛鸣球亲自参加了多次讨论，指出申请书要突出的要点和要注意的问题。功夫不负有心人，2011 年 1 月，苏州大学微纳光学学科成功获批江苏省首批优势学科建设，这也是苏州大学获批的四个学科之一，获得建设经费五千四百万元。经过四年建设，微纳光学学科在 2014 年结题验收时获得A 类等级，并成功获得二期建设项目立项。光学工程、微纳光学优势学科的成功立项和建设为苏州大学光学工程的发展奠定了坚实的实验设施和人才基础。在此期间，学科建成了设施一流的先进光学加工和检测平台，为学科后续的高水平的发展和人才引进提供了必备的支撑。[1]

图 8-8　薛鸣球在深圳大学作"航天光学遥感技术的发展"的学术报告（2003 年）

薛鸣球注重各类平台建设，为学校发展耗尽心血。他积极奔走，为有关部门提交报告，四处宣讲，组织人员参与工作。在他的支持和推动下，各类平台在学校从无到有，一一建起：2003 年，教育部现代光学技术重点实验室建立、江苏省数码激光图像及新型印刷技术工程中心建立；2005 年，江苏省国家重点实验室建设培育点建立；2007 年，江苏省先进光学制造技术重点实验室获批建设；2011 年，发改委批准立项成立"数码激光成像与显示国家地方联合工程研究中心"，这也是苏州工业园区内企业为主的首个国家级平台。这些重要的平台建设和建成，令苏州大学发展光学工程学科有了依托，并得以大量招徕各类型人才，投入设备、资金，为学科长远发展提供了有利的支撑。

如今的苏州大学拥有光学工程博士后流动站、光学工程一级学科博士点、光学工程江苏省国家重点学科培育点、江苏省重点学科、微纳光学江苏省优势学科建设项目等。薛鸣球到苏州大学以后，苏州大学光学工程学科发展的势头迅猛，在十多年的时间里，在国内外形成了重要影响，这令全国光学界瞩目。

---

① 王钦华：回忆薛院士晚年指导光学工程学科平台建设，2019 年 11 月。未刊稿。

推动科技产业化

苏州大学光学工程学科在短短十年时间内，已在国内外形成重要影响，并为江苏和苏州地方光电产业的发展，服务地方经济做出了贡献。在薛鸣球的支持和推动下，在科研创新与企业相结合方面为达到科技和企业双赢的发展目标，有力地促进地方科技与经济的协同发展，苏州大学把科研成果及时转化为企业的生产能力，为企业创造了巨大经济效益，其中，有两个较为突出的案例。

苏州大学一个直接与光学工程相关的案例是，在薛鸣球的主持和推动下，苏州苏大明世光学有限公司于 2002 年 9 月 3 日在苏州工业园区成立。这是一家长期致力于眼视光学高端模具设计和制造的高新技术企业，名字也是由薛鸣球亲自取的。该企业成立的初衷是将苏州大学现代光学研究所余景池课题组在非球面和自由曲面光学设计和数控加工方面的科研成果产业化。经过十五年的发展，公司已经成为目前国内高端渐进多焦点树脂镜片玻璃模具知名供应商，生产出的各类型渐进多焦点模具、抗疲劳模具、八轴两面非球面模具，均已达到世界先进水平。公司在树脂镜片玻璃模具的设计、开发、生产、销售，以及提供相关技术服务；精密光学元器件的设计、开发、加工；高端镜片的生产和销售。该企业经过多年发展，已成为国内高档渐变多焦点眼镜片和非球面光学元件的著名生产企业，已获批为江苏地区的"高新技术企业"，并于 2014 年成为首批在新三板挂牌的二百多家企业之一。

图 8-9　薛鸣球（前排右二）在企业考察（2003 年）

还有一项可圈可点、将薛鸣球支持的科研项目直接转化为经济效益的事是在 2002 年，在薛鸣球主持下，苏州大学现代光学技术研究所承接并完成了苏州六六视觉公司新型 YZ20T6 手术显微镜的光学系统设计。这项产品在生产出来后，经由六六视觉公司推向市场后反映良好，很快便发展成为该公司的定型产品，年产约达到一百台，产值约五百万元，为公司创造了效益，也树立了品牌口碑。这也是在薛鸣球的带动下，促进科研成果转化的一个直接事例。

学 术 交 流

薛鸣球来到苏州大学以后，他多年来积攒的人脉起到了巨大作用。为学校发展，他广邀好友前来学校，一为参观，令光学界同人了解到学校的历史现状和未来发展的设想。二为请朋友们襄助，前来参加学术交流，提升学校的学术层次。三为在各类活动中扩大学校的影响力，令光学工程顺利发展。

为及时掌握光学界的学术动态和前沿信息，薛鸣球在早期的学术和实践活动中就已经开始逐步建立起自己的学术圈子。他第一次出国参加交流是在 1964 年 6—7 月，他作为中国光学机械参观团团员去日本考察日本光学仪器。他在交流活动中去了日本的光学工厂和大学，了解到了国外较为先进的光学仪器生产制造过程和光学工厂的管理情况。在这次交流中，薛鸣球认识了日本北海道大学工学部应用物理学科的村田和

图 8-10　薛鸣球在日本考察（1964 年）

美教授，他在光学成像理论、光学信息处理等研究领域有专长，对信息处理、全息技术有较深入的研究，也是国际上光学传递函数装置的创始人之一。薛鸣球在日本与村田和美在座谈会上有所交流，二人都佩服彼此在光学成像理论和光学传递函数方面的独到见解，建立了友谊。但因随后的政治风波，他们二人在很长一段时间内未能够再有联系。直到二十世纪七十年代末期，我国实行改革开放以后，与国外的交流联系多了，村田和美教授曾来华参观讲学，便又与薛鸣球恢复了联系。后来薛鸣球还多次推荐青年人去村田和美教授那里留学，学习日本光学的理论、知识，并把这部分内容应用于国内的光学发展中，这在中日光学交流中起到了好的桥梁作用。

在改革开放以后，薛鸣球多次出国进行学术交流活动，他去过日本、加拿大、德国、美国、叙利亚，访问了许多国家的光学机构，参加了许多学术会议，他的学术水平让国际同行佩服，也由此对中国的光学产生了了解。除了村田和美教授之外，他还有许多国外的学者朋友，如凹面光栅装置发明者濑谷先生、机器人视觉创立者多曼，等等。薛鸣球积极推动国际化交流，亲身参与到国际学术交流中，他也鼓励学生们参加交流活动，希望国内同行能看到更广阔的学术天地，了解国外的进展，学习国外的长处，他不仅希望光学为中国的科学技术服务，也希望国际认识中国科学日

图 8-11　薛鸣球在北京参加王大珩院士从业五十五周年纪念会（1992 年 10 月 25 日）

新月异的发展变化。

薛鸣球参与和促进国际交流的一件事，是 1988 年在西安光机所召开的第十八届国际高速摄影与光子学会议。这是每两年举行一次的国际序列性会议，自 1952 年首次会议在美国华盛顿召开以来，会议大多在欧美等国家举行，会议地点的选择条件十分苛刻，原则上要求会议东道国在本学科具有较高的发展水平。我国曾派代表参加过在瑞士召开的第七届会议，当时我国的高速摄影学科刚刚起步。但"文化大革命"阻碍了这一学科的继续发展，直到 1978 年，我国重新派遣专家参加会议。在中国重返国际高速摄影行业舞台后，国际高速摄影与光子学会议组织决定，1988 年将在实施改革开放的中国召开第十八届国际高速摄影与光子学会议。中国光学学会主办这次会议，并决定将筹备组织设立在西安光机所，中国兵工学会、中国核学会、中国仪器仪表学会、中国物理学会、中国计量和测试学会、中国理论和应用力学学会及美国光学仪器工程师学会负责协办会议。西安光机所十分重视这次会议，为了把大会办好，尽管薛鸣球已经卸任了所长职务，但由于他的影响力和学术水平，研究所决定让他来担任会议组织委员会的主任，负责大会组织方面的具体工作。

1988 年 8 月 28 日至 9 月 2 日，会议在西安市陕西省科技馆园召开。严济慈任大会名誉主席并出席了会议，王大珩担任大会主席。有来自二十多个国家和地区，共二百七十九名代表参加了会议，会上宣读了百余篇学术报告。这个会议还举办了一个小型展览会，西安光机所研制的棱镜补偿式、转镜式高速相机和变像管条纹相机、全息高速摄影机等产品作为展品在大会上展出，令国外对中国的高速摄影发展水平十分佩服。由薛鸣球主要负责组织的大会取得了圆满成功，外宾一致认为会议的组织筹备、学术活动安排、服务质量十分周到、妥帖。会后组织委员会还收到了来自美国、瑞典、希腊等国家参会代表的来信来电，对会议成功表示祝贺和感谢。这次会议对我国高速摄影和光学利用方面有很大的促进，在中国举行的这次大会，参加者都是国际国内有较高专业水平的同行，会议令国内学者能够在自己的地盘上方便地与国外同行交流，也令国际上认识到了中国。薛鸣球充分发挥了他在国际和国内的影响力和作用，从会议筹备到顺利召开，他做了大量工作。

薛鸣球在学术上的好友很多，他在长春度过了他人生中宝贵的青年、中年时光。我国光学学科的奠基者王大珩尽管不是薛鸣球正式拜师的老师，但在薛鸣球和长春光机所许多光学工作者的心目中，都把王大珩当作是自己事业上的引路人。薛鸣球尤其感激王老的知遇之恩，是王老把大学毕业的他要来到长春光机所参加工作的。建馆初期王大珩非常重视光学设计工作，在他的指导下建立了光学设计组。王大珩不仅在学术上关心晚辈，他教授青年人做设计，给他们指导思路，他带领他们参与实际的科研项目，把他们引入国防光学的科研之路上。王大珩还十分关心青年人的生活，他有个规矩，每到过年的时候，他会把学生、晚辈都叫到他家里来吃饭。有一次薛鸣球迟到了，"老薛怎么没来啊？"王大珩关心地问，并接连催着让人打电话去问问怎么回事，直到薛鸣球忙完手里的事来到王大珩家中。薛鸣球感怀王大珩的关心，他一心一意努力工作，用科研成绩报答恩师。他参与了多项技术攻关项目，通过学习、吸收、分析、评价国外光学设计理论，先后设计出我们国家的望远物镜、显微物镜、照相物镜、广角

图 8-12　薛鸣球回到长春光机所参加所庆宴会，与老同事相聚（1992 年）

物镜等，填补了国内光学设计领域的多项空白。

薛鸣球在学术积累过程中、在科研项目的合作中，与唐九华、潘君骅、林祥棣、母国光等人都结下了很深的友谊。

光学测控、测控设备专家唐九华（中国科学院院士）是他在长春光机所时的同事，也是他学术上交往很多的、与他谈得来的一位好朋友。唐九华二十世纪五十年代负责研制成功光学测地经纬仪和自动记录红外分光光度计并推广至工业生产，六十年代起参与过大量国防光测设备的研制工作，七十年代后期起把光学测控系统和光电仪器的设计经验总结成为总体设计的概念、理论和方法。他担任过长春光机所的所长职务。唐九华对薛鸣球的情况十分了解，他与薛鸣球在工作上来往很多，在薛鸣球职称评定时，从不轻易评价别人、惜墨如金的他毫不犹豫便为他写下了评语。且薛、唐两家在私下也有很好的交往。薛鸣球的二女儿薛凡，上学期间经常去唐家玩，在他家里吃饭。唐九华常常说，他很羡慕薛鸣球有两个可爱的女儿，他把老朋友的孩子当作自己的孩子一般疼爱。

潘君骅与薛鸣球的交情更不必说，他们是多年的老同事，在非球面加

图8-13　薛鸣球（前排右一）在山西大学光电研究所与老朋友们相聚（二十世纪八十年代。前排：右二唐九华、右三李富铭、左一王之江；后排左起：彭堃墀、马祖光、陈英礼、夏宇光）

工检测中有很多共同语言，且在 1999 年以后，共同在苏州大学为发展应用光学学科而努力。

光学技术与仪器工厂专家林祥棣（中国工程院院士）是薛鸣球在浙江大学的同学，也是他的同事，他们在 1956 年一起来到长春，并共事到 1973 年，林祥棣调动到四川大邑县参与组建中国科学院光电技术研究所。在长春光机所期间，他们合作过很多项目，在光学设计和应用上有很多共同语言。

南开大学前校长、中国光学学会第三届理事长、中国科学院院士母国光 1952 年毕业于南开大学物理系，1956 年来到光机所光学设计组实习、进修过一年，就这样与薛鸣球认识了。母国光一直以来对光机所感情很深，后来他回到南开大学开启了从事光学、应用光学和光学信号处理的科研和教学工作的道路。二十世纪七十年代，他与薛鸣球在电影会战中曾经朝夕相处过，在学术上彼此认同。1986 年，母国光应邀任长春光机所应用光学国家重点实验室担任主任，与光学设计研究室的新朋老友一起合作了很多光学系统领域的科研项目，与薛鸣球更是多有合作。薛鸣球调动到苏州大学以后，还请来母国光来学校交流，母国光只要来苏州出差，就一定会去看望老朋友。

薛鸣球在早年的学术生涯中建立了广泛的人脉，他来到苏州后，经常邀请学术界朋友来苏州大学交流，这也是他调动到苏州大学以后，帮助发展光学工程学科的一大助力。薛鸣球调动到苏州大学以后，常常请老朋友们来学校做客，他邀来朋友们来校交流、参观，促进合作。他也把自己的学生、团队成员推荐给这些知名的光学专家，促成他们之间的学习、合作、交流。苏州大学的校庆上，曾见到过许多光学专家的身影，都是薛鸣球邀来的。每次朋友们来，他都热情招待。他的老朋友们信任薛鸣球的学术能力，相信他的眼光，更坚信他所带的团队能够把工作、项目做好。他们乐意与学校合作，在十多年的时光中，他们也亲眼见证了光学工程学科在苏州大学建立、发展。

第九章
立德立言，培养人才

薛鸣球热爱光学，他投入了大量精力培养青年人才。编讲义、培养学生是他工作中的重要部分。他的《仪器光学》讲义，至今在学界中仍然影响很大，是薛鸣球的代表作。他培养的学生，大多数成为光学学科领域中的代表人物，许多人接过了老师的教鞭，为光学事业培养后继人才。

《仪器光学》讲义

在薛鸣球编著过的讲义、科技书籍中，令他的学生们和同事们最难忘的，是《仪器光学》，这本书也被公认为是薛鸣球的代表作，体现了他的学术思想和教学思路。提到《仪器光学》，首先要说的就是长春光机学院（现为长春理工大学）[①] 和薛鸣球的情缘。这部讲义，许多内容是源于他在

---

① 长春光机学院创办于 1958 年，1960 年 11 月，随着光机所和长春机械所合并，长春光学精密机械学院与由机械所创办的长春机械学院合为一校，但校名仍用长春光学精密机械学院。1965 年 2 月，中国科学院同意学校与长春光机所分开，人员编制和经费独立核算。2000 年，长春建筑材料工业学校并入学校。2002 年 4 月，经中华人民共和国教育部批准，学校更名为长春理工大学，校名由王大珩亲笔题写。

仪 器 光 学

薛鸣球　编著

中 国 科 学 院 西 安 光 机 所

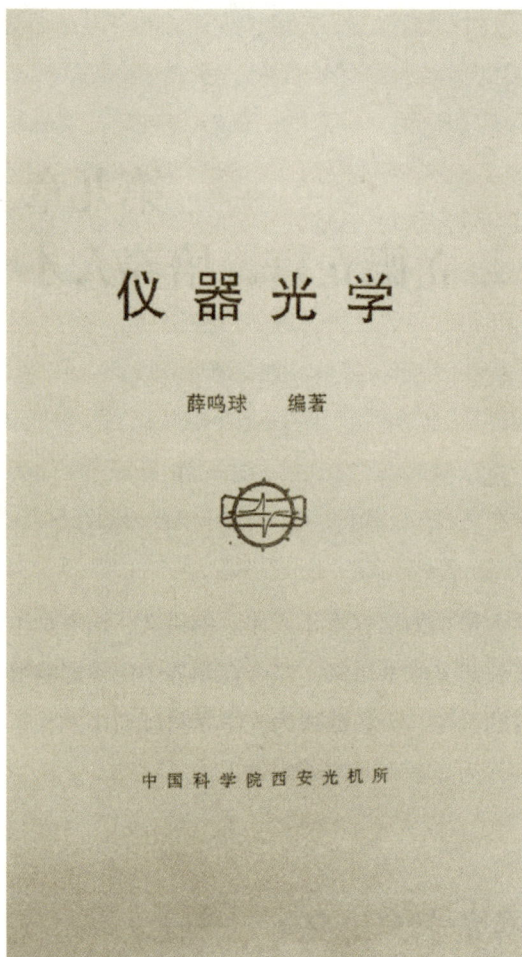

图 9-1 《仪器光学》讲义书影

长春光机学院授课的心得。

1958 年 6 月 27 日，中国科学院以光机所为基础，创办了长春光学精密机械学院（简称长春光机学院）。这也是光机所跃进计划的一部分。长春光机学院是中国第一所光学专业的高等院校，初创校时学制定为五年，首届入学的共有四百一十三人。王大珩任首任院长职务，龚祖同、张作梅等任副院长。长春光机学院建院初期只开设了物理系。1959 年年底增加到四个系（五个专业），分别是：精密机械系（开设光学仪器专业）、电子物理系（开设电子学专业）、光学物理系（开设光学物理专业、技术物理专业）、光学材料系（开设光学玻璃专业）。当时学校里缺少教师，王大珩便号召光机所职工都参加到办学中来。长春光机学院里的许多专职教师都是由光机所里的研究人员充任，从所长到普通研究人员，大多数人都曾在学校里为学生讲过课。

薛鸣球也不例外。二十世纪七十年代以后，他在光机学院里讲过仪器光学的课程。这门课是薛鸣球最有代表性的课程，影响了许多听过这门课的光学从业者。而他授课和编写《仪器光学》的基础，是二十世纪五十年代末到六十年代他在光机所里给青年人做过的光学设计培训，以及他早期编写的《光学设计手册》讲义。

二十世纪五十年代末到六十年代初，光机所扩大发展，但不少刚毕业的年轻人并没有好的光学知识基础，因为当时全国的高校中，光学专业不多，也没有专门的光学设计课程，许多人在大学里学习的是物理专业或是机械专业。他们来所以后从事光学设计，因为没有基础，只能通过前辈们传授经验和方法，更别提有好的学习教材了。薛鸣球曾负责教这些年轻人做光学设计。面对青年人没有基础的情况，薛鸣球看在眼里，急在心里。他白天忙科研，还要讲课，便利用晚上休息的时间来编讲义。编写讲义最大的难题是没有现成的参照，再加上听众水平不同，要根据现实情况因材施教。为了达到好的讲课效果，他只能编一段、讲一段，根据学生的反馈，对编写好的材料进行修改、补充，并酝酿下一段材料的写作。渐渐地，薛鸣球积累并形成了一部较为系统、完整的讲义。

薛鸣球最早编著的一份讲义是"四清"期间的《光学设计手册》，冯秀恒回忆这部讲义的成形："'四清'运动时，薛鸣球经常讲课，当时要保证政治学习时间，学术交流时间被缩短了，只有周五才可以组织学术讲座。薛鸣球主要讲光学设计，从基础理论到具体设计。后来这本讲义印成油印本的《光学设计手册》，没有正式出版。"①

当时在光机所内，光学设计突出的人物还有王之江，他也编著过一部专著，这部正式出版的专著便是著名的《光学设计理论基础》，薛鸣球也参与过这本书的一部分编写和出版工作。这部书的特色是，在完成大量设计工作并参考国外的理论和经验的基础上，系统总结了我国光学设计理论和方法。在这本专著完成以前，王之江读过很多国外文献，包括苏联的《光学仪器理论》《波差理论》等，他还阅读过一些英美的光学专著，王之江了解到苏联的光学设计的公式和方法十分严谨，但相比之下，内容较为啰唆，英美的则比较简化、容易理解，他便把二者结合起来了，各取所长，并反映在书里。这令人非常佩服。王之江对光学设计的认识深刻，理论水平高，他编著的《光学设计理论基础》严谨、认真，从光学设计的实

---

① 冯秀恒访谈，2018 年 6 月 7 日，长春。资料存于采集工程数据库。

际应用出发，反映了我国光学设计在成像质量、像差理论、设计方法等方面的成就，是我国光学界里最具影响的著作之一。这部专著是面向有一定基础的光学设计人员的，是作者实际工作和理论的一次总结。但对于初入门的学者来说，这部书便显得复杂、难懂了，针对当时光学设计人员少，许多从业者都不是光学设计专业出身的现状，一部面向初学者的教科书是急需的。光学专家、长春光机所的老研究人员翁志成形容自己初踏入光学设计领域时，阅读这本书很困难，他的感受是："《光学设计理论基础》对于光学刚刚入门的人来说是看不懂的，里面每句话里面都有很深的含义，一般人看不懂。但要是理解了其中的含义，是终身受用的。"①

曾任国家光学机械质量监督检验中心主任、载人航天工程有效载荷项目副主任设计师韩昌元年轻时，因刚参加工作与李品新在一起共事，所以他常常去薛鸣球家做客，他们一边吃饭一边谈论起光学设计方面的问题。韩昌元很佩服薛鸣球在光学设计方面的才华，他每次向薛鸣球请教光学设计方面的方法和问题都得到了解决，他回忆自己在学习光学设计之初，受到薛鸣球的影响很深，薛鸣球编写的《光学设计手册》他读过很多遍。他在学习光学设计时，参考过王之江的教科书和薛鸣球的教科书，这两本书对他都有很大帮助，他在认真学习后对两部书进行了比较，认为这两本书针对的对象不同，前者适合有一定基础的学习对象，适合有经验的光学设计工作者参考；后者提出的理论、问题、解决方法都比较通俗，浅显易懂，适合初学者入门使用。②

与王之江的教科书相比，薛鸣球这份未正式出版，且未署名的《光学设计手册》，虽然仅为一本油印手册，但却是面向初入光学设计大门的技术人员的，其特色是把复杂的东西简单化，讲解问题深入浅出。这部讲义融合了薛鸣球对光学设计的观点和看法，也考虑到了学习者的程度，显得更平易近人，在长春光机所内流传很广，很多光学设计人员在刚开始工作时都爱读这本讲义。翁志成说："薛鸣球给我印象比较深，他把光学设计理

---

① 翁志成访谈，2017 年 8 月 24 日，长春。资料存于采集工程数据库。

② 韩昌元：学习薛鸣球院士努力发展我国引用光学与光学设计事业。2017 年 11 月 18 日。资料存于采集工程数据库。

论基础吃得很透。他培养了一批年轻人。我觉得他贡献比较大的就是把一些难以理解的东西变成容易理解的，有一些就公式化了，把一些理论变成工具一样可以灵活运用。"①

有了《光学设计手册》的编写基础，薛鸣球再编写《仪器光学》讲义就容易多了。《仪器光学》汇集了他多年的研究心得。这部讲义是在二十世纪七十年代，他在光机学院授课期间编写的。冯秀恒回忆薛鸣球在光机学院授课和编书的情景："他编了一本《仪器光学》，没有出版。主要用来给光机学院的学生当讲义用。当时薛老师给光机学院上课，很辛苦，每天走着去，回来时累得都说不了话。"②韩昌元形容说："王之江著《光学设计理论基础》，是二十世纪五十年代，长春光机所开展光学设计工作的成果总结，是提供给有经验的光学设计工作者参考的。对初学光学设计的人来说，是一本'天书'，看不懂。薛鸣球院士根据当时的初学光学设计人员的需求，自编了讲义《仪器光学》，并给长春光机学院（现为长春理工大学）学生讲课，培养出了一批能看懂《光学设计理论基础》的光学设计工作者。"③

薛鸣球于1977年开始兼职担任光机学院的授课教授，他先后为七七级和七八级学生开设了仪器光学这门课程。这门课在我国是首创性的，在此之前，并没有哪所学校、哪位教师开设过。薛鸣球开设仪器光学课程的初衷是："企图在这方面做一些工作，把一些问题进行归纳和分析，提出一些总的看法，从更综合的方面来考虑仪器的光学问题。仪器光学区别于光学仪器，光学仪器是讨论它的总体问题及其各种主要的结构；而仪器光学则着重讨论仪器中的光学总体问题。"④薛鸣球认为，仪器光学与物理光学、几何光学有联系也有区别，这门科学讨论的是这些知识在仪器中应用时有关的问题。

为了上好仪器光学这门课程，薛鸣球没有选择现有的教科书令学生阅读，而是自行编著了讲义，这部讲义提到了光学总体设计的方法，采用了

① 翁志成访谈，2017年8月24日，长春。资料存于采集工程数据库。
② 冯秀恒访谈，2018年6月7日，长春。资料存于采集工程数据库。
③ 韩昌元：学习薛鸣球院士努力发展我国应用光学与光学设计事业。2017年11月18日。资料存于采集工程数据库。
④ 薛鸣球：《仪器光学·绪论》。未刊稿，中国科学院西安光机所。

许多他从事过的实际案例，他通过具体的解决方法，一点一滴教授学生如何从事仪器的光学设计工作，这本书可以说是凝聚了他长期以来科研思想的精华。

薛鸣球在讲义中列举了许多实际的案例，通过教学生如何从总体上给要设计的仪器分配光学指标，来告诉他们进行实际的光学设计。例如，其中一节的内容是"光学系统参数外形尺寸计算"，薛鸣球要教学生们如何把几何光学用在光学仪器的尺寸外形计算中，薛鸣球提出问题："要求设计一个倍数为一百倍，总长为二百毫米的刻卜勒望远镜。""要求设计一个焦距五米的望远摄影系统。""要求设计一个计量光学系统的物镜，象方线视场二十毫米，测量精度一微米。"薛鸣球针对具体问题，一一解答，通过公式演算、光路分析、指标分配，得出了满意的设计方法。

这里面的案例，有的是薛鸣球自己亲手设计过的，有的是总结光学设计部门的其他工作，但无一不是从实践中总结出来的精华，反映了他的光学设计思路。

但《仪器光学》这本书正式成型，是在二十世纪八十年代薛鸣球调动到西安光机所之后。薛鸣球到西安光机所之后，仍然坚持为研究生开课，尤其是仪器光学课程，他亲自主讲，并把讲义油印好分发给学生们。担任过西安光机所副所长的高立民研究员，犹记得自己在研究生阶段（1988—1991）听过薛鸣球主讲的课程。当时西安光机所一共有二十多个研究生，组成一个小班，薛鸣球负责给他们讲授仪器光学课程。薛鸣球的课程和讲义在西安光机所里十分有名，高立民形容听课的感受是："薛老师确实是大家，概念特别清楚，里面光学上的一些数据，多少分之一的数字，小数点后面有多少，他一口就能说出来，当时我们就觉得自己都在仰视他，我们觉得他太厉害了，而且概念特别清楚。我的专业就是仪器光学，也学过光学，一听薛老师的课，很多概念一下子就清楚了，他确实非常厉害。"[1] 高立民评价薛鸣球的仪器光学课程：这是一门体系化的课程，也是一座重要的桥梁，令研究生从书本走向了工程。[2]

---

① 高立民访谈，2018 年 10 月 17 日，西安。资料存于采集工程数据库。
② 高立民访谈，2018 年 10 月 17 日，西安。资料存于采集工程数据库。

薛鸣球的学生们都忘不了这部影响过他们学术生涯的《仪器光学》讲义和他上这门专业课的情景。1984 年曾上过薛鸣球主讲课程的韩森曾回忆起当初上课的情景，他形容薛老师就是他的学术偶像，能听到由薛老师亲自主讲的仪器光学这门专业课令他们非常高兴，并认为这是"求之不得的机遇"。韩森是在 1978 年考入长春光机学院的，他的指导教师是蒋筑英，他在 1982 年开始攻读研究生，后来成长为一名光学专家，先后担任过苏州大学、上海理工大学的教授，也是苏州慧利仪器有限责任公司创始人之一。韩森回忆：

　　　　1984 年年初确认，专业课仪器光学将由薛老师主讲。这真是万万没有想到求之不得的机遇再次来临，我们四位同学都非常高兴，能有机会聆听薛老师亲自授课。这四名同学分别是邸旭、李共德、吴勇军和我本人。薛老师当时已经到西安光学精密机械研究所担任领导职务，但是家还在长春。所以，当时的薛老师应该是在非常繁忙的工作和家庭琐事中抽出时间为我们讲课。薛老师上课时，允许我们打断他讲话来提问题。薛老师思维非常敏捷，经常是我们的问题刚刚提到一半，他就给出我们要的答案了；还有他的逻辑思维非常强，是我学习和收益的重要之处。有时，薛老师还会坐下来，面对面地问我们：除了教材内容（薛老师自己写的教材）以外，还想学点什么？这场景依然历历在目，在轻松、自由、平等的气氛中我们学到了知识。

　　　　薛老师教我们的不仅仅是书本上的专业知识，还有解决问题的方法和做人的基本准则，是我终身受益的恩师。[1]

　　1992 年在西安光机所师从薛鸣球攻读博士学位的朱传贵回忆，1994 年他听了薛鸣球讲授的仪器光学课程，薛鸣球发给他们的讲义是一本自己编写的、油印的《仪器光学》，他告诉他们说，当初他从浙江大学毕业刚到长春光机所时，王大珩也是亲自编写教材，利用晚上的时间给他们这些刚

---

　　① 韩森：《忆薛鸣球院士讲课》，2019 年。未刊稿，韩森提供。

毕业的大学生讲课。朱传贵最爱听老师讲课，他形容每次上课就像是设计师手把手带着学生们做设计，他说：

> 薛老师的讲课，通过大量实际光学系统的设计案例，密切结合空间光学实验室发展的需要，从折反系统各自的像差特点，到胶片与CCD传感器调制传递函数（MTF）的异同。就好像设计师带我们回顾整个设计的过程，帮我们理解设计师的意图、面对的局限、困难的取舍以及最终获得一个满意设计后的喜悦。从薛老师的讲课中，我体会最深的是薛老师系统设计的思想。[①]

1984年12月，长春光机学院聘请薛鸣球为该院兼职教授及技术光学及辅助设计研究室主任，并就薛鸣球编著的《仪器光学》为学校教学带来了很大的益处，给西安光机所发出了感谢信。在信中对《仪器光学》给予了很高的评价，强烈建议由出版社出版。信中说：

> 《仪器光学》这门新课是薛鸣球首先提出、编著与讲授的。在我国是首创，与美国同名课程内容完全不同，侧重于光学总体设计，讨论光学仪器总体设计的基本规律及各种光学仪器特别是现代光学仪器中光学问题的考虑。是薛鸣球同志二十多年光学设计实践的总结。本课十分有利于学生综合运用所学的各种知识，全面地辩证地处理面临的光学问题，大大地有助于提高分析问题解决问题的能力。曾给我院老师、光机所及学院研究生，以及我院七七级、七八级学生进行讲授。从所讲内容到具体分析问题的方法都得到很高评价，受到国内许多重点大学的重视，一级部教编室负责同志曾向我院讲："我们的新教材都是从事教学的老师编的，作为从事多年研究工作，并且也曾担任不少的教学工作的高级研究人员编著的教材，这还是第一本，希望这本书能在机械工业出版社安排出版，遗憾的是科学出版社早已列入

---

① 朱传贵：仪器光学设计中的系统思想——薛鸣球院士学术思想回忆，2018年。未刊稿，西安光机所提供。

计划。"许多学校来函要讲义，建议作为光学专业攻读硕士学位的研究生的必修课，我院已正式定为攻读硕士研究生的学位课。认为这也是一项重大科研成果，大家希望《仪器光学》一书早日与广大读者见面。①

《仪器光学》讲义当时因种种原因并未正式出版，最终是以西安光机所讲义的名义，仅作为一本内部出版的教科书问世。但这部讲义无论是在长春光机学院（长春理工大学），还是在西安光机所，或者是在苏州大学，都影响深远——"仪器光学"课程均以此书作为必读科目或是指定教科书。到 2019 年，经长春理工大学姜会林院士及多位光学专家建议，尽快整理出版《仪器光学》一书。

《仪器光学》是薛鸣球对多年从事光学设计实际工作的总结，凝聚了他学术思想的精华，体现了他的光学设计学术思想，即认为光学仪器中各部分是有关联的，因为它们彼此间有内在联系，即都是"传递光学能力和光学信息量的传递环节"，所以他着重阐述了六个部分的主要内容："拉氏不变量""光学系统参数外形尺寸计算""光学传递函数的应用""星体测量相机""光谱仪器"等。薛鸣球从光源和接收器以及相关的光度学问题出发，介绍作为光学系统传递通道中的光学介质问题和对光学整体设计有关的拉氏不变量和外形尺寸计算；不仅如此，还讨论了可以评价光学整体各个环节成像特质的光学传递函数，并列举了典型光学仪器，讨论了光学整体问题的考虑方法。在《仪器光学》中，薛鸣球对光学设计学科发展问题也发表了看法，他认为因为光学仪器总体工作还没有完全成熟，且学界的讨论经验性、个别性的比较多，在他看来，"把一个仪器作为整体来考虑，它们各自的单元技术参数与其总的性能指标之间的关系还不能认为已经达到了具有高度科学性和系统性的程度。光学总体工作也还是如此。仪器光学是希望在已有基本光学知识及有关仪器知识的基础上，在更概括的高度上来讨论它们之间的内在联系，得出一些更一般的结果，以期对仪器

---

① 1984 年 12 月，长春光机学院（现为长春理工大学）给西安光机所信函。

中的光学问题有更深刻的了解与掌握，对光学知识更能运用自如，促使光学仪器向更高水平发展"。①

薛鸣球课程和讲义都很受学生们的欢迎。这部《仪器光学》讲义，他的许多学生珍藏至今，并时时翻阅，里面的许多设计思路对他们至今仍有启发。

传 道 授 业

薛鸣球培养的人才很多。有的人是他亲手带出来、教会了他们从事光学设计，或是帮助培养出来的人才，有的是他担任研究生导师以后正式招收的学生。从长春到西安，再到苏州，他的每一个阶段都致力于光学人才的培养。

薛鸣球在长春光机所期间，带出了很多光学设计领域内的优秀人才。像1958年来光机所工作，至今仍然奋战在光学设计领域内的冯秀恒，就是他当年精心指导出来的人才之一，他参与过长春光机所大量的光学设计工作，做

图9-2　薛鸣球接待来华讲学的村田和美（1979年8月。左起：王永义、薛鸣球、村田和美、顾去吾、韩昌元）

① 薛鸣球：《仪器光学·绪论》。未刊稿，中国科学院西安光机所。

出了很多成果。

在长春光机所担任光学设计部门的负责人时，薛鸣球协助王大珩，培养出了我国知识分子的优秀代表蒋筑英。长春光机所 1966 年毕业的研究生胡家升也是他帮助培养的，胡家升多年来从事光学工程和信号与信息处理方面的工作，后来担任过大连理工大学电子与信息工程学院院长，曾被授予国家级和中国科学院级有突出贡献的中青年科学家，两次被授予大连市优秀专家。不仅如此，改革开放初期，在国家派遣进修人员出国时，薛鸣球还抓住一切机会，把研究室里的年轻人派出去进修，以期他们回国以后能够把国外的先进技术带回来，报效祖国。当时的"四室"——光学设计研究室，是长春光机所派出进修人员最多的研究室。1964 年来所工作的韩昌元回忆：

> 1978 年迎来改革开放，国家要往先进国家派遣进修人员。薛鸣球主任很重视这个机会。研究室规划了全方位，并制订了有次序地派遣本研究室派遣进修人员的计划。后来证明，这个研究室是在全所派出进修人员最多的研究室。这批进修人员回所后都起到了学术带头人的作用，为长春光机所的发展做出自己的贡献。[1]

韩昌元自己就受过薛鸣球推荐，前往日本进修过。二十世纪七十年代末，他已经是长春光机所的骨干人才，并通过研究所的推荐和上级的批准，被列到由教育部派往日本国立大学进修的首批人员名单上，但尚需要日本方面接收他进修的大学教授的同意。薛鸣球在 1964 年曾经随中国光学机械参观团访问过日本，他恰好认识了日本北海道大学村田和美教授，他是世界上最早研制光学传递函数测试仪的学者之一。1979 年，应薛鸣球的邀请，村田和美教授来长春光机所讲学。韩昌元因为学过日语，便充当了村田和美在华期间的日语翻译。薛鸣球知道韩昌元要出国留学需要找到日本方面接收的教授，他便趁机对村田和美说："我们希望派韩昌元先生到您

---

[1] 韩昌元：学习薛鸣球院士努力发展我国应用光学与光学设计事业，2017 年 11 月 18 日。资料存于采集工程数据库。

那里进修两年，您的意向如何？"村田和美对韩昌元的翻译很满意，又很相信薛鸣球的推荐，当场便高兴地答应了。之后，薛鸣球和王大珩分别为韩昌元出国的事，给村田和美教授写了推荐信。韩昌元得以前往北海道大学进修了两年，在此期间得到村田和美教授的特别关照，学习和工作都很顺利。韩昌元回国以后，在科研工作上取得了很多成果，他参与的多个科研项目获得过国家级和省部级奖励，发表了多篇科研论文，他在国内首次研制了刀口干涉仪和傅立叶变换镜头，在国际上首次利用计算机全息术实现准直激光束的高斯光强分布的均匀化。

这些都是薛鸣球花了功夫培养出来的人才，在1978年晋升为研究生导师以后，他亲自指导，亲自选题，悉心教授，又培养出一大批光学事业的骨干人才。

1978年，改革开放恢复高考制度，长春光机所开始招收研究生。很多学生慕名前来，争相报考薛鸣球的研究生。他们都知道薛鸣球擅长教学，能教会带，跟着他能学到书本上学不到的专业知识。"文化大革命"结束以后，薛鸣球正式招收的第一位硕士研究生是姜会林，他是众多考生中的

图9-3 王大珩（前排左四）等人指导的研究生毕业合影（后排左三薛鸣球，前排右三唐九华，后排左四陈星旦，前排左二姜会林）

佼佼者，成绩非常优秀，报考时很多考试科目都是满分。

姜会林，1945 年 7 月出生，辽宁人。1978 年 9 月考入长春光机所，在薛鸣球的指导下攻读应用光学专业硕士学位。1982 年通过论文答辩毕业，1983 年至 1987 年姜会林师从王大珩攻读应用光学专业博士学位，指导其专业研究的副导师还是薛鸣球。他是改革开放后中国第一批博士，毕业后回到长春光机学院从教多年，1989 年至 2006 年任长春光机学院（2002 年长春光学精密机械学院更名为长春理工大学）副院长、院长、校长，2015 年当选为中国工程院院士。

薛鸣球指导姜会林研究的课题是"长焦距光学系统设计的研究"。毕业答辩时，薛鸣球给予了积极肯定的评价："论文讨论了长焦距光学系统的主要象差之二级光谱校正问题。研究了二级光谱与衍生二级光谱的理论及二级光谱的校正方法。得出用普通玻璃在许多情况下可以校正二级光谱的结论。在分离组透镜情况下，可实现校正二级光谱，在密接组透镜情况下也可以实现校正二级光谱，论文讨论的思路明确，方法可信，有一些新的见解。可以看到作者的理论基础知识及技术知识较好，具有较强的独立从事科学研究工作的能力，已达到硕士应具有的水平。"[1] 王大珩也夸奖这一成果为中国光学设计四项主要进展之一。[2]

薛鸣球早期指导的另一名研究生是林中天。林中天，1950 年 12 月出生，上海人，曾在长春地质学院从事教学工作。薛鸣球指导林中天的研

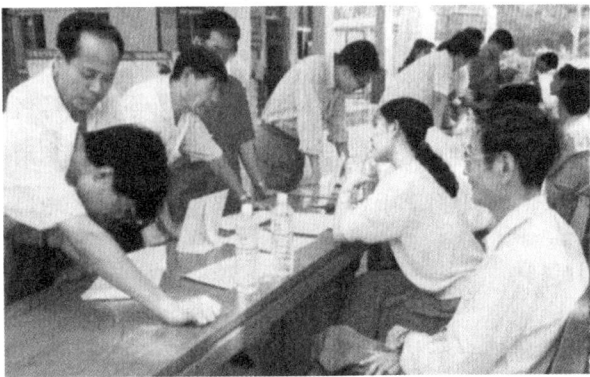

图 9-4　薛鸣球（前一）参加招生会（20 世纪 90 年代）

---

① 姜会林硕士研究生学籍档案。存于中国科学院大学档案馆，案卷号：C126-1982-Y-XJM-004。

② 姜会林：感恩长光所拜谢从师长。见：长春光机所编《中科院长春光机所建所六十周年纪念文集》。未刊稿，2012 年，第 26 页。

究方向是光学设计。他的毕业论文题目是"轴向变折射率光学元件的研究"。答辩时薛鸣球请来天津大学的副教授张以谟、清华大学的王民强副教授、长春光机所王世焯、翁志成副研究员对林中天的论文内容进行评价，专家提出一些问题如：变折射率元件与均匀介质元件在像差校正方面的异同，有关变折射率光学的发展前景和下一步应开展的工作，等等。林中天从容的回答，令答辩专家一致认可了其研究内容的创新性。薛鸣球也对林中天的研究工作给出了很高的评价："论文研究了包括轴向变折射率元件在内的光学系统空间光线追迹数值计算方法，并编制了程度，推导了轴向变折射率元件的近轴光线公式，高斯光学公式和初级像差系数的 PW 表示式，提出利用轴向变折射率材料的折射率梯度系数作为校正像差的新变数的一种设计方法，并据此做出了几个设计的盒子，工作中有所创见。"[①]

在调动到西安光机所之后，薛鸣球在践行所领导职务之外，百忙之中还要抽出时间参加招生工作，他有时还亲自参加研究所在各地办的招生咨询会，四处宣讲，就为了招到成绩优异、有学术天赋的好学生。二十世纪八九十年代在西安光机所负责研究生部工作的董烈棣回忆那时候薛鸣球很重视招生工作，他不仅每年都要招生，还常常给研究生考试出试题，当时报考他的学生很优秀，都是考试前几名的学生。[②]在西安期间，他招收的优秀学生有担任过西安光机所所长、现为中国科学院副院长、党组成员的光学专家相里斌（国家科技进步奖特等奖获得者、2019 年当选中国科学院院士），有现在已经是西安光机所空间光学的学术带头人的杨建峰，等等。

薛鸣球的学生杨建峰回忆自己师从薛鸣球学习经历：

> 我大学时期的专业是物理，光学设计是读博期间改的专业，设计的第一个镜头是小卫星 CCD 多光谱相机。此镜头难度很大，焦距较长、视场角大、相对孔径大、波段范围宽、后工作距大，还要求像方远心。薛老师当时的说法是"镜头很难，现在还没有把握能够设计出

① 姜会林硕士研究生学籍档案。存于中国科学院大学档案馆，案卷号：C126-1983-Y-XJM-005。

② 董烈棣访谈，2018 年 10 月 16 日。资料存于采集工程数据库。

来"，当时薛老师找了三家共同设计，分别是光电所老师、所内其他老师，还有我。我当时刚刚转为光学设计专业，如何设计镜头，还是一头雾水。按照薛老师的说法，仅仅看书没有用，要边设计边看书，以实际设计为主。于是就白天上机设计，晚上恶补光学设计理论。每天都用自动平衡软件设计一个结果，薛老师给指出下一步努力的方向。两个月的每一天都这么度过。如此手把手的指导，当时没觉得有多么重要，现在看来确实难得。完成设计后，经加工、装配，成像质量和设计结果吻合得非常好，薛老师也非常高兴，另外两家的设计随即被终止。这个镜头的设计，给了我相当的自信，也让我受益匪浅。[①]

薛鸣球对学生的事是事无巨细都要过问，他教学生做光学设计的方法，并令他们多做实际工作，真实参与到课题实践中来。杨建峰印象中薛鸣球对学生的指导和其他老师不一样，他不让学生在白天看

图 9-5　薛鸣球（前排坐姿）在指导学生

书，薛鸣球的观点是：看书学理论是学生应当做的事，自己在休息日找时间完成即可，白天就要趁着研究室里的同事们都上班、老师也在场指导的条件下抓紧时间做具体研究实验。

1992 年入学的朱传贵回忆自己向薛鸣球学习的经历，他说每天和老师交流的理想地点是在早晨上班的路上，如果早上提前一点到所里，总能在研究所大门口的空地上看见老师的身影，他在那里和蔼可亲地和人攀谈。他就曾多次在那时向薛鸣球请教过问题，他记得自己提出过的一个问题是：

---

① 杨建峰：我的导师薛鸣球院士，2018 年。未刊稿，西安光机所提供。

怎样才能设计一个好的光学系统。薛鸣球回答说：

①对需求指标有一个透彻的了解，有时候需求单位不了解设计的局限条件，提出的要求有可能是不合理的或者有自相矛盾的地方，遇到这样的情况要与需求方沟通，合理的设计指标是一个好的设计的开始；②影响设计的因素很多，设计、材料、加工、组装、测试都会影响到光学系统最终的质量，要了解这些局限因素，对设计做综合考虑；③要考虑制造和使用成本。一个好的光学系统设计，不但要能设计出来，还要能制造出来，成本还要尽量低。①

朱传贵记得老师的每一句教诲，包括学术思想和做学问的方法，尤其是薛鸣球关于光学仪器的系统设计思想令他最受益。他还记得老师曾语重心长批评他做事人执着，尤其是在做研究的时候，常常是钻到牛角尖里拉也拉不回来，他告诉学生说，不懂变通是做不好光学设计的。老师的指导令学生铭记，朱传贵在毕业以后，把知识用在了实践上，先后参加研发了增强现实手术导航系统，激光多普勒测振仪，全自动影像测量机，白光干涉仪，三维结构光传感器等多款光学仪器的研制。

薛鸣球教学生的方法是不断给学生加担子，每周他都要组织学生们组内交流、讨论研究的进展。学生们做的报告，他要一一点评，既要表扬学生们的优点，也指出他们的不足之处，比如方案的可行性，思路的缺陷。学生们都佩服老师的眼光，因为薛鸣球的点评总是非常到位，他看问题的角度与人不同，总能恰到好处地指出问题所在，这样点评几次下来，学生们都深感老师能想到他们想不到的地方，他的建议拓宽了研究的思路，令他们大有收获。刘新平就提到过这方面的事：

跟随薛院士做技术项目，听薛院士讲解系统分析和设计要点，我们每个人都在专业方面飞速地成长起来。现在计算机普及了，光学设计软件也更容易使用和规范了，似乎光学设计工作变容易了。但薛院

———————
① 朱传贵：仪器光学设计中的系统思想——薛鸣球院士学术思想回忆，2018 年。未刊稿，西安光机所提供。

士教授给我们的知识却帮助我们站在高的起点上看待新技术的发展，在研制高难度的光学系统时少走弯路。能够在薛院士的指导下学习和工作近十年时间，我是非常幸运的。[①]

薛鸣球培养学生除指导学生们选题、教授科研的方法外，他常常讲课，有的是为研究生正式开设的基础课程，有时他给学生们开小灶，这也是他坚持了数十年的培养方法。他对青年教师说，教学和科研是相辅相成的，搞教学的不搞科研，科研的心得体会和新的知识就没有了；搞科研的不搞教学，那教学里面的基本知识的理解深度就不够了。

搞教学的人是一定要搞科研的，不搞科研，你的课就讲不太好，或者讲不太深。所以以前上课，我把这本书的内容按章节分给几个研究生，让学生自己讲。自己讲有什么好处呢，他会仔细钻研，他会花心思准备。学生讲完之后，我来提问题，要提到他答不出来为止，然后他就会根据问题再去钻研。这个方法，研究生们都觉得很好，对他们很有启发。所以我是不主张照本宣科的，就算我自己讲课，黑板上就只有一个提纲，我也不用带教科书，有些数据呀，我自己就能够记住的。我以前一直在从事科研工作，有些数据是一清二楚的，比方说普通的 K9 光学玻璃，折射率 1.5163，色散 0.00806，阿贝数 64.06，都用不着想。[②]

薛鸣球坚持开设课程，学生们都喜欢他的课。令学生们佩服的是，他记忆力超群，思维敏捷，尤其喜欢和数字打交道，非常擅长数学计算，在心算方面练就了过硬的本领，他还时常与年轻学生比赛，多少年来没有人能算得过他。例如在听报告的时候，报告人在上面讲数据、参数，薛鸣球在下面心算，一些重要的结果还没等报告人揭晓结果他就知道了，他直接

①　刘新平：回忆薛鸣球院士，2018 年。未刊稿，西安光机所提供。
②　魏佳莉、阮骥立：与中国光学发展同行——薛鸣球院士访谈录。见：刘玉玲主编：《追光的人》。杭州：浙江大学出版社，2013 年，第 5 页。

便能点评出设计的优点是什么，指标有哪些。这些是薛鸣球在长年累月的科研工作中打下的基本功，学生们佩服他的本事，也都愿意向老师学习。

薛鸣球喜欢与数学有关的东西，连奥数都有所涉猎，工作累了或是闲暇时间，他的娱乐方式之一就是找来外孙女学习做奥数题，自己做一遍，这样换换脑子。他兴致勃勃，遇到难题一时半会解不出来，他还拿出来和学生们一起讨论，这样一来二去的，他的不少学生也迷上了奥数。杨建峰记得有一次薛鸣球拿了一道题目来办公室讨论，题目的内容是：有一个半圆形的跑道，甲乙两个人分别从跑道两端相向而行，第一次相遇的时候在 A 点，A 点到出发点的距离已知。第二次相遇的时候在 B 点，B 点到这边出发点的距离也是已知。第一次相遇之后两个人分别按原来的方向走，到对方出发点的时候又过渡回来才是第二个 B 点，问整个跑道的距离。这道题目，杨建峰等人用高中的、大学的知识，列了方程式，还是做不出来，最后师生们一起讨论，用了奥数的方法解出题目。这件事令杨建峰难以忘记。

薛鸣球不光关心学生们的学习，更关心学生们的生活。他了解每一个学生的家庭情况，关心他们的就业和生活问题。例如，他的学生郝云彩（1988 年报考硕士研究生，1997 年报考博士研究生）曾向老师咨询过自己就业的问题，他记得老师的回答是："要干事业，就去五院（中国空间技术研究院）！"郝云彩从而在毕业后去了五院五〇八所工作，后来又因工作需要转入了五〇二所，但他总是牢记着老师的教诲，始终是以空间光学技术作为自己的研究方向。薛鸣球关心学生们的生活，总是担心年轻人没有钱用，不能照顾好自己的生活。每次发奖金的时候，他不但给工作人员发，也给参与

图 9-6　薛鸣球在研究生论文答辩会上（2006 年。左起薛鸣球、姜会林、沈为民）

工作的学生们发。他的想法是，年轻人刚起步，经济条件差一些，更要照顾，解决他们的后顾之忧，令他们更好地投入学习和工作中。他还认识每一个学生的家属，聚会的时候，他常常让学生们带上自己的妻子和孩子，关心地询问他们的生活和工作情况。在他的影响下，学生们之间来往都很密切。

1999 年，薛鸣球调动到苏州大学以后，已经七十高龄的他，除了争取科研项目、主持工作之外，薛鸣球把相当多的精力放在了教书育人上。他在苏州大学开设的第一门课便是"仪器光学"，那时候他还没正式调来苏州大学，但 9 月学校一开学，他便来校为在读的研究生和青年教师们上课了。一节课两个小时，他从头站到尾，不辞辛劳。他的课很受研究生们欢迎，因为那时候许多学生因为是理科背景，知识面上缺少光学工程的专业背景。而薛鸣球的讲授灵活风趣，不仅讲理论，更结合实际案例来解释相关的知识，一句话、一个光学公示便能把问题讲得透彻，令学生们佩服。薛鸣球对每位学生都是倍加爱护、精心培养。2013 年他招收的一名博士生，也是他指导的最后一名博士生韦晓孝回忆自己在读博之初，光学基础知识薄弱，但老师一直鼓励她，教授她学习的方法，还亲自为她找参考资料。

> 我记得某天早上一大早，薛老师打电话让我去办公室找他，当我推开办公室门，却发现薛老师坐在地板上，我赶紧跑过去想扶他起来，怕薛老师是因为身体原因（那时薛老师的身体已经不大好）。走近了才知道，薛老师是想给我找点资料让我参考，但是长时间站不住，干脆就坐在地板上找，还笑着跟我说，坐地板上也挺舒服的。我无法描述当时复杂的心情……①

薛鸣球在苏州大学培养出一批优秀的人才②，包括现在已经是苏州大

---

① 韦晓孝：记恩师薛鸣球院士二三事，2019 年 11 月 28 日。未刊稿。
② 薛鸣球到苏州大学以后，培养了沈为民、吴泉英、季轶群、刘琳、吴峰、陈大庆、韦晓孝七位博士研究生。根据沈为民：怀念恩师薛鸣球院士在苏州大学培养学生和科研工作，2019 年 11 月。未刊稿。

学应用光学学科骨干、学术带头人、担任过苏州大学现代光学技术研究所副所长的沈为民教授，苏州科技学院数理学院书记、学科带头人吴泉英教授……他们大多数，都投身光学事业，活跃在我国光学科研的第一线，许多人更是选择了以教书为终身职业，他们接过了老师的教杆，为我国光学继续发展培养人材。

薛鸣球通过为研究生开课，亲自为学生们修改研究论文和报告，指导他们在相关单位实习，带着他们参与科研项目来培养学生成长。薛鸣球爱护年轻人在学校里是出了名的，他喜欢朝气蓬勃的面庞，他真心实意认为青年人就是祖国的未来，他到苏州大学以后，每逢学校开学，只要一有空，他都要去参加开学典礼，每一次他都要精心准备讲稿，告诉学校和青年人，他是多么希望年轻人好好珍惜在学校学习的机会，将来都成长为我国的栋梁之才。

修身明德，吾爱吾家

"务实、求真、开拓、创新"是 2003 年 7 月 23 日，薛鸣球给《科学时报》创刊四十五周年写下这八个字的题词，寄予了他对科学报刊的期望，也是他自己的人生格言。在薛鸣球的看来，学术研究玩不得半点虚假，学术水平的提升，靠的是不断了解新理论、钻研新方法，靠的是千百回的实战和善于思考和总结。他是这么想的，也是这么做的！

科研的道路上，薛鸣球踏踏实实，他从不走捷径。1952 年他从机械系转入到仪器光学专业，硬是一点一滴从头学起。到长春以后，他脚踏实地，从具体的项目做起，积攒经验，总结理论，在光学设计上终出成果。到西安以后，他先是把精力投入所务管理中，继而又为发展空间光学学科付出心血。在苏州大学，他更是发挥优势，利用自己的学术影响力为学校发展呕心沥血。

对学生，薛鸣球讲究言传身教。他对学生们严厉主要体现在督促他们学习、上进上，但学生们如果真的犯了错误，他也从不批评人，只是温和地让学生们改正。年轻人形容老师的性格和育人方法是通过潜移默化的方式，润物细无声地影响他们！

薛鸣球把大部分的精力都投入工作中。在长春光机所期间，他白天上班，晚上还要去办公室或

图9-7 薛鸣球在阅读（二十世纪九十年代）

者阅览室看资料。二十世纪六十年代，他经常出差，有时候都顾不上对孩子们的照顾，他几乎没有多少时间享受家庭生活的闲适。但在有限的私人时间内，他和妻子、女儿们的相处一直都是很融洽的。他常常对人说，自己品尝过很多美食，但最喜欢吃的还是妻子做的饭菜，他总是对女儿们夸奖妻子的手艺，说："你们妈妈做的饭是最好吃的！"他爱吃妻子包的饺子，蘸着镇江香醋，一次能吃掉一大盘，而镇江香醋在当时的东北是紧缺商品，市面上根本没有卖的，只有出差去南方的时候才能买到。李品新每次去南方出差都记得要给丈夫多带几瓶镇江香醋回来。实际上李品新是到长春以后才慢慢学会做饭的，之前也没下过厨，更不会包饺子了，是因为薛鸣球喜欢这种食物，她才慢慢学会的。女儿薛凡回忆，母亲最开始做出来的饺子皮太薄，一下锅煮就全破了，成了一锅"片儿汤"，没有一个完整的，最后只能连锅一起端上桌，大家拿勺子捞着吃。尽管这样，每次吃饺子，全家人都很高兴，薛鸣球总是抢着吃，还要大呼"好吃"！在薛凡的回忆中，一家四口其乐融融，围在一起吃着热乎乎的"片儿汤"的情景仿佛还在昨天。长春的冬天很冷，一入冬，离光机所宿舍区不远的南湖上

就结了厚厚的冰，每到这时候，也是孩子们最快乐的时光。无论工作有多忙，星期天薛鸣球总会抽出一点时间来，带着女儿们去南湖玩冰上爬犁，孩子们也都乐意和父亲一起去南湖玩耍，每次和父亲一起，她们都玩得很尽兴，父亲力气大，推着爬犁在冰上滑行，孩子们欢快地玩耍，发出一串串清脆的笑声，一家人高高兴兴玩上一个下午，薛鸣球心中也感到温馨和幸福。

薛鸣球热爱生活，爱好广泛，尤其是晚年，空闲的时间多了些，他便听戏曲、品美食、看小说、打桥牌。他最喜欢打桥牌，这是他青年时期就喜欢的一项游戏。他的牌友有潘君骅、张伯珩等人。桥牌与数字有关，他擅长心算，所以玩得精通，还曾经代表西安光机所在陕西省桥牌大赛上获得过冠军。他不仅自己玩，还教会妻子和女儿玩，休息日吃过晚饭，一家四口便团坐在饭桌前，玩起了桥牌，他技艺高超，很快就打败了妻子女儿，获得了家庭桥牌比赛冠军，薛鸣球脸上露出孩子般得意洋洋的笑容，全家人便把手里的牌往桌子上一推，一齐快乐地哈哈大笑，这是薛家人记忆深刻的往事，是薛鸣球在科研工作之外获得的家庭之乐。

薛鸣球的晚年，身体已经不太好，但他本着极高的责任心，为苏州大学发展尽心尽力。他把学校当成了自己的家，全心全意要把学校建设好，他甚至忘记了自己已经是一个老年人了，七十多岁的时候还马不停蹄在全国各地出差，为学校争取合作项目。记得有一次在外地出差时，他感到心慌、胸闷，休息了许久后才缓解过来，回到苏州后他来不及去医院，还坚持先来办公室处理工作，在同事们劝说下他忙完了手头的事务才前去医院检查，这时他的心脏疾病已经很危急，需要马上安装心脏起搏器才能挽救生命。这次事件薛鸣球的家人和同事都感到十分后怕，都纷纷嘱咐他一定要保重身体。但那时候苏州大学现代光学所还在建设阶段，很多事情都离不开薛鸣球，他仅住了三天医院，便又走上了工作岗位。薛鸣球一直在为苏州大学的光学工程学科发展操劳着，马不停蹄，余建军记得为了引进光纤方面的人才，薛鸣球亲自带队去辽河油田考察，以了解光纤项目的需求和技术现状，那一次他还发着烧，但却一直坚持，从东北盘锦一路坐着硬卧火车去北京，拖着病躯拜访有关单位。[①]2006 年 7 月他在工作中又因脑出血倒下，经过抢救后才恢复了健康。在这件事之后，他才把工作的心放下了一些，遵守医嘱，不再频繁出差。2008 年 12 月，因心脏起搏器的故障，他又入院休养了二十天方才出院。但即使是在他的身体已经不好的情况下，他每日还要坚持上半天班，用他的话来讲，就是自己还有一些气力，就尽量要发挥一些作用。那时候在"院士楼"里办公过的人都记得，当听到楼道里响起"咚咚咚"的声音，那便是薛鸣球拄着拐杖来上班，或者是下班。如果哪天没听到这个声音，那只可能是他因为身体不适没能来办公室。每次他不能前来办公室，总会提前给余建军打电话，笑呵呵地说：我今天请个假。尽管因为年龄关系，他已不再承担具体的研究课题，但薛鸣球仍然帮助指导所里的科研工作，他每天要询问课题的进展，要帮助下属和晚辈解决学术上遇到的难题，为他们指点方向；他还要指导研究生的科研选题，帮助他们解决疑问，甚至还要过问学生们的就业难题。他已经感

图 9-8　薛鸣球全家福

---

① 余建军：回忆薛鸣球院士初建苏州大学现代光学技术所片段，2019 年 11 月 29 日。未刊稿。

到自己的时间紧迫，希望在有限的时光内，尽可能把自己的学识和经验都用在需要的地方。

晚年的薛鸣球仍然在不断奋斗，学界和社会并没有忘记他的努力，以各类型的奖项回报了他。2003 年，他获得国防科学技术奖二等奖；2003 年，他获得中国载人航天工程总指挥颁发的"中国首次载人航天飞行任务纪念证书"；2005 年，他获得国家科学技术进步奖二等奖；2005 年，他获得江苏省高校优秀共产党员标兵称号；2008 年，他获得苏州市科技创新创业市长奖，等等。

2013 年 11 月 12 日，薛鸣球因病抢救无效去世，他永远离开了他热爱了一生的光学事业。时至今日，人们依然十分怀念他。长春光机所的老同事们，想念在困难的时代，与他一起为国防光学事业奋斗的情景；西安光机所的同事们，忘不了他当初为研究所空间光学开疆辟土的豪情；苏州大学的师生们，感怀他为学校发展殚精竭虑，无私奉献的情怀。薛鸣球虽然去世，但他的学术贡献，他的形象，永远留存于人们的心中！

结语
与光同行的学术生涯

　　提到薛鸣球，人们总会把他和一系列的头衔联系起来——长春光机所光学设计研究室主任、学术带头人，西安光机所的第二任所长，中国工程院院士，苏州大学现代光学研究所所长……但他更希望自己被称为一名科学家、一名光学专家，他始终认为自己只是中国千千万万光学工作者的一员，他的事业，是蕴含于我国光学发展之中的。

　　薛鸣球有一句名言："成功属于探索者，成功属于拼搏者，成功属于勇往直前者！"他一生的经历，证明了他自己正是这句话最好的践行者！

　　薛鸣球来到长春工作以后，几乎参与了研究所里承担的与"两弹一星"相关的所有国防光学任务；他去西安光机所以后，主持空间光学开展工作，促进了这一学科发展成为西安光机所的重要方向；他调动到苏州大学以后，在促进光学产学研一体化，令这一学科在苏州大学蓬勃发展，促进了苏州大学学校教育的发展。他的学术成长经历，也间接反映了长春光机所、西安光机所以及苏州大学的光学事业的发展。薛鸣球不光是一名光学设计专家，他也是一名应用光学的专家，他对中国光学的发展，始终怀着一颗责任心和一颗热爱心。中国光学在新的世纪里绽放出新的生命力，对此，他感到由衷的喜悦。

不懈奋斗，光学设计有才华

从 1956 年来到长春以后，薛鸣球选择了光学设计研究方向，他扎根于此领域数十年，在这方面取得了一系列成果。

薛鸣球初来长春，便被分配到光学设计部门，和他一起工作的有他的高中同学王之江。王之江在仪器馆初建时，便由大连工学院来到长春，经过几年的实际工作，已经在光学设计上有较高的科研水平。王之江在光学设计上有很高的天赋，是仪器馆时期光学设计方面的代表人物，他主持了仪器馆内光学设计的研究课题。在王之江的指导和帮助下，薛鸣球在光学设计领域入了行，一是参与了王之江主持的"光学设计理论及设计方法"课题，二是在 1957 年以后，实际参与了"地形一号"经纬仪的光学部分研制工作。1958 年以后，薛鸣球又参加了"八大件"里高精度经纬仪的研制，参加了万能显微镜的部分工作。这些都是薛鸣球在早期工作中，他的光学设计思想在具体实践中的真实应用，薛鸣球在工作中不但提高了学术水平，获得了技术经验，研究发展了光学设计理论，且在业界内赢得了好的口碑。

二十世纪五十年代末期以来，随着长春光机所从民用仪器向军用光学发展方向的转变，全所上下集中力量攻克难关。光学设计部门也着力于为研究所的军用光学仪器项目服务。这段时间也是国家经历的困难时期。苏联单方面撕毁协议，撤走对我国的援助，我国的科学研究从此走上了自主研发的道路；三年自然灾害，我国在经济上遭遇了重大损失。为了克服困难，全国上下团结一心，艰苦奋斗。薛鸣球和光机所的科研人员克服了生活上的种种困难，在物资匮乏的年代里，保持着一颗无私奉献的初心，为国家的国防光学事业努力奋进。

首先是 1959 年，薛鸣球研制的我国第一台大口径高倍率观察望远镜取得成功，这也是我军使用过的最大的望远镜，该项成果服役期间取得了良好效果。这台望远镜焦距约 3 米，入瞳直径 340 毫米，长度 1 米，总重量 1000 千克，创新性地采用反射式系统，克服了大口径光学玻璃材料和非球面制造难度大等技术障碍。紧接着，在二十世纪六十年代，有光机所承担的与"两弹一星"相关的各类重要的国防光学仪器的研制，都有薛鸣球的身影。他参与了核爆试验相关的高速摄影机改装项目（"210工程"），这也是我国第一台高速摄影机。根据王大珩的指导，薛鸣球在光学系统中创新性地采用棱镜分像主物镜设计，这台高速摄影机改装成功后被用于我国1964年第一颗原子弹试验，获得了成功，取得了非常有价值的核爆数据。

另外在导弹靶场光学所需的"150-1"大型经纬仪的研制中，他着力于高级色差的校正方向，促进了我国各种大型靶场光学测量装备顺利研制成功。光机所后继开发出的一系列产品，如160、170、180等一系列经纬仪的光学系统设计，这些有关我国国防的重大项目中，薛鸣球都有出色的工作。

1967年，薛鸣球负责我国第一颗光学遥感卫星相机的光学系统设计，他设计出卫星高质量光学系统，创造性地提出长焦距半复消色差的设计思路，解决了高级色差校正、中心遮拦、杂光防止、工艺实现等难题。他的工作开启和促进了我国军用侦察卫星相机的发展。

在"文化大革命"的特殊时期，薛鸣球克服了困难，研制长焦距电视光学系统，在用于天安门广场电视转播时获得了清晰的图像。在电影会战中，他在电影摄影镜头的设计工作中，开拓了变焦距光学系统设计，为我国摄影光学系统研究打下了坚实的基础，多种设计成为定型产品，同时培养了一大批人才。

从1956年到1981年，薛鸣球在长春光机所的这一段工作和学术经历，他参与的多个重大科研项目，他在实际科研项目中积累、成长，他关于仪器光学的设计思想，令学界公认他为光学仪器设计领域的领军人物之一。

空间光学，学科发展新方向

相机，是卫星的眼睛，也是卫星的灵魂，人类通过安装在卫星上的相机，得以探索到太空和地面上的情况。研制卫星相机，也正是发展空间光学的一大重要任务。从参与"6711"项目开始，薛鸣球就敏锐地认识到发展空间光学的重要性，这也是结合国家的需要而来的。

在空间光学研究室成立以前，薛鸣球借助了国家发展高技术，部署"863"计划的好时机，他参加了"空间站高分辨率可见光摄影系统关键技术研究"项目的论证工作，提出了多个可行的光学系统方案，并首次采用光学传递函数对影响成像质量的各个因素进行分析，得出相机各项指标的技术要求，写出项目论证报告，这些工作为以后的各项空间光学相机方案论证打下了良好基础。

不仅如此，薛鸣球还开展过全反射长焦距光学系统在空间相机中的应用研究，根据空间应用光学系统特点，详细讨论了反射式光学系统像差校正方法，并认为空间光学技术的应用与发展是未来高技术发展的一大重点。

薛鸣球的看法是高瞻远瞩的，要知道世界大国均把发展航天列为头号计划，谁能抢占太空，谁便拥有了高技术实力。从"东方红"卫星开始，我国便没有停止过发展航天科技，没有停止过对天空的探索。随着一颗颗卫星发射上天，国家提出要探索载人航天。启动于 1992 年 9 月 21 日的"载人航天"工程，是我国进入二十世纪九十年代以来的　个重大项目，这是我国在二十世纪末期至二十一世纪初期规模最庞大、技术最复杂的航天工程，对我国空间科学技术发展影响深远。

在这种形势下，1993 年，西安光机所确立了发展空间光学的学科方向。薛鸣球作为空间光学研究室的创始者，担任了第一任室主任的职务，他在任期间，主抓航空航天高技术研发课题，带动了学科建设和发展，促进了人才队伍培养，为研究室打下了好的基础。空间光学研究室 1997年 12 月 31 日的一份档案材料中提及了薛鸣球在研究室从事工作的情况："1997 年薛鸣球同志负责的国家重大任务载人航天任务（我所承担五个子项目）杂光测试仪、两轴转台经过验收，非球面加工即将完成，遮光罩研制课题进展情况良好。由他提出设计思想的 863-2 详查普查两用相机，在1997 年 10 月经过转阶段评审。"[①] 经过二十多年的发展，研究室取得了从原理创新、关键技术到系统集成跨越式发展，形成中科院可见光对地观测、深空探测、空间天文探测等领域的创新团队和核心竞争力，成为我国在光学遥感及空间天文等领域的重要研制力量。

薛鸣球是载人航天工程中的可见光普查相机项目的副主任设计师。因

---

① 空间光学研究室：薛鸣球同志推荐材料，1997 年 12 月 31 日。薛鸣球人事档案。

项目中使用的空间相机对重量有特殊要求，薛鸣球结合实际，主张利用共轴双反非球面系统代替球面光学系统方案，在当时非球面加工装配非常困难的情况下，他带领项目组强攻关，完成了非球面光学系统设计。所设计出来的光学系统像质优良，简化了结构，大大减轻了相机的体积重量，能更好满足载人飞船的要求。这一思路在神舟五号飞船上成功应用，为载人航天工程做出重要贡献。与此同时，1994 年，薛鸣球还开创性地提出了详查普查结合型遥感相机的思路，得到了"863"计划的支持，并取得了突破。

薛鸣球在西安光机所发展空间光学，他通过实际的研究课题，创新性的科研方法，从而站在高技术的角度为研究室提出了学科方向。西安光机所的空间光学室抓住了创业初期的好机遇，锻炼出一支优秀的人才队伍。

薛鸣球到苏州大学以后，同样延续了他大力发展空间光学的思路，他积极为苏州大学争取国防项目，在实际参与项目中，在空间光学上也具备了一定的优势。例如，在他的推动和指导下，苏州大学承担了"天巡一号"小卫星可见光 CCD 相机的研制任务，项目组通过几年的攻关，所研制出来的相机，于 2011 年搭载发射，成功运行至 2016 年 2 月，卫星坠入大气层，通过这一项目为苏州大学培养了一支能够承接担航天光学载荷任务的队伍。

三次创业，光学事业奉献终身

薛鸣球的三次创业，第一次是在长春光机所，第二次是在西安光机所，第三次是在苏州大学。

在长春光机所的第一次创业，薛鸣球打下了好的基础，通过承担和参与国防科研任务，他在光学设计上取得了不俗的成绩。并通过实际参加工作，渐渐有了为国家需求寻求科研方向的思路，形成了敏锐的学术敏感力，形成了光学设计为科技应用而服务的理念。

在西安光机所的第二次创业，充分发挥了他在科技管理和决策方面的特长。他在担任研究所所长职务期间，带领全所人员克服了改革初期的困难，积极寻求一条适应改革的道路。他的学科远见令他很早便立足于空间光学领域，参与了空间站等项目的前期论证工作。在空间光学研究室成立以后，通过一系列攻关项目，带动了这个学科和这个研究室在西安光机所的发展。

薛鸣球的第三次创业是他来到了苏州大学之后。他在这里一直工作到了他生命的最后一刻。在苏州大学，薛鸣球把更多的精力放在了如何促进学校发展，如何促进现代光学所的发展上了。这一时期他很少做具体的科研工作，在任所长期间管理有方，积极推动学科发展和科研合作。2002年，他在辞去苏州大学现代光学技术所所长职务后，尽管他不再插手所里的事务，但接任的领导常常去征询他的意见。

薛鸣球先是引进科研团队，他为苏州大学带来了余景池、张耀明、余建军等中青年人才，又请来了他的老搭档、老朋友潘君骅院士，还引进了韩森、王钦华等国外留学归来的英才。他还促成了与航天科技集团公司、北京空间机电研究所等重要单位的科研合作。同时，请来了光学界的著名院士专家来苏州大学调研、讲座、参加会议，为学校宣传、扩大了影响力。就这样，薛鸣球一点一滴把现代光学所的架子搭了起来，令这个研究所形成了初期的规模，为后继的持续发展提供了基础。

薛鸣球来到苏州大学以后，帮助学校做了许多事，但概括起来主要是三件大事：第一件事是在苏州大学建设省部级或以上的发展平台，第二件事是要在苏州大学设置光学工程的博士学科点，第三件事是促成学科产业化，令科研产品能迅速转化为成果，并取得经济效益。这三件事都获得了成功，对学校的影响是深远的。这三件事，促进了苏州大学应用光学学科的确立和长远发展，同时，促进产、学、研结合，这些成果都是立足于国家方向，满足国家和江苏省的需求取得的，体现了他的高瞻远瞩。在薛鸣球的指导下，苏州大学的光学学科在发展中取得了一系列的国家级、省部级奖励和荣誉，如今苏州大学的应用光学学科已经是江苏省的重点学科，该学科的发展，在江苏省乃至全国高校中，都是有目共睹的。

教学育人，为光学有人才

从二十世纪五十年代开始，薛鸣球其实就开始为培养光学人才而努力了。二十世纪五十年代后期，长春光机所举办过面向全国的光学设计培训班，薛鸣球在这个训练班上授过课，教出了一批能投身光学设计的好学生。他还在光机学院上过课，"仪器光学"这门课程正是他擅长的。早在1961年，他就指导了清华大学的研究生做过毕业论文"特技电影摄影物镜光学设计"。1962年，他协助王大珩辅导过蒋筑英，是蒋筑英攻读研究生期间的副导师。但薛鸣球正式成为研究生导师，是在1978年他晋升为副研究员以后，他正式招收较早的一批研究生是姜会林、林中天这两位，他们在毕业之际，在未来的人生事业中，都交出了令老师满意的答案。姜会林在应用光学技术研究中取得了很高成就，他曾长期担任长春理工大学的校长，并在2015年当选为中国工程院信息与电子工程学部的院士。

到了西安光机所之后，他在繁忙的所务工作之外，把很大一部分精力放在教书育人上，为我国光学事业培养出了一批后备力量。他为研究生上课，亲自为学生们修改研究论文和报告，指导他们在相关单位实习，带着他们参与科研项目。很多人都听过他的讲课，几乎所有人对他的仪器光学和光学设计课程念念不忘。很多人回忆起当初听课的情景都说，薛鸣球在平时说话口音很重，经常令人听不懂，但只要一进入上课状态，马上吐词又流利又清晰了。薛鸣球爱护学生，他怕学生们听不懂，在上课的时候特意放慢了语速，并尽可能令每一个人都听明白。他的课程深入浅出，能把复杂的概念用最简便的方法梳理清楚，这是令学生们十分佩服的。他在西安期间带学生的方法，除授课之外，主要是通过为学生指导学术方向，带领学生参加实际的科研项目，令他们在实践中得到锻炼和成长。他在西安期间，培养的学生有相里斌、杨建峰，等等。前者担任过西安光机所所长、中国科学院副院长职务，是中国科学院党组成员，在2019年当选为中国科学院院士。后者现在是西安光机所空间光学方向的学术带头人。

薛鸣球对青年人寄托了厚望，他到苏州大学以后，更是重视培养学生。他认为学校的职能就在于教学，他希望能教出一批优秀的光学人才。他不仅给研究生授课，还教会他们选题，找出适合自己的科研方向。他鼓励学生们参加学术交流，哪里有会议，他就鼓励学生们去。还费心费力给学生们改论文，令他们参与到学校的项目中来。他在苏州大学带出来的学生，大多数如今都走在我国光学教学科研的第一线，有的已经是博士生导师，接过了老师的教杆，为我国光学继续培养人才。

薛鸣球希望祖国的光学事业后继有人，他怀着这颗赤诚之心，毫无保留、尽心尽责教授学生。他把自己全部所知，自己的方法，自己从业五十年来的经验都告诉了青年一代，他并不怕学生超越自己，他希望一代更比一代强！

在薛鸣球去世以后，他的学生们回忆起老师，无不是真心爱戴，想念着老师的音容笑貌。老师是引导他们走上学术道路的一支蜡烛，他燃尽了自己，照亮了别人，薛鸣球教授他们做学问的方法，他的学术思想，令学生们受益良多，鼓励他们在人生的道路上不断探索科学的力量。

附录一　薛鸣球年表

1930 年

10 月 18 日，出生于江苏宜兴官林镇丰义乡丰北村。父亲薛湛周，职业是中医。母亲蒋友真，是一名家庭主妇。

1937 年

2 月，入丰义小学读小学。

1943 年

9 月，入西锄中学读初中一年级。

1944 年

9 月，西锄中学停办，入凌霞中学跳级读初三。更名为"薛慎崎"。

1945 年

2 月，转入赋村中学读初三下学期课程。改回名字"薛鸣球"。

10 月，就读江苏省立常州中学。就学期间，担任班级膳食干事、学习干事。

1946 年

参加丰义乡励进会和宜兴旅常同学同乡会。

春，向《武进日报》文艺园地投稿三四篇，刊出两三篇，笔名闵咎和敏求。

暑假，在丰义家乡参加暑期小学，任教员。

1947 年

10 月，发起组织"言林学谊社"，促进同学友谊和研究文艺，任社团副社长兼出版股长，出版油印刊物《言林》。

1948 年

9 月，考上之江大学机械系。

12 月，因肺结核病休学，返回江苏宜兴丰义家中养病。

1949 年

12 月，江苏吴江平望税务所就业，担任征税员。

1950 年

8 月，回学校，重读大一。

1951 年

1 月，由潘德恒介绍，成为共青团团员。

3 月，在浙江杭州女子职业学校兼课。

4 月，担任学校党的宣传员。

1952 年

2 月，肺病复发，在校休养半年。

5 月，之江大学并入浙江大学，转入浙江大学。

秋，转入光学仪器专业学习，重读大一年级。

1953 年

1 月 23 日，中国科学院仪器馆正式成立。

1955 年

6 月 1 日—7 月 15 日，在哈尔滨量具刃具厂参加工艺实习。

1956 年

3 月 19 日—5 月 10 日，在上海仪器厂参加毕业实习。

8 月，从浙江大学机械工程学系光学机械仪器专业（521 班）毕业，毕业论文题目是"设计仿德 Ni060 工程水准仪及其工艺"。答辩期间获得王大珩赏识。

9 月，与同班同学李品新、林祥棣、王因明，同赴长春光机所工作。任研究实习员。

1957 年

4 月 28 日，仪器馆更名为中国科学院光学精密机械仪器研究所。

1958 年

8 月，经邓锡铭、顾马法介绍，加入中国共产党。

11 月，参与研制成国内第一台高精度经纬仪，设计了望远物镜、目镜和读数系统的显微镜和目镜，用于一等大地三角测量。

任光学设计组副组长。

1959 年

8 月，党员转正。

参加我国第一次光学设计学术报告会，发表论文四篇。

与史济成合作，研制了我国第一台大口径高倍率观察望远镜，长期用于对台海防斗争，是我军使用过的最大望远镜。

撰写论文"光学系统像差校正结果处理"（与王之江合作）。

1960 年

2 月，晋升为助理研究员。

3 月，担任长春光机所第一研究室（光学设计研究室）副主任。

7 月 23 日，与李品新结婚。

11 月，光学精密机械仪器研究所更名为中国科学院光学精密机械研究所。

1961 年

6 月 29 日，长女薛菁晖出生。

10 月，指导清华大学研究生胡某完成毕业论文"特技电影摄影物镜光学设计"。

1962 年

任十一室光学设计组组长。

光栅单色光计光学系统负责人，中国第一台长狭缝单色光计，校正残留彗差方法为国内外首创。

编写出版《光线计算和结果处理》。

为长春光学精密机械学院编写《应用光学》讲义。

3 月 27 日，中国科学院正式下文，成立中国科学院光学精密机械研究所西安分所。

11 月，协助王大珩辅导研究生蒋筑英和匡裕光。

1963 年

研制成功"折反射望远系统"，设计出长焦距光学系统，研究了校正二级光谱，减少中心遮拦，防止杂光等课题，成果应用于我国第一台大型靶场光测设备上。

负责设计"210 工程"中的光学系统，为我国第一颗核爆炸试验提供了高速摄影仪器，获得了有价值的数据。

与王之江合撰的"论平面光栅单色光计的光学质量"在《物理学报》

第 11 期上发表，这是他早期光栅研究的代表性成果。

11 月 4 日，次女薛凡出生。

1964 年

5 月，被评为光机所先进工作者。

6—7 月，作为中国光学机械参观团团员去日本考察日本光学仪器。

9 月 19 日，担任长春光机所第十一研究室副主任。

10 月，被任命为中国科学院光学精密机械研究所第十一研究室副主任。

与王之江合著《光谱仪光学系统设计》一文，发表于由国防工业出版社出版的《光学设计论文集》上。

1967 年

参与"6711 工程"，为我国第一颗光学遥感侦察卫星设计了高质量光学系统，研究了二级光谱校正及温度补偿等问题，在我国第一颗回收卫星侦察相机中得到应用。

1969 年

参与研制了长焦距电视光学系统。

1970 年

参加电影镜头设计会战，担任副组长。

1971 年

9 月，主持编著、署名"电影镜头设计组"的《电影摄影物镜光学设计》一书由中国工业出版社出版。此书是我国光学设计和仪器光学方面的经典之作。自二十世纪七十年代以来，该专著一直是我国许多单位光学工程研究生和光学设计培训班教材。

1973 年

在《电影光学》第 4 期，发表"电影摄影物镜光学传递函数的质量指标"，对光学传递函数进行了多方面探讨，提出多种光学系统的传递函数评价标准。

1976 年

9 月 6 日，到吉林省五七干校学习五个月。

领导编著《光学设计文集》，署名常群，由科学出版社出版。

再次为长春光学精密机械学院编写《应用光学》讲义。

1977 年

在长春光学精密机械学院讲授"仪器光学"课程。

1978 年

参与设计的五个项目（"150 工程"、变焦距光学系统设计、高精度经纬仪、光冲量计及高速摄影机、"6711 相机"）获得全国科学大会奖。

参与的八个项目光栅强光分光计、电影电视镜头、"150 工程"、光冲量计及高速摄影机、光学自动设计、电影摄影物镜光学设计（专著）、高精度经纬仪、变焦距光学系统设计获得中科院重大科技成果奖状。

4 月，晋升为副研究员。

4 月，被吉林省委革委会授予省科技战线进科技工作者称号。

4 月，担任长春光机所第四研究室主任。

5 月，被评为中国科学院长春光学精密机械研究所先进工作者。

10 月，招收姜会林、林中天等硕士研究生。

12 月，长春光机所临时学术委员会常委和委员。

1979 年

6 月，参加长春市劳模大会。

12 月，参加中国光学学会，担任理事、常务理事。负责研制跟踪电视变焦距系统，完成任务。

1980 年

11—12 月，作为中国光学代表团团员去美国考察光学。

在《电影光学》第 2 期发表"定焦与变焦光学系统中长焦距二级光谱的校正与色差平衡"。

1981 年

4 月，调入中国科学院西安光机所工作，任副所长。

12 月，任西安光机所学位评定委员会副主席。

研制成功"空间长焦距对地遥感系统"，为我国米级／亚米级分辨率侦察卫星光学遥感相机奠定了基础。

1982 年

接待英国海德兰德公司来华访问代表。

任中国光学学会第二届理事。

3 月，西安光机所学术委员会增补新委员。

8 月，担任长春光机所第四届学术委员会委员。

1983 年

4 月，当选为陕西省第六届人民代表大会代表。

4 月 19 日，分管西安光机所学术委员会工作。

1984 年

1 月 4 日，任中国科学院西安光学精密机械研究所代理所长。

4 月，为长春光学精密学院研究生和教师讲授仪器光学课程。

5 月 23 日，任西安光学精密机械研究所所长。

8 月，在日本札幌和筑波参加第十三届国际光学会议。

8 月 30 日，任西安分院学术委员会成员。

9 月，被国家科委评为"有突出贡献的中青年科学、技术管理专家"称号。

10 月 9 日，当选陕西省光学学会副理事长。

11 月 15 日，任西安光机所学位委员会成员。

1985 年

7 月 1 日，参加西安光机所第四届党员大会。

9 月，在意大利巴勒莫参加第六届变折射率成像系统国际会议，并作特邀报告。

参与的"现代国防试验中的动态光学观测及测量技术"获得国家级科技进步奖特等奖。

被聘为华东工学院（现南京理工大学）兼职教授，招收八五级硕士研究生项国飞和八六级硕士研究生朱日宏。

"电视跟踪用光学系统"通过成果鉴定。

指导研究生刘耀完成硕士学位论文"论广义象差与几何象差"。

指导研究生周武军完成硕士学位论文"梯折光学系统光线追迹程序及径向梯折元件设计"。

1986 年

5 月，辞去西安光机所所长职务。

6 月，由中国科学院西安分院聘为研究员。

赴民主德国考察应用光学和精密机械工作。

任西安光机所学术委员会主任、学位委员会主席

1987 年

3 月，被聘为第十八届国际高速摄影和光子学会议组织委员会主席。

4 月，接待周光召院长一行来西安光机所考察。

5 月，担任中科院西安分院、陕西省科学院学术委员会主任委员，任期三年。

8 月，在加拿大魁北克参加第十四届国际光学会议。

10 月，与赵葆常等人研制成功的"90X 投影物镜项目"获得中国科学院科学技术进步奖三等奖。

11 月，接待联邦德国马普学会代表团。

与陈沅合作指导研究生刘浩学完成硕士学位论文"中国人眼睛色彩适应的研究"。

与赵葆常合作指导研究生李春芳完成硕士学位论文"Fabry-Perot 干涉光谱技术的理论研究"。

与赵葆常合作指导研究生胡长庆完成硕士学位论文"傅立叶变换光谱技术的研究、最大信息熵谱技术的研究"。

1988 年

5 月，接待日本理化学所中岛俊典博士来讲学。

8 月，在中国西安参加第十八届高速摄影和光子学会议。

9 月，人大常委会副委员长严济慈来西安光机所考察并会见西安光机所领导。

国家科学技术工业委员会授予献身国防科技事业奖章。

指导研究生赵忠伟完成硕士学位论文"双光束干涉光谱技术的理论研究（一）、衍射光谱技术的理论研究（二）"。

指导研究生李明完成硕士学位论文"水下摄影光学系统研究"。

与高应俊合作指导研究生覃亚丽完成硕士学位论文"球对称分布透镜的光学特性及平面微透镜阵列的研制"。

1989 年

5 月，在日本考察光学。并受邀作专题讲学。

担任第三届中国光学学会理事会理事。

主持指导完成了"西光所军工科研选编"，对全所科技成果、专利管理要求纳入国家科委组稿的"科技成果大全"中，西安光机所共有二百六十项成果进入十二个分册中，上报科学院，获国家科委两次二等奖。

指导研究生苗志茜完成硕士学位论文"变折射率光学透镜的设计及自聚焦内窥镜的像差分析"。

1990 年

8 月 26 日，《关于空间用光学系统》论文在全国光学设计与 CAD 软件系统学术会议上交流，被评为会议优秀论文。

9 月，完成了高透过率广角 CID 电视光学系统的设计任务。

9 月，评为中科院优秀研究生导师。

10 月 20 日，与刘德森等人共同研制的"MGE-1 型微型自聚焦内窥镜"（1987—1989）获得中国科学院科学技术进步三等奖，并申请专利，专利号：90222783.1。

指导研究生吴煜完成硕士学位论文"长焦距反射式光学系统研究"。

1991 年

与赵葆常等合作完成的国家自然科学基金项目"研究光谱线结构的新方法——多光束干涉光谱技术研究"（1987—1989），获陕西省科技进步奖二等奖，相关论文发表在 1988 年《物理学报》上。

与李育林研究员等合作完成的国家高技术项目"光电混合式视觉信息获取和处理技术"（1987—1990），提供给南开大学、天津大学和北京物理所等单位应用，获国家科委高技术司和自动化领域集体一等奖，中科院七五科研重大项目先进集体一等奖。

指导研究生谢治军完成博士学位论文"红外声光可调滤光器的理论和实验"。

4 月，与加拿大合作项目 CC91 光学系统项目通过技术鉴定。

5 月 17 日，与林中天合作撰写的论文"轴向梯度折射率光学元件的设计"获得陕西省自然科学二等优秀学术论文奖。

5 月 17 日，"电视跟踪用光学系统"获得陕西省自然科学三等优秀学术论文奖。

6 月，应邀赴加拿大向加方同行讲解 CID 光学系统。

10 月 26 日，与刘德森等合作完成的国家高技术计划和自然科学基金资助项目"自聚焦复合透镜面列阵理论及器件研究"获得中国科学院自然科学奖三等奖。

12 月 29 日，设计的能在强光直接照射和恶劣环境中使用的广角镜头，申请并获得了国家专利，专利号为 91233261.1。

1992 年

5 月，参加的"研究光谱线结构的新方法 – 多光束干涉光谱技术研究"课题获得陕西省人民政府的二等奖（第三名）奖励表彰。

6 月，被评为西安光机所所优秀共产党员。

6 月 25 日，被评为陕西省优秀共产党员专家。

8 月 7 日，荣获陕西省科学技术协会颁发的"陕西科技精英"称号。

9 月 21 日，中共中央政治局十三届常委会第一百九十五次会议讨论同意了中央专委《关于开展我国载人飞船工程研制的请示》，正式批准实施我国载人航天工程，有效载荷项目上马。

10 月，参与完成的"光电混合视觉信息获取和处理技术"获得中国科学院科技进步奖二等奖。

10 月 26 日，主持研制的适应恶劣条件 CID 广角电视光学系统获得中国科学院科学技术进步奖三等奖。

被评为陕西省劳动模范。

应邀在中日工程光学学术会议上做特邀报告。

1993 年

2 月，任西安光机所空间光学研究室主任。

5 月，FOS 多相流体测试仪项目，被陕西省科学院评委科技进步二等奖，为获奖者第四名。

6 月，863–205 空间摄影系统完成，通过专家评审。

6 月，被评为研究所优秀共产党员。

被评为中国科学院优秀研究生导师。

应邀前往叙利亚作科技报告。

指导研究生肖文完成博士学位论文"光纤传感技术中大芯径光纤的特性及应用研究"。

1994 年

6 月 30 日，被评为西安分院优秀共产党员。

7 月 6 日，参与完成的"高分辨率可见光摄像系统研究"项目获得陕西省科学院颁发的科学技术进步奖一等奖奖励证书，奖项排名第一。

担任载人航天工程有效载荷项目副主任设计师。

与李育林合作指导研究生王大勇完成博士学位论文"光电混合相关识别的基本理论和实验研究"。

1995 年

5 月，当选为中国工程院院士。

与赵葆常合作指导研究生相里斌完成博士学位论文"Fourier 变换光谱学理论研究"。

1996 年

参加"微光学及其在航天技术中的应用技术交流与战略研讨会"，并发表论文。

任陕西省光学学会名誉理事长。

指导研究生高万荣完成博士学位论文"长焦距系统杂光系数测试方法的研究"。

与苗兴华合作指导研究生王建岗完成博士学位论文"激光瞬态干涉术在流场测量中的理论与实验研究"。

与李育林合作指导研究生傅晓理完成博士学位论文"空间光调制器及光学模式识别的研究"。

与李英才合作指导研究生李晖完成博士学位论文"光学系统杂光分析

方法研究"。

指导研究生沅航完成博士学位论文"FOS 光学中的光纤波导耦合特性研究"。

1997 年

任陕西省光学学会名誉理事长。

负责的国家重大任务载人航天工程中杂光测试仪和两轴转台课题通过验收。

参与签订西安光机所与加拿大合作的项目 CC97。

10 月，所提出设计思想的 863-2 详查普查两用相机经过转阶段评审。

指导研究生杨建峰博士学位论文"空间太阳望远镜（SST）光学系统研究"。

与吴圣雄、熊仁生合作指导研究生周绍光博士学位论文"多弹道测量数据处理方法研究"。

与陈尧生合作指导研究生陈少武博士学位论文"光纤 Bragg 光栅传感技术研究"。

与陈良益合作指导研究生陈烽博士学位论文"机载激光海洋测深方法的研究"。

与苗兴华合作指导研究生殷功杰完成博士学位论文"物体表面轮廓三维测量理论及实验研究"。

与陈良毅合作指导研究生李庆辉完成博士学位论文"战术导弹地面光学瞄准问题的研究"。

1998 年

担任第五届中国光学学会理事会理事。

承担的自然科学基金课题干涉光谱项目被评审为 A 级。

提前完成与加拿大合作的 CC-97 项目。

与周仁魁合作指导研究生高瞻完成博士学位论文"空间调制干涉光谱技术的研究"。

1999 年

9 月，为苏州大学光学专业研究生和青年教师讲授"仪器光学"。

10 月 6 日，正式调入苏州大学。任苏州大学现代光学技术研究所所长。

12 月 22 日，参与设计的适用于长焦距高分辨率光学系统检测的平行光管，获得了国家专利，专利号为 99256104.3。

指导研究生安葆青完成博士学位论文"干涉成像光谱仪中光学系统的研究"。

与陈良益合作指导研究生孙传东完成博士学位论文"水下高速光电成像技术研究"。

与熊仁生合作指导研究生张云博士学位论文"终点弹道炸点坐标精密测量技术研究"。

2000 年

5 月 17 日，江苏省现代光学技术重点实验室、苏州大学现代光学技术研究所揭牌。受聘为重点实验室学术委员会主任和研究所所长。确立三大目标，一是承担国家重大需求任务；二是获得光学工程一级学科博士学位授予权，学科建设上台阶；三是为经济建设主战场服务，组建普惠的高科技企业。

5 月 18 日，邀请五位光学领域的两院院士来校参加苏州大学百年校庆庆典，并参加"两院院士与学生见面会"。

8 月 1 日，"详查与普查两用相机光学系统"，获得国家专利，专利号 98113046.1。

10 月 26 日，担任苏州大学第六届学位评定委员会和理工学部学位评定委员会委员。

11 月 15 日，担任苏州大学第七届学术委员会委员。

承担显微镜光学设计项目，完成两种设计并投产。

与李英才合作指导研究生丁福建完成博士学位论文"空间相机杂散光抑制和外遮光罩结构研究"。

与北京空间机电研究所杨秉新、张国瑞合作指导研究生郝云彩完成学位论文"空间详查相机光学系统研究"。

与陈良毅合作指导研究生邓年茂完成博士学位论文"高速光电经纬仪摄影胶片图象信息处理技术研究"。

2001 年

任江苏省激光与光学工程学会名誉理事长。

担任光纤传感技术项目的总负责人。

主持推动苏州大学维格光电股份有限公司成立。并在苏州大学维格建立了院士工作站。该公司已于2012年在创业板成功上市，为省内高校首家。

担任苏州大学物理科学与技术学院名誉院长。

3 月 20 日，评选为苏州大学理学院物理系学术分委会委员。

4 月，参加在杭州召开的"角膜接触镜顶焦度测量原理讨论会"。

9 月，为中科院上海技术物理研究所设计和研制红外广角地平仪镜头，于 2002 年 3 月交付样机。

与北京理工大学倪国强合作指导研究生刘新平完成博士学位论文"光学遥感器小型化先进技术——'亚像元'成像技术研究"。

2002 年

1 月 28 日，辞去苏州大学现代光学技术研究所所长职务。

4 月 20 日，与中国空间研究院环境工程部签订"KM6 太阳模拟器光学系统均匀性计算"合同。

8 月 1 日，与上海微电子装备有限公司签订"100nm 步进扫描投影光刻机曝光分系统研制方案设计"合同。

10 月 21 日，与中科院上海技术物理所设计研制"红外面阵焦平面静态地平仪红外广角镜头"，于 2004 年 6 月通过验收和交付样机。

12 月，接待两弹一星功勋奖章获得者王希季院士率领的北京空间机电研究所访问团，决定推动在苏州大学内合作共建"苏州大学与北京空间机电研究所精密空间光学工程中心"。

12 月，完成苏州六六视觉公司新型 YZ20T6 手术显微镜的光学系统设计，该产品后成为该公司的定型产品，年产约一百台，产值约五百万元。

12 月 27 日，与北京空间机电研究所合作完成的"传输型空间详查 TDI-CCD 相机光学系统设计"通过评审，母国光任主任，成员包括王希季、金国藩、周立伟、张履谦和薛鸣球，解决了我国地面像元分辨率 0.5 米长焦距光学系统的设计问题。

指导申请国家重大光学工程项目，落实"0.5 米高分辨率光学系统"项目并签订合同。

与北京空间机电研究所签订"传输型空间详查 TDI-CCD 相机光学系统设计与研制"合同，苏州大学与北京空间机电研究所联合开展光学设计，负责关键核心器件光学非球加工等。

为博士生开设"光学设计理论基础"和"仪器光学"课程。

指导研究生刘琳完成硕士学位论文"长焦距反射式望远镜设计研究"。

与浙江大学陆祖康合作指导黄玲研究生完成硕士学位论文"两种变焦距光学系统的设计研究"。

2003 年

1 月 22 日，与中国工程物理研究院激光聚变研究中心签订神光－Ⅲ工程项目合同"远场诊断系统光学设计"。

4 月，与上海航天控制工程研究所签订"FY-3 光学镜头"合同。

10 月，参加光学系统参数选择，全国全息与光信息处理会议，并做特邀报告。

10 月，详查普查结合型侦察系统原型样机和关键技术预研，获得国防科学技术奖二等奖。

12 月 3 日，获得中国载人航天总指挥签发的"中国首次载人航天飞行任务纪念证书"。

11 月 25 日，与清华大学签订"星敏感器镜头设计与研制"合同。

2004 年

3 月 8 日，被聘为航天科技集团公司北京空间机电研究所高级顾问。

4月13日，注汽油井光纤传感干度测量仪，通过江苏省科学技术厅组织的成果鉴定。

7月22日，江苏省自然科学基金项目"空间遥感器光学系统设计方法研究"获批准。

8月15日，与总参第五十四研究所签订"红外激光预警光学系统"技术开发合同。

10月18日，被聘为江苏省高校现代光学技术国家重点实验室培育点建设领导小组成员。

11月15日，教育部2004年度高等学校博士学科点专项科研基金课题"复杂光瞳光学系统成像理论的研究"获批准。

批准成立江苏省现代光学技术国家重点实验室建设培育点。

指导的国家"863"计划航空航天领域课题"超轻型高分辨率CCD相机关键技术"通过验收。

与航天科技集团北京空间机电研究所共同成立"空间精密光学工程中心"。

指导研究生沈为民完成博士学位论文"大视场大相对孔径红外物镜"。

2005 年

9月，为苏州大学光学工程专业硕士、博士研究生讲授"光学设计理论基础"课程。

11月，荣获苏州大学优秀共产党员称号。

11月9日，出席"苏州博士联谊会"成立大会，并致辞。

11月20日，参与完成的"SZ-5CCD相机及研制用配套设备"获得国家科学技术进步奖二等奖，第六名，证书号是2005-J-242-2-10-R06。

12月，荣获中共江苏省委教育工作委员会颁发的"江苏高校优秀共产党员标兵"称号。

指导光学二级学科博士学位授权通过评审。

2006 年

2月，从加拿大多伦多大学引进王钦华为特聘教授，担任江苏省现代光学技术重点实验室主任和苏州大学现代光学技术研究所所长。

4月，担任中国光学学会第六届理事会理事。

10月，江苏省高校自然科学重大基础研究项目"超轻小高分辨率超光谱成像技术及其应用研究"获批准。

夏，出席国家安全重大"973"项目中期验收会，中风住院。

指导研究生吴泉英完成博士学位论文"稀疏孔径光学系统成像研究"。

指导研究生汪巧萍完成硕士学位论文"基于面阵CMOS遥感器的空间目标侦察技术研究"。

2007 年

6月，与中电五十三所签订"激光聚焦系统的设计与研制"合同，通过12月通过验收和外场测试。

7月，国家"863"计划课题"空间编码多目标超光谱成像光学遥感器研究"获批准。

9月5日，与南京航空航天大学签订合同"天巡者一号微小卫星星载CCD可见光相机研制"，得到苏州大学的配套支持。

11月，江苏省先进光学制造技术重点实验室获批省三百万元的实验室建设经费，开始建设，担任重点实验室学术委员会主任。

指导的江苏省科技厅基础研究项目"空间遥感器光学系统设计方法研究"通过验收。

2008 年

7月4日，指导的"天巡一号微小卫星CCD相机电性产品"通过验收和交付。

2009 年

2月，荣获苏州市人民政府颁发的"2008年度苏州市创新创业市长奖"。

5月，被聘请担任苏州信息产品检测中心、中认英泰（苏州）检测技术有限公司技术顾问。

12 月 27 日，天巡一号微小卫星 CCD 相机组件正样鉴定级产品通过验收并交付。

与沈为民合作指导研究生季轶群完成博士学位论文"凸面光栅超光谱成像系统"。

"新型红外面阵焦平面静态地平仪红外广角镜头"通过验收和交付。

2010 年

指导研究生刘琳完成博士学位论文"中波红外大相对孔径非制冷热像仪光学系统的研究"。

与顾济华合作指导研究生陈大庆完成博士学位论文"光学信息处理技术在鲁棒数字水印中的应用研究"。

2011 年

1 月，指导设立江苏省微纳光学优势学科。

3 月 2 日，指导的"天巡一号"微小卫星 CCD 相机组件正样产品通过验收并交付。

11 月 9 日，指导的"天巡一号"小卫星可见光 CCD 相机搭载发射，成功运行至 2016 年 2 月，卫星坠入大气层，为苏州大学培养了一支能够承接担航天光学载荷任务的队伍。

2012 年

2 月 28 日，与航天三院八三五八所签订"战略合作协议"和高分专项"全谱段多模态成像光谱仪总体方案设计和关键技术攻关项目合作协议"，并出席签字仪式。

8 月 9 日，为中科院长春光机所成立六十周年题贺词。

11 月 6—8 日，承办"2012 年（首届）高光谱成像技术及其应用研讨会"，任大会主席并致辞。

12 月，与中国人民解放军六三九二一部队签订"多光谱成像数据处理方法研究"委托研制开发合同。2014 年 12 月 22 日通过验收和交付。

与沈为民合作指导研究生吴峰完成博士学位论文"自主导航星敏感器关键技术的研究"。

2013 年

5 月，指导研究生韦晓孝完成博士学位论文"空间大口径环扇形光瞳成像系统研究"。

8 月，担任现代光学研究所重点实验室名誉主任。

11 月 12 日，因病医治无效，在苏州去世。

附录二　薛鸣球主要论著目录

［1］薛鸣球. 关于拉氏不变量［J］. 长春理工大学学报，1982（4）：1-5.

［2］薛鸣球. 电视跟踪用光学系统［J］. 仪器仪表学报，1984（3）：3-7.

［3］薛鸣球. 高分辨宽覆盖遥感相机光学系统研究［J］. 苏州丝绸工学院
学报，2000（1）：1-6.

［4］薛鸣球. 美国罗彻斯特大学光学研究所和海军实验室的光学工作［J］.
光学精密工程，1981（5）：1-5.

［5］薛鸣球. 我所光学设计工作的发展［J］. 光学精密工程，1982（3）：
32-38.

［6］林中天，薛鸣球. 轴向梯度折射率光学元件的设计［J］. 光学学报，
1985（1-12）：577-584.

［7］殷功杰，薛鸣球. 二元光学衍射透镜波象差分析［J］. 激光技术，
1997，21（1）：38-65.

［8］薛鸣球，孙晶. 变焦距镜头技术座谈简介［J］. 光学精密工程，1976
（1）：64-65.

［9］薛鸣球，沈为民，潘君骅. 航天遥感用光学系统［A］// 母国光，
主编. 现代光学与光子学的进展——庆祝王大珩院士从事科研活动
六十五周年专辑［C］. 天津：天津科学技术出版社，2003：243-265.

［10］许家隆，薛鸣球. 高速摄影［J］. 影像科学与实践，1994（3）：1-4.

［11］王之江，薛鸣球. 论平面光栅单色计的光学质量［J］. 物理学报，1963（11）：705-717.

［12］薛鸣球，吴煜. 大孔径折反射光学系统研究［J］. 光子学报，1992（3）：193-197.

［13］吴煜，薛鸣球. 长焦距反射式光学系统研究［J］. 光学学报，1991（7）：646-650.

［14］林大键，薛鸣球. 高级色差理论［J］. 物理学报，1980（2）：260-265.

［15］薛鸣球，黄玉金. 光学系统时间畸变和色时间滞后的研究［J］. 光子学报，1995（6）：481-484.

［16］相里斌，薛鸣球. 使用位敏探测器PSD的焦面检测方法［J］. 测试技术学报，1996（3）：511-515.

［17］赵葆常，李春芳，薛鸣球. 研究光谱线结构的新方法［J］. 物理学报，1988（9）：1499-1510.

［18］陈新荣，陈林森，朱士群，薛鸣球. 空间调制干涉光谱仪中Wollaston棱镜的研究［J］. 应用激光，2002，22（5）：476-478.

［19］赵葆常，赵忠伟，薛鸣球. 付氏光谱仪中用软件取代干涉仪补偿板的研究［J］. 光子学报，1990（4）：323-330.

［20］朱传贵，刘德森，薛鸣球，阎国安. 高密度微小透镜面列阵研制［J］. 光子学报，1992（4）：310-315.

［21］相里斌，赵葆常，薛鸣球. 对富氏变换光谱仪中软件法视场补偿的研究［J］. 光电子·激光，1997，8（1）：29-33.

［22］杨建峰，安葆青，薛鸣球. 大视场三反射面非共轴光学系统研究［J］. 光子学报，1997（3）：277-281.

［23］沈为民，薛鸣球，余建军. 大视场大相对孔径长波红外物镜［J］. 光子学报，2004（4）：460-463.

［24］李育林，王大勇，薛鸣球. 激光三维距离图象获取和处理系统的方案设计［J］. 光子学报，1994（1）：7-11.

［25］朱传贵，刘德森，薛鸣球，高应俊. 平面微透镜的表面凸起现象分析［J］. 光子学报，1992（1）：79-84.

［26］相里斌，赵葆常，薛鸣球. 空间调制干涉成像光谱技术［J］. 光学学报，1998，18（1）：19-23.

［27］殷功杰，朱传贵，刘波，薛鸣球. 利用自适应阈值条纹调制度分析方法进行位相去包裹研究［J］. 兵工自动化，1998（1）：81-85.

［28］殷功杰，朱传贵，刘波，薛鸣球. 利用自适应阈值条纹调制度分析方法进行位相去包裹研究［J］. 中国激光，1998，25（1）：81-85.

［29］沈为民，吴泉英，薛鸣球. 神光Ⅲ强激光光束远场诊断系统光学设计［J］. 光子学报，2004（8）：964-969.

［30］相里斌，赵葆常，薛鸣球. 光谱估计方法 FAT 的强度修正及品质因子［J］. 光学学报，1996，16（4）：430-434.

［31］李英才，谢治军，何剑波，薛鸣球. 横向结构的红外声光可调滤光器［J］. 量子电子学报，1991（1）：128-129.

［32］薛鸣球，李品新，吴煜. 长焦距光学系统研究［J］. 光子学报，1989（4）：289-294.

［33］朱传贵，薛鸣球，刘德森，高应俊. 光学元件阵列的衍射理论分析［J］. 物理学报，1993，42（3）：394-400.

［34］朱传贵，薛鸣球，刘德森，高应俊. 自聚焦平面微透镜的折射率分布及其成象性质［J］. 激光技术，1992（4）：218-224.

［35］陈新荣，陈林森，朱士群，薛鸣球. 偏振型空间调制干涉成像光谱技术的研究［J］. 应用激光，2000，20（6）：247-251.

［36］相里斌，赵葆常，薛鸣球. 研究傅里叶变换光谱超分辨率的一种新方法［J］. 光学学报，1995，15（11）：1529-1533.

［37］沈为民，薛鸣球，余建军. 长波红外广角地平仪镜头的光学设计［J］. 光学精密工程，2002，10（4）：329-332.

［38］刘琳，薛鸣球，沈为民. 提高离轴三反射镜系统成像质量的途径［J］. 光学技术，2002，28（2）：181-182，184.

［39］谢治军，李英才，薛鸣球. 超宽带红外声光可调滤光器的设计［J］.

光子学报，1990（4）：415-419.

［40］相里斌，赵葆常，薛鸣球，袁艳，杨建峰，高瞻. 干涉成象光谱仪
动镜运动误差分析（Ⅱ）——角反射体或猫眼镜横移容限分析［J］.
光电子·激光，1997（3）：39-41.

［41］相里斌，赵葆常，薛鸣球，袁艳，杨建峰，高瞻. 干涉成象光谱
仪动镜运动误差分析（Ⅰ）——平面动镜倾斜容限分析［J］. 光电
子·激光，1997，8（3）：35-38.

［42］李剑白，李小芸，殷爱菌，张小林，赵安庆，刘改霞，薛鸣球. 视
觉极限对比测试仪的研制［J］. 应用光学，1998（4）.

［43］高万荣，薛鸣球，苗兴华，查冠华，沙维敏，潘来俊，张兴珍，梁
蕴绵，秦斌. 长焦距光学系统杂光系数测量的新方法及其理论分析
［J］. 光学学报，1996，16（11）：92-96.

［44］刘新平，高瞻，邓年茂，鲁昭，吴磊，安葆青，李英才，赵葆常，
薛鸣球. 面阵CCD作探测器的"亚象元"成象方法及实验［J］. 科
学通报，1999（15）：1603-1605.

［45］相里斌，赵葆常，薛鸣球. 广角傅里叶变换光谱术研究（英文）［J］.
光子学报，1995（1-6）：377-383.

［46］光学设计论文集. 北京：国防工业出版社，1964.

［47］电影镜头设计组. 电影摄影物镜光学设计. 北京：中国工业出版社，
1971.

［48］帛群. 光学设计文集. 北京：科学出版社，1976.

参考文献

［1］薛鸣球人事档案. 存于苏州大学人事档案处.

［2］薛鸣球中学学籍档案. 存于江苏省常州中学.

［3］江苏省常州中学校史资料. 存于江苏省常州中学.

［4］薛鸣球浙江大学学籍档案. 存于浙江大学档案馆.

［5］王大珩人事档案. 存于中国科学院档案馆.

［6］中国科学院档案. 存于中国科学院档案馆.

［7］中国科学院长春光学精密机械研究所编. 科技成果汇编（1952—1981）. 1982.

［8］宜兴市政协学习和文史资料委员会. 宜兴籍两院院士专辑宜兴文史资料（第27辑），2001.

［9］中国人民政治协商会议江苏省宜兴县委员会文史资料研究委员会编. 宜兴文史资料（第5辑），1983.

［10］虞新华. 武进掌故（上册）. 北京：中国文史出版社，2000.

［11］钱穆. 常州府中学堂. 见：傅国涌编. 过去的中学. 北京：同心出版社，2012.

［12］周有光. 我的人生故事. 北京：当代中国出版社，2013.

［13］陈吉安，孙建华. 省常中四十年——记史绍熙校长. 见：中国人民政治协商会议江苏省常州市文史资料研究委员会. 常州文史资料（第7辑），1987.

［14］张立程，汪林茂. 杭州全书之江大学史. 杭州：杭州出版社，2015.

［15］赵福莲. 钱塘江史话. 杭州：杭州出版社，2014.

［16］谈家桢. 竺可桢先生二三事. 文汇报，1990-03-01.

［17］钱永红，主编. 求是忆念录浙江大学百廿校庆老校友文选. 杭州：浙江大学出版社，2017.

［18］张均兵. 国民政府大学训育 1927—1949 年. 北京：光明日报出版社，2011.

［19］毛正棠，等编. 浙江大学. 北京：知识出版社，1987.

［20］胡永畅，黄宗甄，刘惠. 一个"跟着共产党走"的知名科学家——对吴学周先生在上海新中国成立前后的若干追忆. 中国科学院长春应用化学研究所、江西省政协文史资料研究委员会、萍乡市政协文史资料研究委员会. 吴学周. 合肥：黄山书社，1993.

［21］许文龙. 光学专家薛鸣球. 江南晚报，2014-03-09.

［22］武衡. 东北区科学技术发展史资料：解放战争时期和建国初期二·科研管理卷. 北京：中国学术出版社，1986.

［23］刘旭. 饮水思源再铸辉煌——浙江大学光学工程专业创建 50 周年回顾. 见：欣文编. 媒体浙大. 杭州：浙江大学出版社，2007.

［24］黄炎培日记（4）. 中国社科院近代史研究所整理. 北京：华文出版社，2008.

［25］王扬宗. 中国科学院成立日定小考. 科苑往事，2014-09-16.

［26］魏佳莉，阮骥立. 与中国光学发展同行——薛鸣球院士访谈录. 见：刘玉玲，主编. 追光的人. 杭州：浙江大学出版社，2013.

［27］胡晓菁. 赤子丹心，中华之光：王大珩传. 北京：中国科学技术出版社，2016.

［28］宣明，孙成志，王永义，王彦祚，编. 中国科学院长春光学精密机械与物理研究所所志（1952—2002）. 长春：吉林人民出版社，2002.

［29］陈星旦. 往今多少事都付笑谈中——九十致亲友. 长春光机所资料，未刊稿，2017.

［30］李明哲. 解放思想、打破迷信、发动群众、依靠群众向世界科学的最高峰奋发前进. 科学通报，1958（14）.

［31］张劲夫. 建立工人阶级的科学队伍. 学术月刊，1958（1）.

［32］中国科学院光学精密机械仪器研究所. 在今后六年内赶上国际先进水平. 科学通报，1958（8）.

［33］科学院开现场会交流经验. 人民日报, 1958-09-06.

［34］张应吾, 主编. 中华人民共和国科学技术大事记（1949—1988）. 北京：科学技术文献出版社, 1989.

［35］长春文史资料编辑部. 吴学周日记. 1997.

［36］张以谟. 应用光学. 北京, 电子工业出版社, 2017.

［37］舒美冬, 主编. 王之江. 上海光机所, 未刊稿, 2015.

［38］王之江. 光学设计理论基础. 北京：科学出版社, 1965.

［39］张劲夫. 请历史记住他们. 科学时报, 1999-05-06.

［40］刘戟锋, 等. 两弹一星工程与大科学. 济南：山东教育出版社, 2004.

［41］杨照德. 中国返回式遥感卫星研制的艰辛历程. 太空探索, 2015（10）.

［42］陶纯, 陈怀国. 国家命运：中国两弹一星的秘密历程（三）. 神剑, 2012(3).

［43］聂荣臻. 聂荣臻回忆录. 北京：解放军出版社, 1984.

［44］赵学颜, 李迎春. 靶场光学测量. 装备技术学院编印, 内部资料, 2001.

［45］熊大林. 程开甲口述自传. 长沙：湖南教育出版社, 2016.

［46］陈星旦, 主编. 王大珩年谱、文集. 长春：吉林人民出版社, 2015.

［47］宣明, 主编. 王大珩. 北京：科学出版社, 2005.

［48］陆南泉, 等, 主编. 苏联真相. 北京：新华出版社, 2010.

［49］金光, 等. 机载光电成像跟踪测量系统误差与像移分析. 北京：国防工业出版社, 2018.

［50］胡晓菁, 董佩茹. 回顾长春光机所与"150-1"大型电影经纬仪的研制——朱云青访谈录. 见：科学文化评论, 15（1）.

［51］科学时报, 编. 请历史记住他们——中国科学家与"两弹一星". 广州：暨南大学出版社, 1999.

［52］杨照德. 中国返回式遥感卫星研制的艰辛历程. 太空探索, 2015（10）.

［53］北京空间机电研究所, 编著. 精确感知空间光学遥感器技术的发展与成就. 北京：北京理工大学出版社, 2018.

［54］刘秉荣. 贺龙与国防工业. 见：神剑, 2001（4）.

［55］王扬宗. 中国科学技术事业的历史性转变——回望1978年全国科学大会. 中国科学院院刊, 2018, 33（4）.

［56］李培才. 太空追踪：中国航天测控纪实. 北京：中央党校出版社, 2005.

［57］王大珩. 我的半个世纪. 见：梁东元. 倾听大师们的声音. 武汉：湖北人民

　　　　出版社，2007.

［58］王扬宗，曹效业，主编. 中国科学院院属单位简史. 北京：科学出版社，
　　　　2010.

［59］童康源. 忆电影摄影物镜统一设计会战. 影视技术，2005（11）.

［60］赵致真. 科学家，您好. 北京：中国文联出版社，1998.

［61］邓小平. 邓小平文选（第二卷）. 北京：人民出版社，1983.

［62］薛鸣球. 我所光学设计工作的发展. 光学机械，1982（3）.

［63］龚祖同. 誓为祖国添慧眼. 中国科技史杂志，1981（2）.

［64］干福熹，等著. 中国近代和现代光学与光电子学发展史. 上海：上海科学技
　　　　术出版社，2014.

［65］樊洪业，主编. 中国科学院编年史. 上海：上海科技教育出版社，1999.

［66］李成智. 中国航天科技创新. 济南：山东教育出版社，2015.

［67］温飞. 守望航天：神舟七号群英访谈录. 北京：中国对外翻译出版公司，
　　　　2008.

［68］叶青，朱晶. 聚焦星空：潘君骅传. 北京：中国科学技术出版社，2019.

［69］相里斌，主编. 光辉人生——王大珩学术思想与创新贡献. 北京：科学出版
　　　　社，2011.

［70］姜会林. 感恩长光所拜谢从师长. 见：长春光机所，编. 中科院长春光机所
　　　　建所六十周年纪念文集。未刊稿，2012.

后 记

　　2017 年 11 月 18 日，在苏州大学召开了薛鸣球院士学术思想研讨会。这是学界对薛鸣球院士的深切怀念。在这次会议上，薛院士的高足、长春理工大学的姜会林院士，以及苏州大学的领导，还有长春光机所、西安光机所、浙江大学和中国光学学会的专家们都提出了要撰写薛鸣球院士的传记，并开展薛鸣球院士学术成长资料采集工作，以缅怀薛院士，并拟以此纪念薛院士九十周年诞辰，中国科学院副院长、党组成员相里斌院士对此事进展也十分关心，多次和姜院士谈到此事。这是笔者所知道的有关本课题开展的缘起。

　　很快，相关的工作便部署起来了。薛院士生前工作过的单位长春光机所、西安光机所和苏州大学发来了存于本单位的资料目录，协助笔者开展工作。在向中国科协提交了初期的资料调研情况报告，并通过采集工程管理方组织的课题开题答辩后，2018 年 6 月，"薛鸣球学术成长资料采集"项目通过中国科协立项，正式开展起来了。

　　本书两位作者与薛鸣球院士并未见过面。作为一名科学史研究学者，作者之一（胡晓菁）进入光学史领域是在 2014 年，当时负责"王大珩学术成长资料采集"工作及传记撰写。正是在这个项目进行过程中，笔者从长春光机所堆积如山的资料中看到了薛鸣球院士的名字，并在调研的资料中对薛鸣球院士的学术轨迹有了初步了解。笔者还记得，2014年10月底的一天，前往苏州大学访问潘君骅院士的时候，看到潘院士办公室斜对面就是薛鸣球院士办公室，大门紧闭，门牌尚在，当时笔者还曾对这位参与过与"两弹一星"相关光学项目的专家产生过感慨，惋惜他太早离开人世，没想到这便是笔者与薛院士缘分的开始。听说不久后，薛院士的办公室便腾退了。而另一位作者（董佩茹），长期在长春光机所从事档案管理和编研工作，对研究所的历史、中国光学历史有较多的了解，对薛鸣球院士的事迹也十分佩服。在接过这项任务后，两位作者暗下决心，一定要认真完成薛院士采集工作，如实撰写薛鸣球院士的生平，反映科学家的成长经历。

要在短期内完成薛鸣球院士的传记，并在传记写作中不断推进资料采集、整理工作，采集小组付出了极大的努力。在撰写薛院士的传记的过程中，笔者调研了大量资料，包括各类型的档案（科研、文书、人事）、传记、报道，调研了薛鸣球院士的著作和论文，采集到与他相关的各类实物和电子档案，在此基础上开展研究，撰写了研究报告。研究报告的特色是厘清人物的学术贡献，学术成长关键节点，学术思想的内容和特点，人物与所在学科的互动，人物与机构、社会的互动。

薛院士的一生，和中国的光学事业紧密相连，他是我国自1949年以来，由我国自行培养，并在具体的工作实践中成长起来的第一代光学设计专家。

在调研了部分书面资料之后，动笔之前，为了更全面了解薛院士的人生，笔者走访了薛院士的家属，他的妻子、光学专家李品新老师和女儿薛菁晖、薛凡热情接待了笔者，告知薛院士家庭生活的往事，并提供了大量的资料采集线索。从她们的口述中，我们感受到了家人对薛院士深深的思念，并从中感受到薛院士对妻女深挚的情感。

除了家属访谈，笔者沿着薛院士的事业和生活的足迹，在长春、西安、苏州、宜兴、常州、上海等多地开展了实地调研。在长春，笔者寻访了薛院士在长春光机的同事，如陈星旦院士、潘君骅院士、王家骐院士、韩昌元研究员、史济成研究员、王传基教授、王永义研究员、翁志成研究员、冯秀恒研究员，等等，通过他们的口述，了解到薛鸣球院士在长春时参与重大项目、进行光学设计的工作经历。长春理工大学的姜会林院士口述了他和薛院士相处的点滴，包括师从薛院士的经历，以及学术道路上与他共事的情况。

在西安光机所，赵葆常研究员、张伯珩研究员、李育林研究员、李英才研究员、陈中仁研究员、苗兴华研究员、董烈棣研究员以及高立民副所长、杨建峰研究员热情接待了笔者一行，告知薛院士与西安光机所发展空间光学的历史。薛院士在西安的时期，研究所经历了改革开放初期的困难，西安光机所建立空间光学学科早期创业的艰难更不必说。在访谈中，专家们畅所欲言，令笔者收获良多！

在苏州，通过拜访余景池研究员和余建军女士，以及朱秀林教授、高祖林教授、王钦华教授、顾济华教授等人，了解到薛院士来到苏州并促使苏州大学产学研发展的经过，余建军老师多次为小组提供写作素材，时时关心传记进展。以沈为民教授为首的、薛院士在苏州大学培养的学生们集体口述、笔述了老师培养学生的往事。此外，采集小组还前往薛院士的故乡，走访了他在世的亲属，参观了薛院士的故居，去了他的母校。薛院士人生起航地的风土人情，给笔者留下了深刻的印象，这令笔者对他有了情感上更深的认识，从而能够饱含感情地投入写作中。

在去上海光机所调研时，王之江院士和谭维翰研究员梳理了仪器馆的历史和长春光机所早期开展光学设计的情况。

不仅如此，笔者还访谈了张国瑞研究员和郝云彩研究员，他们为笔者讲述了薛鸣球院士参与空间光学和研制变焦距镜头的往事。在郝云彩研究员的沟通下，笔者见到了顾逸东院士，了解到薛鸣球院士提出把非球面思想应用在中国载人航天工程中的空间相机上的情况。

通过上述访谈，笔者基本厘清了薛院士一生事业的线索。通过被访者的口述，片段的记忆和整体的记忆相结合，在笔者的脑海中逐渐出现了一个真实、完整的薛院士形象，这是写作的基础。在此，对所有接受笔者采访过的及向笔者提供过资料的专家、学者，表示深深的敬意和由衷的感谢！在传记完成以后，由相关单位组织了院士、专家、历史亲历者对传记内容进行了审查，确保传记撰写的史实无误，真实刻画出了人物的学术经历，并具有可读性。

大量的访谈和堆积如山的资料，令笔者对薛院士的生平、事业、学术有了深刻的认识。笔者并非光学专业的从业人员，在写作中遇到了很多困难，主要是对于光学的一些概念、理论理解并不清晰，只能是一边写，一边学，力所能及将时间、事件、人物梳理清楚，以供读者参考。如传记中描述有错漏之处，也请读者谅解。

本传记能够如期完成，离不开各单位的组织、协调。笔者最要感谢的是姜会林院士的领导和组织，没有他的动员和工作，采集无法开展，这本传记也无法与读者见面。姜院士时常提起薛鸣球院士当年主讲的"仪器光学"课程，以及他编著的《仪器光学》这部影响了许多光学从业者的油印讲义，并呼吁、建议有关单位尽快整理出版。他还组织长春理工大学档案部门协助收集、整理资料。并为传记撰写了序言，组织了传记的审稿工作。笔者在与姜院士的多次接触中，切身体会到了他对老师的深切怀念，对师恩难忘的深厚情感！

在采集和传记写作的过程中，薛院士生前所在的单位无不热情接待、大力协助。苏州大学党委书记江涌教授、物理学院王钦华教授、光电科学与工程学院陈建军书记，他们在大会小会上总是多方强调采集工作的重要性，王钦华教授帮助审稿，陈建军书记为采集小组联络档案馆提供实物资料。西安光机所从所领导到空间室，都为采集工作提供了便利，马彩文书记热情接待了采集小组，王虎研究员、赵敏老师为笔者提供了薛院士在西安的资料，并协调和组织西安方面的专家访谈。还有中国光学学会副理事长、秘书长刘旭教授，他代表中国光学学会对采集和传记工作表示了支持和鼓励。浙江大学章哲恺老师帮助查找了浙江大学和之江大学的资料，并组织陆祖康、王子余两位先生审阅初稿。在长春光机所贾平所长的支持下，许多与薛院士共事过的老先生热情地向笔者提供了素材，王传基、王永义、韩昌元等先生指出了新稿中的谬误，档案部门也大力协助，提供各类材料帮助订正错漏。另外，感谢胡波先生，他审读了本传记的初稿，并提出了许多宝贵意见。谨对为本传记撰写提供过帮助的同人表示真诚的感谢！

如今，薛院士的传记撰写已经告一段落，但资料采集和研究工作还在继续，采集小组还将进一步努力，为我国的光学专家做传，为我国的光学事业宣传，令读者在阅读中了解我国光学学科的发展史。

胡晓菁　董佩茹

2019 年 11 月 8 日

老科学家学术成长资料采集工程丛书

已出版（110种）

《卷舒开合任天真：何泽慧传》   《此生情怀寄树草：张宏达传》

《从红壤到黄土：朱显谟传》   《梦里麦田是金黄：庄巧生传》

《山水人生：陈梦熊传》   《大音希声：应崇福传》

《做一辈子研究生：林为干传》   《寻找地层深处的光：田在艺传》

《剑指苍穹：陈士橹传》   《举重若重：徐光宪传》

《情系山河：张光斗传》   《魂牵心系原子梦：钱三强传》

《金霉素·牛棚·生物固氮：沈善炯传》   《往事皆烟：朱尊权传》

《胸怀大气：陶诗言传》   《智者乐水：林秉南传》

《本然化成：谢毓元传》   《远望情怀：许学彦传》

《一个共产党员的数学人生：谷超豪传》   《没有盲区的天空：王越传》

《含章可贞：秦含章传》   《行有则　知无涯：罗沛霖传》

《精业济群：彭司勋传》   《为了孩子的明天：张金哲传》

《肝胆相照：吴孟超传》   《梦想成真：张树政传》

《新青胜蓝惟所盼：陆婉珍传》   《情系粱菽：卢良恕传》

《核动力道路上的垦荒牛：彭士禄传》   《笺草释木六十年：王文采传》

《探赜索隐　止于至善：蔡启瑞传》   《妙手生花：张涤生传》

《碧空丹心：李敏华传》   《硅芯筑梦：王守武传》

《仁术宏愿：盛志勇传》   《云卷云舒：黄士松传》

《踏遍青山矿业新：裴荣富传》   《让核技术接地气：陈子元传》

《求索军事医学之路：程天民传》   《论文写在大地上：徐锦堂传》

《一心向学：陈清如传》   《钤记：张兴钤传》

《许身为国最难忘：陈能宽》   《寻找沃土：赵其国传》

《钢锁苍龙　霸贯九州：方秦汉传》　　《虚怀若谷：黄维垣传》
《一丝一世界：郁铭芳传》　　　　　　《乐在图书山水间：常印佛传》
《宏才大略：严东生传》　　　　　　　《碧水丹心：刘建康传》
《我的气象生涯：陈学溶百岁自述》　　《我的教育人生：申泮文百岁自述》
《赤子丹心 中华之光：王大珩传》　　《阡陌舞者：曾德超传》
《根深方叶茂：唐有祺传》　　　　　　《妙手握奇珠：张丽珠传》
《大爱化作田间行：余松烈传》　　　　《追求卓越：郭慕孙传》
《格致桃李伴公卿：沈克琦传》　　　　《走向奥维耶多：谢学锦传》
《躬行出真知：王守觉传》　　　　　　《绚丽多彩的光谱人生：黄本立传》
《草原之子：李博传》

《宏才大略 科学人生：严东生传》　　《探究河口 巡研海岸：陈吉余传》
《航空报国 杏坛追梦：范绪箕传》　　《胰岛素探秘者：张友尚传》
《聚变情怀终不改：李正武传》　　　　《一个人与一个系科：于同隐传》
《真善合美：蒋锡夔传》　　　　　　　《究脑穷源探细胞：陈宜张传》
《治水殆与禹同功：文伏波传》　　　　《星剑光芒射斗牛：赵伊君传》
《用生命谱写蓝色梦想：张炳炎传》　　《蓝天事业的垦荒人：屠基达传》
《远古生命的守望者：李星学传》

《善度事理的世纪师者：袁文伯传》　　《化作春泥：吴浩青传》
《"齿"生无悔：王翰章传》　　　　　《低温王国拓荒人：洪朝生传》
《慢病毒疫苗的开拓者：沈荣显传》　　《苍穹大业赤子心：梁思礼传》
《殚思求火种　深情寄木铎：黄祖洽传》　《仁者医心：陈灏珠传》
《合成之美：戴立信传》　　　　　　　《神乎其经：池志强传》
《誓言无声铸重器：黄旭华传》　　　　《种质资源总是情：董玉琛传》
《水运人生：刘济舟传》　　　　　　　《当油气遇见光明：翟光明传》
《在断了 A 弦的琴上奏出多复变　　　《微纳世界中国芯：李志坚传》
　　最强音：陆启铿传》　　　　　　《至纯至强之光：高伯龙传》
《弄潮儿向涛头立：张乾二传》　　　　《材料人生：涂铭旌传》

《一爆惊世建荣功：王方定传》   《寻梦衣被天下：梅自强传》
《轮轨丹心：沈志云传》   《海潮逐浪镜水周回：童秉纲口述
《继承与创新：五二三任务与青蒿素研发》   人生》

《淡泊致远 求真务实：郑维敏传》   《采数学之美为吾美：周毓麟传》
《情系化学 返璞归真：徐晓白传》   《神经药理学王国的"夸父"：
《经纬乾坤：叶叔华传》   金国章传》
《山石磊落自成岩：王德滋传》   《情系生物膜：杨福愉传》
《但求深精新：陆熙炎传》   《敬事而信：熊远著传》
《聚焦星空：潘君骅传》